DaF im Unternehmen A1/A2

W0389396

Übungsbuch

Ilse Sander
Andreea Farmache
Regine Grosser
Claudia Hanke
Viktoria Ilse
Klaus F. Mautsch
Daniela Schmeiser
Udo Tellmann

A1
A2

Ernst Klett Sprachen
Stuttgart

Symbole in DaF im Unternehmen A1/A2 Übungsbuch:

▶ 2|39	Verweis auf CD und Tracknummer
› G: 1.2	Verweis auf den entsprechenden Abschnitt in der Grammatik zum Nachschlagen
› KB: A2b	Verweis auf die passende Aufgabe im Kursbuch
› ÜB: A2	Verweis auf die passende Übung im Übungsbuch
B (P)	Aufgabentyp aus dem Sprachstandstest BULATS Deutsch-Test für den Beruf
T (P)	Aufgabentyp aus der Prüfung „telc Deutsch A2+ Beruf"
(G)	Grammatikregel
(Z)	Zusatzübung

Alle Hörtexte und Filme als Audio-CD bzw. DVD im Medienpaket
und gratis auf: **www.klett-sprachen.de/daf-im-unternehmen-online**

1. Auflage 1 4 3 2 | 2020 19 18

© Ernst Klett Sprachen GmbH, Stuttgart 2016. Alle Rechte vorbehalten.
Internetadresse: www.klett-sprachen.de/daf-im-unternehmen

Alle Drucke dieser Auflage sind unverändert und können im Unterricht nebeneinander benutzt werden. Die letzte Zahl bezeichnet das Jahr des Druckes. Das Werk und seine Teile sind urheberrechtlich geschützt. Jede Nutzung in anderen als den gesetzlichen zugelassenen Fällen bedarf der vorherigen schriftlichen Einwilligung des Verlags. Hinweis zu § 52 a UrhG: Weder das Werk noch seine Teile dürfen ohne eine solche Einwilligung eingescannt und in ein Netzwerk eingestellt werden. Dies gilt auch für Intranets von Schulen und sonstigen Bildungseinrichtungen. Fotomechanische oder andere Wiedergabeverfahren nur mit Genehmigung des Verlags.

Autoren: Ilse Sander, Andreea Farmache, Regine Grosser, Claudia Hanke, Viktoria Ilse, Klaus F. Mautsch, Daniela Schmeiser, Udo Tellmann
Fachliche Beratung: Andreea Farmache, Radka Lemmen, Udo Tellmann
Beratung (Österreich): Edit Hackl (Lienz)
Beratung (Schweiz): Andrea Frater-Vogel (Schaffhausen)

Redaktion: Angela Fitz-Lauterbach, Iris Korte-Klimach
Layoutkonzeption und Herstellung: Alexandra Veigel
Gestaltung und Satz: Jasmina Car, Barcelona;
Franzis print & media GmbH, München
Illustrationen: Juan Carlos Palacio
Umschlaggestaltung: Anna Wanner
Reproduktion: Meyle + Müller GmbH + Co. KG, Pforzheim
Druck und Bindung: Elanders GmbH, Waiblingen

978-3-12-676459-9

9 783126 764599

Arbeiten mit DaF im Unternehmen A1/A2

DaF im Unternehmen führt von A1 bis B2. In der zweibändigen Ausgabe (A1/A2 bzw. B1/B2) liegen Kurs- und Übungsbuch jeweils in getrennten Büchern vor. Daneben gibt es eine vierbändige Ausgabe (A1, A2, B1 und B2), bei der das Kurs- und Übungsbuch jeweils in einem Band integriert sind. In der vorliegenden zweibändigen Ausgabe kann man den Wechsel vom A1- zum A2-Niveau (bei Lektion 11) an der Farbe erkennen: Der A1-Teil hat die Hauptfarbe **Orange**, der A2-Teil hat die Hauptfarbe **Rostrot**.

Das Lehrwerk **DaF im Unternehmen** richtet sich an Lernende, die aus beruflichen Gründen Deutsch lernen wollen, weil sie bereits in Deutschland, Österreich oder der Schweiz arbeiten, dort arbeiten wollen oder deutschsprachige Geschäftspartner haben. Es eignet sich auch für junge Erwachsene, die noch nicht im Berufsleben stehen, aber wirtschaftsbezogenes Deutsch lernen wollen.

DaF im Unternehmen vermittelt eine umfassende Handlungsfähigkeit am Arbeitsplatz, indem es von der ersten Lektion an grundlegende berufliche Kompetenzen und Kommunikationssituationen trainiert. Im Fokus steht die handlungsorientierte Vermittlung wichtiger sprachlicher und berufsbezogener Fertigkeiten, wie z. B. geschäftliche E-Mails verstehen und schreiben, Anweisungen geben und verstehen, seinen Beruf oder seine Firma vorstellen. Da es für die Lernenden aber auch immer ein Leben außerhalb der Arbeitswelt gibt, werden auch Sprachkenntnisse vermittelt, die man benötigt, um sich in alltäglichen Situationen zurechtzufinden, wie z. B. Small-Talk-Gespräche führen, im Restaurant bestellen und bezahlen oder im Hotel ein- und auschecken.

Film | 1 Darüber hinaus informiert **DaF im Unternehmen** über existierende Unternehmen in Deutschland, Österreich und der Schweiz. Das Kursbuch A1/A2 enthält sechs **Firmenporträts** – diese umfassen jeweils einen Film des Unternehmens sowie eine Doppelseite mit Informationen zur Firma und Aufgaben zum Film. Die Filme finden Sie alle auf der DVD im Medienpaket sowie gratis online unter:
www.klett-sprachen.de/daf-im-unternehmen-online

DaF im Unternehmen A1/A2 besteht aus einem Kursbuch und einem Übungsbuch mit je 20 Lektionen. Im **Kursbuch A1/A2** ist jede Lektion in fünf Doppelseiten (A bis E) untergliedert, wovon vier (A bis D) jeweils einen thematischen Teil umfassen. Am Ende der Doppelseite D befindet sich der Abschnitt „Aussprache" mit für die Kommunikation relevanten Ausspracheübungen. Auf der linken Seite der Doppelseite E **„Schlusspunkt"** sowie auf den **Datenblättern** für Partner A und B im Anhang des Kursbuchs findet man kleine Szenarien. Diese bieten die Möglichkeit, die in der Lektion vermittelten kommunikativen Fertigkeiten in realistischen Rollenspielen selbständig anzuwenden. Auf der rechten Seite der Doppelseite E ist der Lernwortschatz der jeweiligen Lektion aufgelistet.

Jede Lektion im **Übungsbuch A1/A2** umfasst acht Seiten. Hier werden der Lektionswortschatz, die Redemittel und die Grammatik in sinnvollen Zusammenhängen geübt. Im Unterschied zum Kursbuch sind die vier Lerneinheiten (A bis D) unterschiedlich lang, je nachdem wie viel Übungsmaterial der Lernstoff in der Kursbuchlektion erfordert. Das Übungsmaterial ist dabei so aufbereitet, dass es in Heimarbeit erarbeitet werden kann, weshalb die Lösungen im Anhang des Übungsbuchs zu finden sind. Übungen, die mehr in die Tiefe gehen oder bestimmte Aspekte besonders hervorheben, sind mit Z für Zusatzübung gekennzeichnet. Diese Übungen können Lernende, die nicht so viel Zeit für die Arbeit zu Hause haben, zur Not überspringen. Am Ende der siebten Seite befindet sich der Abschnitt „Rechtschreibung" mit kleinen Übungen zur Orthographie. Je nach Aussprachethema in der Kursbuchlektion korrelieren diese miteinander. Jede Übungslektion endet mit der Seite „Grammatik im Überblick", auf der der Grammatikstoff der jeweiligen Lektion zusammengefasst ist.

B P T P Im A2-Teil von **DaF im Unternehmen** werden die Lernenden zudem mit Aufgabentypen aus dem Sprachstandstest „BULATS Deutsch" und der Prüfung „telc Deutsch A2+ Beruf" vertraut gemacht.

Der Zusammenhang von Kurs- und Übungsbuch wird durch klare Verweise verdeutlicht.
› KB: A2b Im Übungsbuch wird auf das Kursbuch verwiesen, hier z. B. auf die Aufgabe 2b im Teil A der Lektion.
› ÜB: A2 Im Kursbuch wiederum gibt es einen entsprechenden Verweis auf das Übungsbuch, hier z. B. auf die Übungssequenz 2 im Teil A.

› G: 1.2 Bei jeder Grammatikaufgabe im Kurs- oder Übungsbuch findet man einen Abschnittsverweis auf die entsprechende Erklärung in der **Grammatik zum Nachschlagen** im Anhang, hier z. B. auf den Abschnitt 1.2.

2 | 39 Zu **DaF im Unternehmen A1/A2** gibt es ein Medienpaket mit vier Audio-CDs. Auf CD 1, 2, 3 und 4 findet man die Hörtexte zum Kursbuch, auf CD 2 und 4 außerdem die Hörtexte zum Übungsbuch. Bei den **Hörtexten** ist die passende CD samt Tracknummer angegeben, hier z. B. CD 2, Track 39. Darüber hinaus finden Sie alle Hörtexte als MP3 gratis online unter:
www.klett-sprachen.de/daf-im-unternehmen-online

Das Autorenteam und der Verlag wünschen Ihnen viel Spaß und Erfolg bei der Arbeit mit **DaF im Unternehmen**!

Inhalt A1

Inhalt A2

A Herzlich willkommen!

TIPP

Arbeitsanweisung:
Schreiben Sie.
→ Verb: Position 1

1 Guten Tag! › KB: A1c

Gespräch 1 und 2. Schreiben Sie.

Gespräch 1

~~Guten Tag. Ich bin Michèle Morel.~~ | Woher kommen Sie? | Ich komme aus England. Und woher kommen Sie? | Ich komme aus Frankreich. | Guten Tag, mein Name ist George Peters.

▶ *Guten Tag. Ich bin Michèle Morel.*
▶ ______
▶ ______
▶ ______
▶ ______

Gespräch 2

Und ich komme aus Österreich, aus Wien. | Guten Tag. Mein Name ist Axel Berg. Und wie heißen Sie? | Ich heiße Paula Arias. Ich komme aus Peru.

▶ ______
______
▶ ______
______
▶ ______

2 Fragen und Antworten › KB: A2b › G: 1.1

a Verbinden Sie die Fragen und die Antworten.

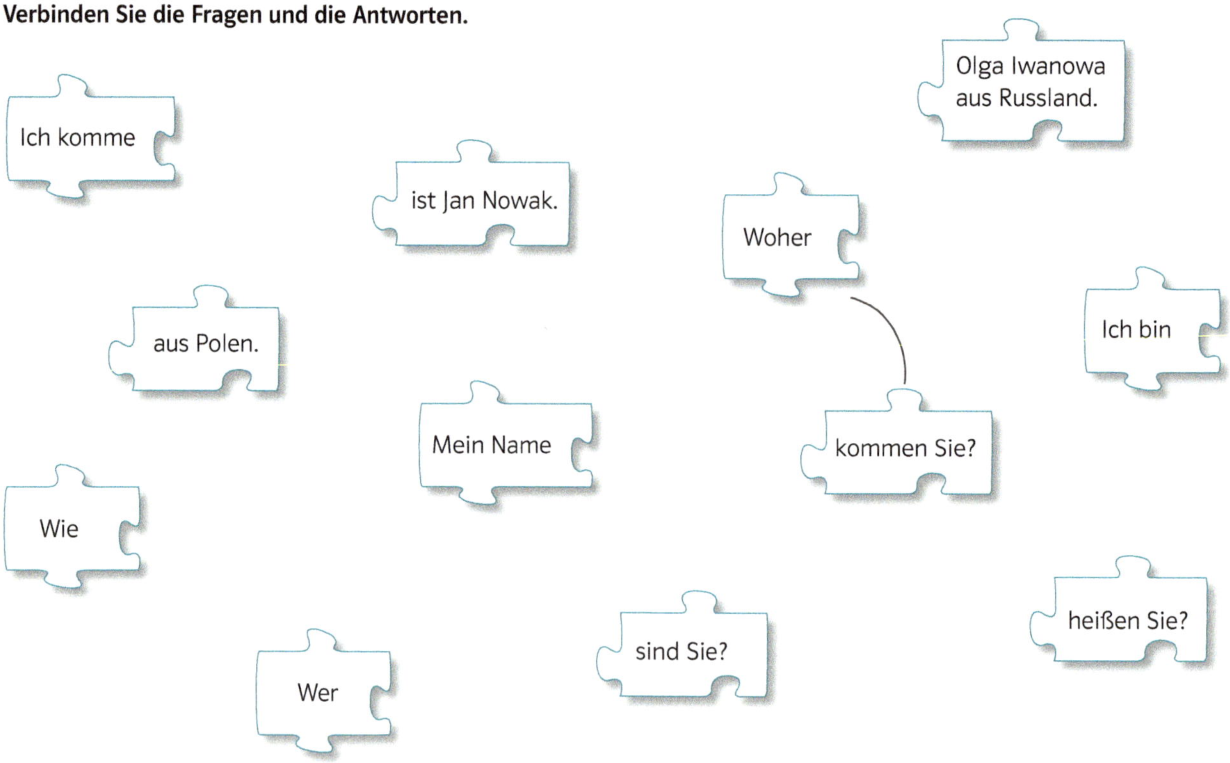

b Notieren Sie die Fragen und Antworten in 2a.

1. ▶ *Woher kommen Sie?* ▶ *Ich komme aus ...*
2. ▶ ______ ▶ ______
3. ▶ ______ ▶ ______

Z **c Schreiben Sie die Fragen und Antworten in die Tabelle.**

1. a. ▶ Woher kommen Sie? b. ▶ Aus Polen.
2. a. ▶ Wer sind Sie? b. ▶ Paula Arias aus Peru.
3. a. ▶ Wie heißen Sie? b. ▶ George Peters.

		Position 1	Position 2	
1.	a.	*Woher*	*kommen*	*Sie?*
	b.			*Aus Polen.*
2.	a.			
	b.			
3.	a.			
	b.			

TIPP

Die Antwort ist oft kurz:
- Ich komme aus Polen.
- Ich bin Paula Arias aus Peru.
- Ich heiße George Peters.

3 Länder, Länder, Länder › KB: A3

a Woher kommen Sie? Schreiben Sie Sätze.

aus | aus der | aus dem | aus den

~~China~~ | Irak | Iran | Niederlanden | Peru | Spanien | Südafrika | Türkei | USA

Ich komme aus China. ...

b Notieren Sie die Kontinente.

~~Afrika~~ | Asien | Australien | Europa | Nordamerika | Südamerika

1. ____ 2. ____ 3. ____ 4. *Afrika* 5. ____ 6. ____

Z **c Länder und Kontinente. Was ist richtig? Markieren Sie. Achtung: Einmal ist alles falsch.**

Afrika	Asien	Australien
Kamerun	Finnland	Brasilien
Bolivien	Ägypten	Indonesien
Thailand	Japan	Neuseeland

Europa	Nordamerika	Europa
Mosambik	Kanada	Tschechien
Griechenland	Tunesien	Chile
Thailand	Argentinien	USA

B Guten Tag, das ist …

1 Verbiren richtig konjugieren

› KB: B2b › G: 1.2

a Was ist richtig: a oder b? Kreuzen Sie an.

1. Guten Tag. Ich a. ☒ heiße b. ☐ heißt Aishe Demir.
2. Und wer a. ☐ ist b. ☐ sind Sie?
3. Ich a. ☐ bin b. ☐ bist Janis Papas aus Griechenland.
4. Und das a. ☐ sind b. ☐ ist Magalie Lebeau.
5. Sie a. ☐ kommst b. ☐ kommt aus Belgien.
6. Und woher a. ☐ kommen b. ☐ komme Sie?
7. Ich a. ☐ kommst b. ☐ komme aus der Türkei.

b „kommen", „heißen", „sein". Ergänzen Sie die Tabelle.

	kommen	heißen	sein
ich	komme		
du			
er / sie			
Sie (Sg. + Pl.)			

TIPP

Vergleichen Sie:
du komm-st ↔ du heiß-~~s~~t

c Wie heißen die Verben? Schreiben Sie.

1. Hallo, ich bin __________ Michèle, die Praktikantin aus Frankreich. (sein)
2. Und woher __________ du? (kommen)
3. Ich __________ aus England. (kommen)
4. Und wie __________ du? (heißen)
5. Mein Name __________ George. (sein)
6. Und wer __________ du? (sein)
7. Ich __________ Bernd. (sein)
8. Und wie __________ die Praktikantin aus Peru? (heißen)
9. Sie __________ Paula. (heißen)

2 Von A bis Z › KB: B4c

a Ergänzen Sie die Buchstabiertafel und lesen Sie laut: A wie Anton, …

_A_ Anton	___ Gustav	___ Otto	___ Theodor
___ Ärger	___ Heinrich	___ Ökonom	___ Ulrich
___ Berta	___ Ida	___ Paula	___ Übermut
___ Cäsar	___ Julius	___ Quelle	___ Viktor
_Ch_ Charlotte	___ Kaufmann	___ Richard	___ Wilhelm
___ Dora	___ Ludwig	___ Siegfried / Samuel	___ Xanthippe
___ Emil	___ Martha	_Sch_ Schule	___ Ypsilon
___ Friedrich	___ Nordpol	_ß_ Eszett	___ Zeppelin / Zacharias

TIPP

s am Beginn „Siegfried" = [s]
z am Beginn „Zeppelin" = [z]
ch am Beginn „Charlotte" = [ʃ]

b Strategie: Sortieren Sie die Wörter nach dem Alphabet.

Antwort | Ägypten | Anton | Asien | ~~Afrika~~ | Argentinien | Alphabet | Australien | Amerika

Afrika, ______

C Kommen Sie aus …?

1 Ja oder nein? › KB: C2c › G: 1.1

a Ja- / Nein-Fragen und Antworten. Was passt: a oder b? Kreuzen Sie an.

1. Kommen Sie aus Spanien?
   a. ☒ Nein. Ich komme aus Argentinien. b. ☐ Ich komme aus Argentinien.
2. Sind Sie die Praktikantin aus Frankreich?
   a. ☐ Ich bin die Praktikantin aus der Schweiz. b. ☐ Nein. Ich bin die Praktikantin aus der Schweiz.
3. Sind Sie Axel Berg?
   a. ☐ Ja. Ich bin Axel Berg. b. ☐ Ich bin Axel Berg.
4. Heißt du Paula?
   a. ☐ Mein Name ist Paula. b. ☐ Ja. Mein Name ist Paula.

b Schreiben Sie Sätze.

1. heißen – Sie – wie – ? _Wie heißen Sie?_
2. Japan – kommen – Sie – aus – ? ______
3. komme – aus – ich – nein. – China – . ______
4. du – woher – kommst – ? ______
5. aus – Sie – der Praktikant – sind – Polen – ? ______
6. bin – Polen – ja. – aus – ich –. ______
7. Griechenland – aus – kommt – Elena –. ______

TIPP

Satzzeichen:
Frage: **?**
Antwort / Aussagesatz: **.**
1. Wort: groß

c Formell (f) und informell (i): Wie heißen die Fragen? Schreiben Sie.

1. ▸ *Woher kommen Sie?* ▸ Ich komme aus Tunesien. Und Sie? (f)
2. ▸ *Woher kommst du?* ▸ Ich komme aus Peru. (i)
3. ▸ ______ ▸ Aus den USA. (f)
4. ▸ ______ ▸ Ja, aus Istanbul. (i)
5. ▸ ______ ▸ Stefanie Martin. (f)
6. ▸ ______ ▸ John. Und du? (i)
7. ▸ ______ ▸ Ich heiße Boris Korschakow. (f)
8. ▸ ______ ▸ George Peters, der Praktikant aus England. (f)

2 Berufe › KB: C3a

a Mann und Frau. Ergänzen Sie.

M	F	M	F
1. der Architekt	*die Architektin*	6. der Journalist	
2. der Arzt		7.	die Köchin
3.	die Bankkauffrau	8.	die Lehrerin
4. der Hotelfachmann		9. der Sekretär	
5.	die Ingenieurin	10.	die Malerin

b Notieren Sie die Berufe.

Anwalt / Anwältin | Altenpfleger / Altenpflegerin | ~~Busfahrer / Busfahrerin~~ | Designer / Designerin | Gärtner / Gärtnerin | Informatiker / Informatikerin | Krankenpfleger / Krankenschwester | Techniker / Technikerin

1

Busfahrer / Busfahrerin

2

3

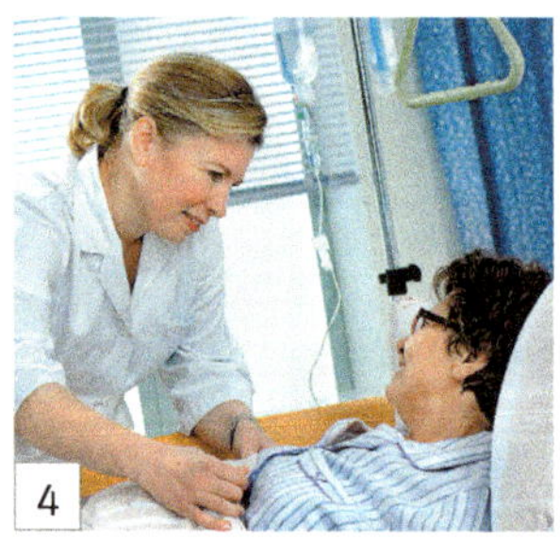
4

5

6

7

8

D Mein Name ist …

1 Eins, zwei, drei › KB: D1c

Rechnen Sie.

1. eins + drei = *vier*
2. neun – sieben = ______
3. zwei x drei = ______
4. neun : drei = ______
5. vier • zwei = ______
6. fünf + vier = ______
7. zehn : zwei = ______
8. neun – drei – sechs = ______

TIPP

Rechnen:
+ → plus
– → minus
x / • → mal
: → geteilt durch
= → ist / gleich

Z 2 Name, Straße, Stadt, Telefonnummer › KB: D2a

Ordnen Sie zu.

1. Weber	A. Vorname	1. *B*
2. Schillergasse	B. Familienname	2. ___
3. Ludwigsburg	C. Firmenname	3. ___
4. 0049.161.654321	D. Funktion	4. ___
5. Jasmina	E. Straße	5. ___
6. 71634	F. Hausnummer	6. ___
7. j.weber@drav_design.de	G. Postleitzahl	7. ___
8. 7	H. Stadt	8. ___
9. DRAV-Design	I. Telefonnummer	9. ___
10. 07141 / 3344-0	J. Mobilfunknummer	10. ___
11. www.drav_design.de	K. E-Mail-Adresse	11. ___
12. Marketing-Managerin	L. Internet-Adresse	12. ___

Rechtschreibung

1 Wörter

a Wo enden die Wörter? Markieren Sie.

1. Wie | heißen | Sie?
2. IchheißeOliviaMiller.
3. Woherkommstdu?
4. ErkommtausRussland.
5. Wieschreibtmandas?
6. WasmachenSieberuflich?
7. IchbinInformatikervonBeruf.
8. BistduausdemIran?
9. MeinNameistPaulaArias.

b Groß oder klein? Korrigieren Sie.

1. er heißt jan nowak. *Er heißt Jan Nowak.*
2. Axel Berg Ist Personalreferent Von Beruf. ______
3. bist du die praktikantin aus linz? ______
4. Was Macht Herr Dahm Beruflich? ______
5. auf wiedersehen, frau fischer. ______
6. Ich Komme Aus Den Niederlanden, Aus Amsterdam. ______

TIPP

- Nomen, Namen: groß, z. B. Beruf, Olivia, Genf, Russland
- 1. Wort: groß, z. B. Er kommt aus Italien.

Kurssprache

1 Arbeiten mit DaF im Unternehmen

a Arbeitsanweisungen 1: Was passt? Notieren Sie.

Hören Sie. | Lesen Sie. | ~~Sprechen Sie.~~ | Schreiben Sie.

1
Sprechen Sie.

2
______

3
______

4
______

b Arbeitsanweisungen 2: Ordnen Sie zu.

1. E

2. ___

3. ___
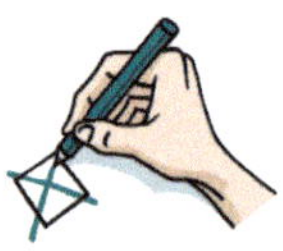

4. ___

5. ___

A. Antworten Sie.
B. Notieren Sie.
C. Vergleichen Sie.
D. Ergänzen Sie.
E. Fragen Sie.
F. Kreuzen Sie an.
G. Markieren Sie.
H. Sortieren Sie.
I. Ordnen Sie zu.

6. ___

7. ___

8. ___

9. ___

c Symbole: Was passt? Kreuzen Sie an.

	Text hören	Film sehen	Grammatikregel	Ausspracheregel	Zusatzaufgabe
1. G	☐	☐	☒	☐	☐
2. ▶	☐	☐	☐	☐	☐
3. Z	☐	☐	☐	☐	☐
4. A	☐	☐	☐	☐	☐
5. [Filmsymbol]	☐	☐	☐	☐	☐

Grammatik im Überblick

1 Wortstellung: Aussagen, W-Fragen und Ja-/Nein-Fragen › G: 1.1

W-Fragen

Position 1	Position 2	
Wie	heißen	Sie?
Wie	heißt	du?
Woher	kommen	Sie?
Woher	kommst	du?

Aussagen / Antworten

Position 1	Position 2	
Ich	heiße	Axel Berg.
Ich	heiße	Michèle Morel.
Ich	komme	aus Österreich.
Ich	komme	aus Frankreich.

Ja-/Nein-Fragen

Position 1	Position 2	
Kommen	Sie	aus Frankreich?
Kommst	du	aus Österreich?
Heißen	Sie	George Peters?
Heißt	du	Michèle Morel?

Aussagen / Antworten

	Position 1	Position 2	
Ja.	Ich	komme	aus Frankreich.
Nein.	Ich	komme	aus Peru.
Nein.	Ich	heiße	George Peters.
Nein.	Ich	heiße	Paula Arias.

2 Regelmäßige Verben: Präsens › G: 1.2

	kommen	heißen	sein
ich	komme	heiße	bin
du	kommst	heißt	bist
er / sie	kommt	heißt	ist
Sie (Sg. + Pl.)	kommen	heißen	sind

A Neu in der Firma

1 Nomen: Artikel – Singular und Plural › KB: A3b › G: 2.1

a „der", „die" oder „das"? Wie heißen die Artikel? Schreiben Sie die Wörter in die Tabelle. Die Wortliste in Lektion 1 hilft.

~~Abteilung~~ | Ärztin | Büro | Café | Foto | Frau | Gespräch | Hotel | Ingenieur | Koch | Kurs | Land | Mann | Name | Nummer | Partner | Praktikantin | Stadt | Straße | Titel | Wort

Singular Maskulinum: der	Singular Femininum: die	Singular Neutrum: das
	die Abteilung	

TIPP

Lernen Sie Nomen immer mit Artikel und Plural!
„¨e" = Umlaut + Endung „-e",
z. B. Stadt, Städte

b Wie heißt der Plural? Ordnen Sie die Wörter aus 1a zu. Die Wortliste in Lektion 1 hilft.

Singular	Plural		Singular	Plural	
		-			-n
		-e	die Abteilung,	die Abteilungen,	-en
		¨e			-nen
		¨er			-s

Z c Mann und Frau: Wie heißen die Berufe? Notieren Sie die Endungen.

Sg. Maskulinum (♂)		Pl. Maskulinum (♂♂)		Sg. Femininum (♀)		Pl. Femininum (♀♀)	
Fahr-	-er	Fahr-		Fahrer-		Fahrer-	
Gärtn-		Gärtn-		Gärtner-		Gärtner-	
Informatik-		Informatik-		Informatiker-		Informatiker-	
Leit-		Leit-		Leiter-		Leiter-	

2 Nomen + Nomen: Zusammensetzung › KB: A3b

a Bilden Sie noch acht Wörter.

Bestimmungswort:
Finanz- | Marketing- | Personal-

Grundwort:
-Abteilung | -Chefin | -Manager

Finanzabteilung,

b **Was ist das Grundwort? Was ist das Bestimmungswort?**

	Zusammensetzung	Bestimmungswort	+ Grundwort
1.	der Personalleiter	*das Personal*	*der Leiter*
2.	der Marketingleiter	*das Marketing*	*der Leiter*
3.	die Marketingassistentin		
4.	die Personalassistentin		
5.	das Personalbüro		
6.	das Ingenieurbüro		

c **Lesen Sie die Wörter in 2b und kreuzen Sie an.**

Die Zusammensetzung hat den Artikel vom:

a. ☐ Bestimmungswort.

b. ☐ Grundwort.

Z **d** **Bilden Sie Zusammensetzungen.**

die Abteilung | die Adresse | ~~der Bogen~~ | das Büro | die E-Mail | die Familie | die Führerin | das Geschäft | das Gespräch | das Haus | der Leiter | der Name | die Nummer | die Nummer | ~~das Personal~~ | das Personal | das Telefon | das Telefon

1. *das Personal + der Bogen: der Personalbogen*
2. ______
3. ______
4. ______
5. ______
6. ______
7. ______
8. ______
9. ______

TIPP

Manchmal Bestimmungswort + „s“ oder „n“,
z. B. Geschäft + s + Führung → Geschäftsführung,
Familie + n + Name → Familienname

3 Tag und Nacht › KB: A4a

Was passt wo? Notieren Sie.

Guten Abend! | ~~Guten Morgen!~~ | Gute Nacht! | Guten Tag!

1. *Guten Morgen!* 2. ______ 3. ______ 4. ______

B Im Personalbüro

1 Wer?, Was?, Wie?, Wo?, Woher? › KB: B1

Wie heißen die Fragen? Schreiben Sie.

1. ▶ *Wer ist der Personalchef?* ▶ Der Personalchef ist Herr Heller.
2. ▶ *Was ist Frau Seidel von Beruf?* ▶ Frau Seidel ist Marketingassistentin von Beruf.
3. ▶ ______ ▶ Der Vorname von Frau Seidel ist Eva.
4. ▶ ______ ▶ Eva wohnt in Fellbach.
5. ▶ ______ ▶ Eva kommt aus Hannover.
6. ▶ ______ ▶ Herr Asamoah ist der Marketingleiter.
7. ▶ ______ ▶ Die E-Mail-Adresse ist falsch.

2 Zahlen, Zahlen, Zahlen › KB: B2d

a Ordnen Sie die Zahlen zu.

1. elf	A. 83	1. *E*
2. einundzwanzig	B. 12	2. ___
3. dreiundachtzig	C. 78	3. ___
4. achtunddreißig	D. 184	4. ___
5. achtundsiebzig	E. 11	5. ___
6. vierhunderteinundachtzig	F. 38	6. ___
7. zwölf	G. 87	7. ___
8. einhundertvierundachtzig	H. 481	8. ___
9. siebenundachtzig	I. 21	9. ___

b Schreiben Sie die Zahlen.

1. 6: *sechs*
2. 106: ______
3. 64: ______
4. 600: ______
5. 16: ______
6. 46: ______
7. 606: ______
8. 66: ______

TIPP

sechs, sechsundzwanzig,
aber: sechzehn, sechzig

eins, **aber:** einundzwanzig

c Wie heißen die Zahlen? Notieren Sie.

1. zehn: *10*
2. einhundert: ______
3. eintausend: ______
4. hunderttausend: ______
5. elf: ______
6. eine Million: ______
7. eine Milliarde: ______
8. zehntausend: ______
9. eine Billion: ______

3 Telefonnummern › KB: B2d

2|39–44 **Hören Sie die Telefonnummern und notieren Sie.**

1. *624218*
2. ______
3. ______
4. ______
5. ______
6. ______

TIPP

Sie hören oft „zwo" für „zwei", „hundert" für „einhundert" und „tausend" für „eintausend".

4 Wer ist wer? › KB: B5b › G: 3.1

TIPP

das Kind → es

a Wie heißen die Personalpronomen? Schreiben Sie.

ich | du | er | sie | ~~es~~ | ~~wir~~ | ihr | sie | Sie

1. *wir*

2. *es*

3. ____

4. ____

5. ____

6. ____

7. ____

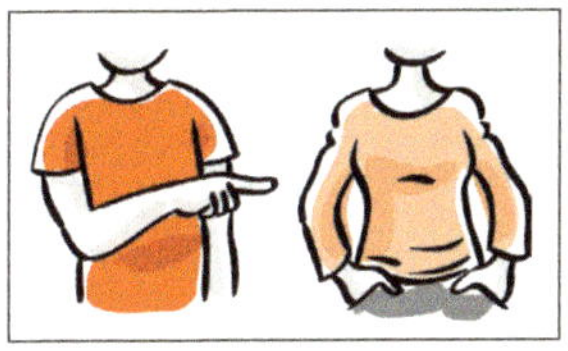

8. ____

9. ____

Z **b sie, Sie oder sie? Wer ist das? Schreiben Sie.**

1. Eva arbeitet in der Marketingabteilung. Sie ist Marketingassistentin. → *Eva*
2. Gloria und José arbeiten auch in der Marketingabteilung. Sie sind Kollegen. → ____
3. Hallo, das sind Frau Song und Herr Wirtz, sie sind die Informatiker. → ____
4. Und das ist Frau Roth, sie ist die Sekretärin. → ____
5. Herr Heller, kommen Sie bitte. → ____

Z **c du oder Sie / ihr oder Sie – informell oder formell? Schreiben Sie Fragen.**

1. ▶ *Wie heißen Sie?* ▶ Ich heiße Eva Seidel.
2. ▶ ____ ▶ Eva wohnt in Fellbach und ich wohne in Stuttgart.
3. ▶ ____ ▶ Herr Heller und ich arbeiten bei Erler & Co.
4. ▶ ____ ▶ Ich bin Klaus, der Praktikant.

5 Wer sind sie? › KB: B5b › G: 1.2

a Wie heißen die Verbformen? Schreiben Sie. Markieren Sie die Endungen.

	wohnen	leben	machen	heißen	arbeiten	reden
ich	*wohne*					
du						*redest*
er / sie / es					*arbeitet*	
wir			*machen*			
ihr				*heißt*		
sie		*leben*				
Sie (Sg. + Pl.)	*wohnen*					

b **Ich heiße ... Ergänzen Sie die Endungen.**

1. Ich heiß*e*___ Eva Seidler.
2. Und wie heiß___ du?
3. Komm___ ihr aus Spanien?
4. Wir wohn___ in Stuttgart.
5. Gloria und José leb___ in Deutschland.
6. Was mach___ Sie bei Erler & Co?
7. Herr Asamoah arbeit___ viel.
8. Eva zeichn___ perfekt.
9. Ich notier___ Zahlen.
10. Du rechn___ sehr schnell.

TIPP

rechnen: du rechnest,
er / sie / es rechnet, ihr rechnet
zeichnen: du zeichnest,
er / sie / es zeichnet,
ihr zeichnet (aber: du lernst)

c **Ergänzen Sie die Formen von „sein".**

1. Herr Heller: Guten Morgen, das *ist*_____ Eva Seidel.
2. Svea: _____ Sie die Marketingassistentin?
3. Eva: Ja, ich _____ die Assistentin.
4. Svea: Hallo, ich _____ Svea.
5. Svea: Und das _____ Gloria und José.
6. Eva: Hallo, _____ ihr aus Spanien?
7. Gloria und José: Ja, wir _____ aus Spanien.
8. Svea: Und das _____ Beat.
9. Eva: Hallo, _____ du auch im Team?
10. Ja, wir _____ alle ein Team. Willkommen!

d **Eva schreibt an Tim. Ergänzen Sie die Verben „arbeiten", „kommen", „machen", „sein", „wohnen" in der richtigen Form.**

tim.rohde@xpu.de

Hallo Tim,
ich [1] *arbeite*_____ jetzt bei Erler & Co in Stuttgart. Ich [2] _____ bei Erler Marketingassistentin.
Das Marketingteam [3] _____ international: Der Teamleiter [4] _____ aus Ghana. Zwei Kollegen [5] _____ aus Spanien und ein Kollege [6] _____ aus der Schweiz. Die zwei Kollegen aus Spanien und ich [7] _____ in Fellbach. Wir [8] _____ ein prima Team.
Was [9] _____ du? [10] _____ du noch bei TEDON? [11] _____ du noch in Bochum oder schon in Essen?

Liebe Grüße – Eva

6 Länder, Staatsangehörigkeiten und Sprachen › KB: B6

Ergänzen Sie.

	Land	Staatsangehörigkeit	Sprache
1.	Argentinien	*argentinisch*	Spanisch
2.	Belgien		Niederländisch, Französisch, Deutsch
3.		brasilianisch	Portugiesisch
4.		deutsch	
5.	Finnland		Finnisch, Schwedisch
6.		neuseeländisch	
7.		österreichisch	
8.	Schweiz		Deutsch, Französisch, Italienisch, Rätoromanisch
9.	Tunesien		Arabisch
10.	USA	US-amerikanisch	

7 Der Personalbogen › KB: B6

Notieren Sie die Antworten.

Bei Erler & Co. | Die Adresse ist Blumenstraße 98a, 73728 Esslingen. | Deutsch, Englisch, Finnisch und Akan. | Die Telefonnummer ist 0711 / 65434. | Finnisch. | g.asamoah@xpu.de. | Gerald. | In Esslingen. | Marketingleiter. | ~~Mein Familienname ist Asamoah.~~

1. ▸ Wie ist Ihr Familienname? ▸ *Mein Familienname ist Asamoah.*
2. ▸ Wie ist Ihr Vorname? ▸ ______
3. ▸ Was sind Sie von Beruf? ▸ ______
4. ▸ Wo arbeiten Sie? ▸ ______
5. ▸ Welche Sprachen sprechen Sie? ▸ ______
6. ▸ Welche Staatsangehörigkeit haben Sie? ▸ ______
7. ▸ Wo wohnen Sie? ▸ ______
8. ▸ Wie ist Ihre Adresse? ▸ ______
9. ▸ Wie ist Ihre Telefonnummer? ▸ ______
10. ▸ Wie ist Ihre E-Mail-Adresse? ▸ ______

C Das Team

1 Wie geht es Ihnen? › KB: C3a

Was ist richtig: a oder b? Kreuzen Sie an.

1. Wie geht es Ihnen?	a. ☒ Danke, gut. Und Ihnen?	b. ☐ Freut mich.
2. Wiedersehen, bis morgen.	a. ☐ Super!	b. ☐ Tschau.
3. Wie geht's?	a. ☐ Guten Tag!	b. ☐ Leider nicht so gut.
4. Guten Tag zusammen!	a. ☐ Guten Morgen!	b. ☐ Es geht.
5. Wie geht es dir?	a. ☐ Willkommen!	b. ☐ So lala.
6. Auf Wiedersehen!	a. ☐ Tschüss, bis morgen!	b. ☐ Es geht mir schlecht.

2 „Guten Tag!" und „Auf Wiedersehen!" in Deutschland, Österreich und der Schweiz › KB: C4

a ▶ 2 | 45–48 **Ist die Situation auf dem Foto formell oder informell? Kreuzen Sie an. Hören Sie dann die Gespräche. Welches Gespräch passt zu welchem Foto? Notieren Sie.**

1

a. ☐ formell
b. ☒ informell

2

a. ☐ formell
b. ☐ informell

3

a. ☐ formell
b. ☐ informell

4

a. ☐ formell
b. ☐ informell

Gespräch 1: Foto *3*   Gespräch 2: Foto ______   Gespräch 3: Foto ______   Gespräch 4: Foto ______

b **Hören Sie die Gespräche in 2a noch einmal. Woher kommen die Sprecher: A, CH oder D?**

1. Uf Wiederluege (CH)
2. Auf Wiederschau'n (___)
3. Servus (___)
4. Grüezi (___)
5. Auf Wiedersehen (___)
6. Grüß Gott (___)
7. Guten Tag (___)
8. Tschüss (___)
9. Hoi (___)
10. Hallo (___)
11. Tschau (___)
12. Servus (___)

c **Formell oder informell? Schreiben Sie die Redemittel aus 2b in die Tabelle.**

	begrüßen	verabschieden
formell		Uf Wiederluege,
informell		

D Arbeiten hier und dort

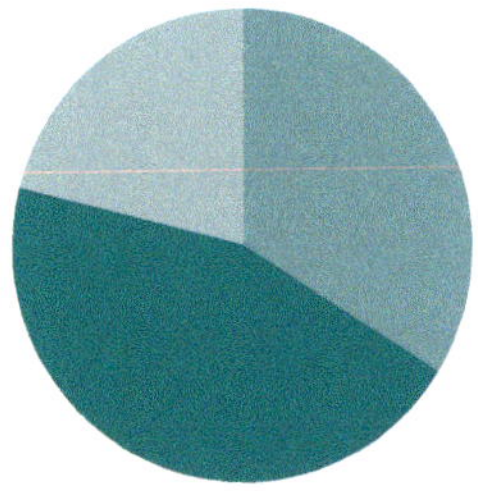

1 Wörter international › KB: D2a

Wie heißen die Wörter auf Englisch und in Ihrer Muttersprache? Notieren Sie.

1. die Grafik: graph (Engl.), ___
2. das Prozent: ___
3. die Nummer: ___
4. der Kollege: ___
5. das Team: ___
6. international: ___

2 Wo ist das Verb? › KB: D3b › G: 1.1

Markieren Sie das Verb und das Subjekt in zwei unterschiedlichen Farben. Was fällt auf? Schreiben Sie immer zwei Sätze wie im Beispiel.

1. heute – Beat – zu Hause – arbeitet *Heute arbeitet Beat zu Hause. / Beat arbeitet heute zu Hause.*
2. Eva – bei Erler & Co. – glücklich – ist ___
3. hier – „du" – wir – sagen ___
4. zwei Kollegen – Spanien – aus – kommen ___
5. aus – Europa – 68 % – sind ___

Rechtschreibung

1 Zahlen und Buchstaben

Wie schreibt man die Zahlen? Ergänzen Sie die Buchstaben.

1. sechs
2. se___zehn
3. nu___
4. drei___ig
5. Mill___on
6. zwan___ig
7. f___nfundsiebzig
8. zw___
9. a___tzig
10. ei___hundert
11. Mi___iarde
12. dreiundn___nzig
13. v___rzig
14. siebentausen___
15. achtze___n
16. zw___lf

Grammatik im Überblick

1 Regelmäßige Verben: Präsens › G: 1.2

	kommen	machen	wohnen	heißen	arbeiten	sein
ich	komme	mache	wohne	heiße	arbeite	bin
du	kommst	machst	wohnst	heißt	arbeitest	bist
er / sie / es	kommt	macht	wohnt	heißt	arbeitet	ist
wir	kommen	machen	wohnen	heißen	arbeiten	sind
ihr	kommt	macht	wohnt	heißt	arbeitet	seid
sie	kommen	machen	wohnen	heißen	arbeiten	sind
Sie (Sg. + Pl.)	kommen	machen	wohnen	heißen	arbeiten	sind

2 Wortstellung: Aussagesätze › G: 1.1

Position 1	Position 2	
17,1 Prozent	kommen	aus Polen.
Aus Rumänien	kommen	10,8 Prozent.
Beat	arbeitet	heute zu Hause.
Heute	arbeitet	Beat zu Hause.
Wir	sagen	hier „du".
Hier	sagen	wir „du".

3 Nomen: Der bestimmte Artikel Singular › G: 2.1

Berufe

Maskulinum	Femininum
der Assistent	die Assistentin
der Chef	die Chefin
der Leiter	die Leiterin
der Manager	die Managerin

Andere Nomen

Maskulinum (M)	Neutrum (N)	Femininum (F)
der Kurs	das Büro	die Abteilung
der Mensch	das Team	die Arbeit
der Wohnort	das Thema	die Firma
der Satz	das Wort	die Sprache

4 Pluralformen › G: 2.1

Singular	Plural		Singular	Plural	
der Partner der Titel	die Partner die Titel	-	der Name die Nummer	die Namen die Nummern	-n
der Ingenieur der Kurs	die Ingenieure die Kurse	-e	die Abteilung die Frau	die Abteilungen die Frauen	-en
der Koch der Satz	die Köche die Sätze	¨-e	die Ärztin die Informatikerin	die Ärztinnen die Informatikerinnen	-nen
das Land der Mann	die Länder die Männer	¨-er	das Foto das Team	die Fotos die Teams	-s

A Arbeitsalltag

1 Ein Wörterbuch benutzen › KB: A1c

Sehen Sie im Wörterbuch nach und ergänzen Sie Artikel und Pluralendungen.

1. *das* Telefon, *die Telefone*	7. ______ Stift, ______
2. ______ Computer, ______	8. ______ Drucker, ______
3. ______ Maus, ______	9. ______ Mauspad, ______
4. ______ Notizblock, ______	10. ______ Bürostuhl, ______
5. ______ Schreibtisch, ______	11. ______ Kalender, ______
6. ______ Tastatur, ______	12. ______ Lampe, ______

Z 2 „der", „das" oder „die"? › KB: A1d

Schreiben Sie die Wörter aus 1 in die Tabelle.

Maskulinum (M)	Neutrum (N)	Femininum (F)
der Computer	*das Telefon*	*die Maus*

TIPP

Lernen Sie die Nomen immer mit Artikel und Plural.

3 Artikel: unbestimmt = neu – bestimmt = bekannt › KB: A2c › G: 2.2

Ergänzen Sie den Artikel.

1. ▶ Dort ist *ein* Bürostuhl. Wie ist er? ▶ *Der* Bürostuhl ist alt.
2. ▶ Hier ist ______ Tastatur. Wie ist sie? ▶ ______ Tastatur ist klein.
3. ▶ Dort ist ______ Mauspad. Welche Farbe hat es? ▶ ______ Mauspad ist grün.
4. ▶ Hier sind ______ Kugelschreiber. Welche Farbe haben sie? ▶ ______ Kugelschreiber sind blau.

4 Farben › KB: A2c

Welche Farben sind hier? Schreiben Sie.

1. ■ *schwarz*
2. ■ ______
3. ■ ______
4. ■ ______
5. □ ______
6. ■ ______

B Ich habe ein Problem

1 Das Verb „haben" › KB: B1c › G: 1.2

Ergänzen Sie die Formen von „haben".

ich	*habe*	wir	
du		ihr	
er / sie / es		sie	
Sie (Sg.)		Sie (Pl.)	

2 Nomen und Verb › KB: B2

Welches Verb passt? Kreuzen Sie an.

1. ein Problem	a. ☒ haben	b. ☐ reparieren
2. den Drucker	a. ☐ bestellen	b. ☐ sein
3. den Fehler	a. ☐ brauchen	b. ☐ kennen
4. den Computer	a. ☐ sein	b. ☐ starten
5. den Fehler	a. ☐ finden	b. ☐ benutzen
6. einen Auftrag	a. ☐ starten	b. ☐ schreiben
7. das Problem	a. ☐ bestellen	b. ☐ beschreiben
8. das Gerät	a. ☐ reparieren	b. ☐ beantworten

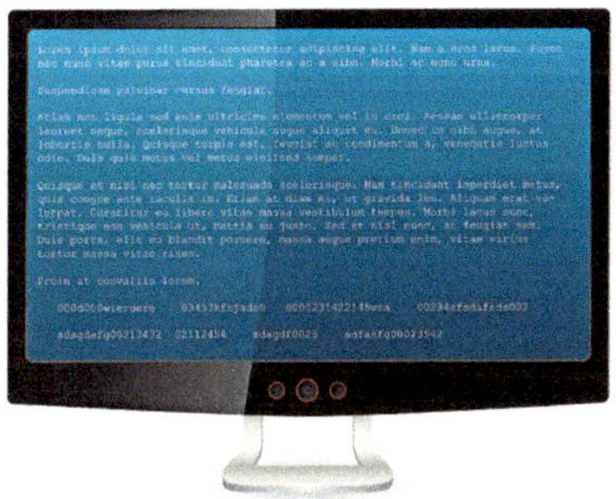

3 Nominativ und Akkusativ › KB: B3b › G: 2.2, 2.3

a Wie heißen die Artikel? Notieren Sie.

	bestimmter Artikel				unbestimmter Artikel			
	Nominativ		Akkusativ		Nominativ		Akkusativ	
Maskulinum	*der*	Drucker	*den*	Drucker	*ein*	Drucker	*einen*	Drucker
Neutrum	*das*	Gerät	*das*	Gerät		Gerät		Gerät
Femininum		Tastatur		Tastatur		Tastatur		Tastatur
Plural		Drucker / Geräte / Tastaturen		Drucker / Geräte / Tastaturen		Drucker / Geräte / Tastaturen		Drucker / Geräte / Tastaturen

b Welche Formen sind in 3a gleich? Markieren Sie sie in der gleichen Farbe.

c Markieren Sie in den Sätzen den Nominativ gelb und den Akkusativ grau.

1. Herr Mindt hat ein Problem.
2. Der Computer ist kaputt.
3. Herr Mindt braucht den Computer.
4. Er fragt die Technikerin.
5. Die Technikerin kennt den Fehler.
6. Die Reparatur klappt nicht.
7. Herr Mindt schreibt einen Auftrag.
8. Die Technikerin bestellt die Geräte.

d **Lesen Sie die Sätze in 3c und beantworten Sie die Fragen.**

1. ▶ Wer hat ein Problem? ▶ *Herr Mindt.*
2. ▶ Was hat Herr Mindt? ▶ *Ein Problem.*
3. ▶ Was ist kaputt? ▶ ______
4. ▶ Was braucht Herr Mindt? ▶ ______
5. ▶ Wen fragt Herr Mindt? ▶ ______
6. ▶ Wer kennt den Fehler? ▶ ______
7. ▶ Was klappt nicht? ▶ ______
8. ▶ Was schreibt Herr Mindt? ▶ ______
9. ▶ Was bestellt die Technikerin? ▶ ______

e **Ergänzen Sie die Artikel.**

1. Frau Steiner schreibt *eine* ______ E-Mail.
2. Sie hat ______ Problem.
3. Sie fragt ______ Technikerin, Frau Ley.
4. Sie beschreibt ______ Problem.
5. ______ Drucker von Frau Steiner startet und nichts passiert.
6. ______ Technikerin kennt ______ Fehler.
7. Sie repariert ______ Drucker.
8. ______ Tastatur von Frau Steiner ist auch kaputt.
9. Hier klappt ______ Reparatur nicht.
10. ______ Technikerin bestellt ______ Tastatur.

Z 4 Eine E-Mail › KB: B4

a **Strategie: E-Mail-Aufbau – Ordnen Sie die Redemittel und die Sätze den E-Mail-Abschnitten zu.**

1. E-Mail-Adresse	A. Lieber Herr Mindt,	1. *E*
2. Betreff	B. Antworten Sie bitte kurz. Vielen Dank.	2. ___
3. Anrede	C. Bestellung	3. ___
4. E-Mail-Text	D. Viele Grüße – I. Ley	4. ___
5. Dank	E. marvin.mindt@weier-kst.de	5. ___
6. Grußformel	F. ich habe eine Information: Der Computer ist da.	6. ___

b **Schreiben Sie aus den E-Mail-Teilen in 4a eine E-Mail.**

marvin.mindt@weier-kst.de
Betreff: Bestellung

TIPP

Grußformel „Gruß“:
in Deutschland: oft;
in Österreich: unhöflich
→ dort: „Viele Grüße“
in der Schweiz: unhöflich
→ dort: „Viele Grüsse“

C Alles neu im Büro

1 Büromöbel, -technik und -bedarf

Ⓩ **a** **Notieren Sie die Wörter mit Artikel und Plural. Sehen Sie bei Fragen im Kursbuch 3C, 1a, nach.** › KB: C1a

b **Was passt wohin? Ordnen Sie den Bürobedarf zu. Ergänzen Sie auch Artikel und Pluralformen.** › KB: C1c

~~Ablagekorb~~ | ~~Bleistift~~ | Büroklammer | ~~Druckerpapier~~ | Heftmaschine | ~~Kalender~~ | Kugelschreiber | Locher | Marker | Notizblock | Ordner | Radiergummi | Spitzer

Stifte	Papier	Ordnung	Sonstiges
der Bleistift, -e	das Druckerpapier (hier nur Sg.)	der Ablagekorb, ¨e	
	der Kalender, -		

Ⓩ **c Was gibt es noch? Bilden Sie Wörter und notieren Sie die Artikel. Manchmal gibt es mehrere Lösungen.** › KB: C1c

Bildschirm | Korb | Lampe | Ordner | Papier | Schrank | Tisch

1. die Bürolampe, der Büroschrank
2. _____ Aktenordner, Aktenschrank
3. _____ Notebook_____
4. _____ Flipchart_____
5. _____ Notiz_____
6. _____ Computer_____
7. _____ Papier_____
8. _____ Schreibtisch_____

2 Der Nullartikel (Ø-Artikel) › KB: C2b › G: 2.2

a Warum ist hier der Nullartikel? Lesen Sie die Sätze und notieren Sie die Regelnummer.

Regel 1	Regel 2	Regel 3
unbestimmte Menge: Singular	unbestimmte Menge: Plural	abstrakte, nicht zählbare Nomen

1. Frau Steiner hat Probleme. Regel: 2
2. Sie braucht Hilfe. Regel: _____
3. Herr Mindt bestellt Papier. Regel: _____
4. Er braucht auch Bleistifte. Regel: _____

b Unbestimmter Artikel oder Nullartikel? Ergänzen Sie.

Marvin hat nur [1] einen Schreibtisch. Er braucht noch [2] _____ Regal, [3] _____ Aktenschrank, [4] _____ Rollcontainer und [5] _____ Notebook. Er bestellt auch [6] _____ Schreibpapier, [7] _____ Kalender, [8] _____ Stifte, [9] _____ Notizblock und [10] _____ Büroklammern. Er hat [11] _____ Glück, alles kommt schnell.

3 Der Schreibtisch ist praktisch, … › KB: C3a

Welche Wörter fehlen? Lesen Sie die Redemittel im Kursbuch 3C, 3a, und ergänzen Sie.

1. Der Schreibtisch ist praktisch, aber zu groß.
2. Das Regal ist perfekt, es ist breit _____.
3. Das Büro ist hell, aber _____ klein.
4. Das Notebook ist schön, aber _____ schnell genug.
5. Der Aktenschrank ist sehr gut, er ist nicht _____ schmal.

D Viele Grüße aus …

1 Wie ist/sind …? › KB: D1a

Lesen Sie die E-Mail von Marvin im Kursbuch 3D, 1a, und notieren Sie die Adjektive.

1. Die Kolleginnen und Kollegen und auch der Chef sind kompetent und sehr nett.
2. Der Schreibtischstuhl ist _____.
3. Das Büro ist _____, _____ und _____.
4. Der Computer ist _____.
5. Marvin ist _____.

2 Welcher? Welches? Welche? › KB: D1a › G: 3.6

a Markieren Sie die Endungen von „welch-" und von den Artikeln. Was fällt auf? Ergänzen Sie die Regel.

1. ▶ Welcher Schreibtischstuhl ist alt? ▶ Der Schreibtischstuhl von Herrn Mindt.
2. ▶ Welches Büro ist leer? ▶ Das Büro von Herrn Mindt.
3. ▶ Welche Maus ist kaputt? ▶ Die Maus von Herrn Mindt.
4. ▶ Welche Kollegen sind nett? ▶ Die Kollegen von Herrn Mindt.

G

Endung von „welch-" = Endung wie ______________ Artikel.

b Ergänzen Sie „welch-" und das Wort mit dem Artikel in der passenden Form.

1. ▶ *Welcher* Schreibtisch ist groß genug? ▶ *Der Schreibtisch* hier.
2. ▶ ______________ Ordner sind leer? ▶ ______________ hier.
3. ▶ ______________ Regal ist zu schmal? ▶ ______________ hier.
4. ▶ ______________ Marker schreibt grün? ▶ ______________ hier.
5. ▶ ______________ Lampe ist sehr hell? ▶ ______________ hier.

Z 3 SMS schreiben und lesen › KB: D1b

a Marvin antwortet Jens. Was heißen die Abkürzungen? Notieren Sie.

1. b = *bei*
2. Saarl. = ______________
3. s. = ______________
4. Hab = ______________
5. LG = ______________

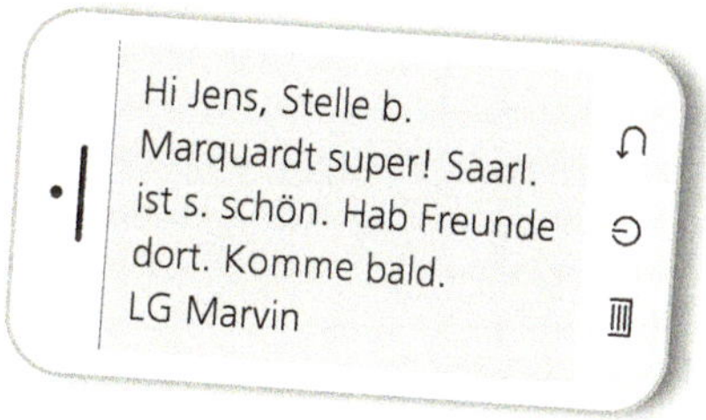

TIPP

In SMS benutzt man oft Abkürzungen oder schreibt Wörter nicht, z. B. Artikel, Verben, Personalpronomen, z. B. „hab", nicht: „ich habe".
Städte und Länder: Abkürzung oft wie bei Autos
z. B. Berlin → B
Dresden → DD
Italien → I

b Machen Sie aus der E-Mail von Marvin eine SMS.

smilla.kort@xpu.de

Hi Smilla,
ich bin jetzt in Dresden bei Weier. Die Kollegen und der Chef sind sehr nett. Ich habe schon eine Wohnung. Maria und die Kinder kommen bald.
Liebe Grüße – Marvin

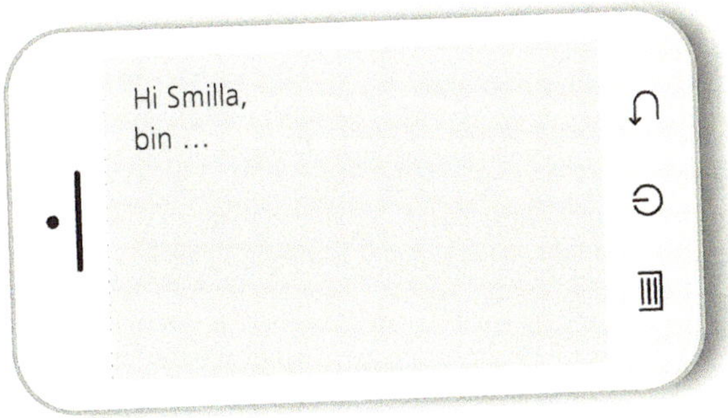

Z 4 Die Firma Weier-Kunststoffwerke und Co. – Kurzporträt › KB: D2

a Welche Wörter sind das? Notieren Sie.

1. menirFmena — *Firmenname*
2. Unmensnehterdungrün — ____________
3. keittigTä — ____________
4. ortndSta — ____________
5. rerschäftsGefüh — ____________
6. zahlMitbeiarter — ____________
7. schäftsGereibeche — ____________

b Ordnen Sie die Wörter aus 4a den Informationen zu.

1. *Firmenname*: Weier-Kunststoffwerke
2. ____________: Dresden
3. ____________: Paul und Kerstin Weier
4. ____________: 2002
5. ____________: 450
6. ____________: weltweit
7. ____________: Kunststoffmöbel

Weier-Kunststoffwerke

Rechtschreibung

1 Eine Wortschatzliste korrigieren

a Lesen Sie die Wortschatzliste und den Beispielsatz. Markieren und korrigieren Sie immer zwei Fehler.

1. der Bildscherm, -e → *Bildschirm* — Der Bildschirm ist kaput. → *kaputt*
2. der Druker, - → ____________ — Der Drucker drukt gut. → ____________
3. der Kugelschrieber, - → ____________ — Ich bestele einen Kugelschreiber. → ____________
4. der Bürostul, Bürostüle → ____________ — Der Bürostuhl ist allt. → ____________
5. der Kundenservize, -s → ____________ — Marvin bracht den Kundenservice. → ____________
6. der Shrank, ¨-e → ____________ — Der Schrank ist ler. → ____________
7. das Notbook, -s → ____________ — Der Techniker reparirt das Notebook. → ____________
8. der Feler, - → ____________ — Frau Ley kent den Fehler. → ____________
9. die Hotleine, -s → ____________ — Die Hotline funtioniert gut. → ____________
10. die Bestelliste, -n → ____________ — Frau Raue braucht die Bestellliste dingend. → ____________

b Wie korrigiert Ihr Partner / Ihre Partnerin? Vergleichen Sie.

c Notieren Sie Wörter aus der Wortschatzliste und schreiben Sie Sätze. Machen Sie immer zwei Fehler wie in 1a. Ihr Partner / Ihre Partnerin korrigiert die Fehler.

Grammatik im Überblick

1 Nominativ und Akkusativ › G: 2.2, 2.3

	bestimmter Artikel		unbestimmter Artikel	
	Nominativ	**Akkusativ**	**Nominativ**	**Akkusativ**
Maskulinum	der Drucker	den Drucker	ein Drucker	einen Drucker
Neutrum	das Gerät	das Gerät	ein Gerät	ein Gerät
Femininum	die Tastatur	die Tastatur	eine Tastatur	eine Tastatur
Plural	die Drucker / Geräte / Tastaturen	die Drucker / Geräte / Tastaturen	Ø Drucker / Geräte / Tastaturen	Ø Drucker / Geräte / Tastaturen

1. Herr Mindt hat ein Problem. Der Computer ist kaputt.
   → Wer hat ein Problem? → Herr Mindt.
   → Was ist kaputt? → Der Computer.
2. Herr Mindt braucht die Technikerin. Sie bestellt einen Computer.
   → Wen braucht Herr Mindt? → Die Technikerin.
   → Was bestellt die Technikerin? → Einen Computer.

2 Unbestimmter und bestimmter Artikel › G: 2.2

▶ Auf dem Foto ist ein Schreibtisch. Welche Farbe hat er? ▶ **Der** Schreibtisch ist weiß.
▶ Auf dem Foto ist ein Mauspad. Welche Farbe hat es? ▶ **Das** Mauspad ist blau.
▶ Auf dem Foto ist eine Maus. Welche Farbe hat sie? ▶ **Die** Maus ist grau.

Die Information ist neu: unbestimmter Artikel.
Die Information ist jetzt bekannt: **bestimmter** Artikel.

3 Nullartikel › G: 2.2

1. Unbestimmte Menge Singular, z. B. Herr Mindt bestellt Papier.
2. Unbestimmte Menge Plural, z. B. Herr Mindt braucht Bleistifte.
3. Abstrakte, nicht zählbare Nomen, z. B. Herr Mindt braucht Hilfe.

4 Welcher? Welches? Welche? › G: 3.6

1. ▶ Welcher Schreibtischstuhl ist alt? ▶ Der Schreibtischstuhl von Herrn Mindt.
2. ▶ Welches Büro ist leer? ▶ Das Büro von Herrn Mindt.
3. ▶ Welche Maus ist kaputt? ▶ Die Maus von Herr Mindt.
4. ▶ Welche Kollegen sind nett. ▶ Die Kollegen von Herrn Mindt.

Endung von „welch-" = Endung wie bestimmter Artikel.

5 Das Verb „haben" › G: 1.2

ich	habe
du	hast
er / sie / es	hat
wir	haben
ihr	habt
sie	haben
Sie (Sg. + Pl.)	haben

A Termine wann und wo?

1 Offizielle Uhrzeiten › KB: A1c

a ▶ 2|49 **Welche Uhrzeit hören Sie: a, b oder c? Kreuzen Sie an.**

	a.	b.	c.
1.	☐ 04:00 Uhr	☒ 14:00 Uhr	☐ 24:00 Uhr
2.	☐ 08:00 Uhr	☐ 08:08 Uhr	☐ 18:00 Uhr
3.	☐ 13:03 Uhr	☐ 13:13 Uhr	☐ 13:30 Uhr
4.	☐ 12:14 Uhr	☐ 12:40 Uhr	☐ 12:44 Uhr
5.	☐ 18:02 Uhr	☐ 18:20 Uhr	☐ 20:18 Uhr
6.	☐ 19:20 Uhr	☐ 20:19 Uhr	☐ 21:29 Uhr
7.	☐ 07:16 Uhr	☐ 07:46 Uhr	☐ 07:56 Uhr
8.	☐ 05:20 Uhr	☐ 05:25 Uhr	☐ 05:52 Uhr

TIPP

Alle Wochentage sind Maskulinum → Artikel „der"

b **Lesen Sie die Abkürzungen. Schreiben Sie die Wochentage.**

1. Mo: *Montag* 3. Mi: ______ 5. Fr: ______ 7. So: ______
2. Di: ______ 4. Do: ______ 6. Sa: ______

c ▶ 2|50 **Hören Sie den Wochentag und die Uhrzeit und notieren Sie.**

1. *Dienstag, 21:15 Uhr* 4. ______
2. ______ 5. ______
3. ______ 6. ______

d **Der Terminplan bei Firma Buchinger: „am" oder „um"? Kreuzen Sie an.** › G: 6.1

1. Am ☒ Um ☐ Montag ist eine Konferenz bei Firma Buchinger.
2. Die Konferenz ist am ☐ um ☐ 14:00 Uhr.
3. Die Konferenz endet am ☐ um ☐ 15:30 Uhr.
4. Am ☐ Um ☐ Mittwoch ist Herr Buchinger am ☐ um ☐ 9:00 Uhr im Unternehmen.
5. Am ☐ Um ☐ Freitag ist die Teamsitzung am ☐ um ☐ 15:00 Uhr.
6. Und am ☐ um ☐ 19:00 Uhr ist eine Feier im Restaurant Alt Paris.

Z 2 Tageszeiten und Uhrzeiten › KB: A2

Welche Tageszeit ist das? Was sagt man?

1. 12:00 Uhr	vormittags	
2. 16:00 Uhr	nachts	Gute Nacht!
3. 19:00 Uhr	morgens	Guten Tag!
4. 00:30 Uhr	mittags	Guten Morgen!
5. 11:00 Uhr	abends	Guten Abend!
6. 07:45 Uhr	nachmittags	

TIPP

5:00 Uhr bis 10:00 Uhr: „Guten Morgen."
10:00 Uhr bis 17:30 Uhr: „Guten Tag."
17:30 Uhr bis 24:00 Uhr: „Guten Abend."
Sie gehen ins Bett: „Gute Nacht."

B Hast du Zeit?

1 Uhrzeiten offiziell und inoffiziell
› KB: B1c

a Die Stunde, die Dreiviertelstunde, die halbe Stunde, . . . Ordnen Sie zu.

eine Stunde | vierzig Minuten | zehn Minuten | eine Viertelstunde | ~~fünf Minuten~~ | eine halbe Stunde | zwanzig Minuten | eine Minute | fünfzig Minuten | eine Dreiviertelstunde

1. 2. 3. 4. 5.

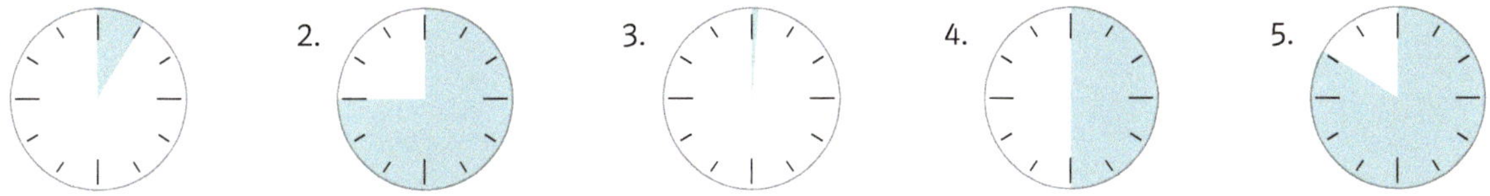

fünf Minuten

6. 7. 8. 9. 10.

b Ordnen Sie die Uhrzeiten zu.

1. 12:30 Uhr	A. Es ist eins, Punkt eins.	1. F
2. 01:00 Uhr	B. Es ist Viertel nach zwölf.	2. ___
3. 16:02 Uhr	C. Es ist fünf nach halb vier.	3. ___
4. 12:15 Uhr	D. Es ist Viertel vor neun.	4. ___
5. 15:35 Uhr	E. Es ist kurz nach vier.	5. ___
6. 11:31 Uhr	F. Es ist halb eins.	6. ___
7. 08:45 Uhr	G. Es ist kurz nach halb zwölf.	7. ___

TIPP

In vielen Regionen von Deutschland und Österreich heißt es:
viertel elf = Viertel nach zehn
drei viertel elf = Viertel vor elf

c Schreiben Sie die Uhrzeiten offiziell und inoffiziell. Beachten Sie die Tageszeit!

1. 2. 3. 4. 5. 6. 7. 8.

morgens | vormittags | mittags | nachmittags | nachmittags | abends | nachts | nachts

1. offiziell: sieben Uhr fünfundfünfzig — inoffiziell: fünf vor acht
2. offiziell: ______ — inoffiziell: ______
3. offiziell: ______ — inoffiziell: ______
4. offiziell: ______ — inoffiziell: ______
5. offiziell: ______ — inoffiziell: ______
6. offiziell: ______ — inoffiziell: ______
7. offiziell: ______ — inoffiziell: ______
8. offiziell: ______ — inoffiziell: ______

2 Fragepronomen: Wann? Von wann bis wann? Um wie viel Uhr? › KB: B1c

Hier sind die Antworten. Wie heißen die Fragen? Schreiben Sie.

1. ▶ *Wann ist die Teambesprechung?*
   ▶ Die Teambesprechung ist am Montag.
2. ▶ ______
   ▶ Die Teambesprechung ist um 8:30 Uhr.
3. ▶ ______
   ▶ Die Teambesprechung geht von 8:30 Uhr bis 9:15 Uhr.
4. ▶ ______
   ▶ Frau Dr. Amos kommt am 25. Juni.
5. ▶ ______
   ▶ Herr Bauer kommt von Montag bis Donnerstag.

3 Die Negation: „nicht" und „kein-" › KB: B2c › G: 7.1

a Wo steht „nicht"? Verneinen Sie die Sätze.

1. Am Wochenende habe ich *nicht* frei *–*.
2. Am Wochenende kann ______ ich ______.
3. Die Präsentation ist ______ gut ______.
4. Frau Schmidt hat ______ viele Termine ______.
5. Abends arbeitet ______ Barbara ______.

b Ergänzen Sie „kein-" in der passenden Form.

1. Morgen ist *keine* Teambesprechung.
2. Frau Schmidt hat ______ Meeting.
3. Wir machen ______ Pause.
4. Sie machen ______ Fehler (Plural).
5. Am Montag passt ______ Termin.
6. Das ist ______ Problem.
7. Heute sind ______ Konferenzen.
8. Die Firma bekommt ______ Auftrag.

c „nicht" oder „kein-" – was passt? Notieren Sie.

1. Frau Schmidt arbeitet am Donnerstag *nicht*.
2. Herr Bastian hat ______ Meeting.
3. Die Firma Müller ist ______ bekannt.
4. Die Präsentation ist ______ gut.
5. Heute ist ______ Besprechung.
6. Frau Ogashi kommt heute ______.

Z **d Der Chef fragt, der Mitarbeiter sagt „nein"! Schreiben Sie „nicht" oder „kein-".**

1. ▶ Haben Sie Zeit? ▶ *Nein, ich habe keine Zeit.*
2. ▶ Arbeiten Sie lang? ▶ ______
3. ▶ Haben Sie ein Treffen mit Frau Ogashi? ▶ ______
4. ▶ Schreiben Sie eine E-Mail? ▶ ______
5. ▶ Kommen Sie am Sonntag? ▶ ______
6. ▶ Machen Sie eine Präsentation? ▶ ______
7. ▶ Arbeiten Sie gern? ▶ ______

C Arbeit und Urlaub

1 Die Kalendermonate › KB: C1a

Schreiben Sie die Monate und Jahreszeiten in die Tabelle.

~~April~~ | ~~August~~ | Dezember | ~~Februar~~ | ~~Frühling~~ | Herbst | Januar | Juli | Juni | März | Mai | ~~September~~ | Sommer | November | Oktober | ~~Winter~~

Frühling			Winter
		September	
April			
	August		*Februar*

TIPP

Jahreszeiten, Kalendermonate → Artikel „der"
z. B. der Frühling, der Sommer
der Januar, der Februar

2 Ordinalzahlen › KB: C1b

a 2 | 51 **Welches Datum hören Sie? Kreuzen Sie an.**

1. a. [ ] der 03.11. b. [x] der 11.03.
2. a. [ ] am 10.01. b. [ ] am 01.10.
3. a. [ ] der 30.12. b. [ ] der 31.12.
4. a. [ ] am 05.05. b. [ ] am 15.05.
5. a. [ ] der 22.07. b. [ ] der 23.07.
6. a. [ ] am 09.08. b. [ ] am 19.08.

Z **b** **Schreiben Sie die Termine wie im Beispiel.**

Januar

KW	Mo	Di	Mi	Do	Fr	Sa	So
1				1	2	3	4
2	5	6	7	8	9	10	11
3	12	13	14	15	16	17	18
4	19	20	21	22	23	24	25
5	26	27	28	29	30	31	

erste Kalenderwoche, am vierten Ersten

Februar

KW	Mo	Di	Mi	Do	Fr	Sa	So
5							1
6	2	3	4	5	6	7	8
7	9	10	11	12	13	14	15
8	16	17	18	19	20	21	22
9	23	24	25	26	27	28	

fünfte und sechste KW, vom ersten bis …

März

KW	Mo	Di	Mi	Do	Fr	Sa	So
9							1
10	2	3	4	5	6	7	8
11	9	10	11	12	13	14	15
12	16	17	18	19	20	21	22
13	23	24	25	26	27	28	29
14	30	31					

Juni

KW	Mo	Di	Mi	Do	Fr	Sa	So
23	1	2	3	4	5	6	7
24	8	9	10	11	12	13	14
25	15	16	17	18	19	20	21
26	22	23	24	25	26	27	28
27	29	30					

August

KW	Mo	Di	Mi	Do	Fr	Sa	So
31						1	2
32	3	4	5	6	7	8	9
33	10	11	12	13	14	15	16
34	17	18	19	20	21	22	23
35	24	25	26	27	28	29	30
36	31						

Oktober

KW	Mo	Di	Mi	Do	Fr	Sa	So
40				1	2	3	4
41	5	6	7	8	9	10	11
42	12	13	14	15	16	17	18
43	19	20	21	22	23	24	25
44	26	27	28	29	30	31	

November

KW	Mo	Di	Mi	Do	Fr	Sa	So
44							1
45	2	3	4	5	6	7	8
46	9	10	11	12	13	14	15
47	16	17	18	19	20	21	22
48	23	24	25	26	27	28	29
49	30						

Dezember

KW	Mo	Di	Mi	Do	Fr	Sa	So
49		1	2	3	4	5	6
50	7	8	9	10	11	12	13
51	14	15	16	17	18	19	20
52	21	22	23	24	25	26	27
53	28	29	30	31			

Z **c** 2 | 52–54 **Hören Sie und notieren Sie die Termine.**

1. Bademode International
   Monat: *April*
   Kalenderwoche: ____
   Termin: ____

2. Flug nach London
   Datum: ____
   Wochentag: ____
   Uhrzeit: ____

3. Hotel Karolinger
   Datum: ____
   Anreise bis: ____
   Frühstück wann: ____

d **Schreiben Sie die Termine wie im Beispiel.**

1. Frau Aab, Mo 03.01. *Frau Aab, am Montag, den / dem dritten Ersten*
2. Kino, Mi, 12. Juni ______
3. Restaurant, So, 18.01. ______
4. Meeting, Fr, 29.05. ______

TIPP

Der Wievielte ist heute?
- Heute ist **der** fünfte April.
- Heute ist Montag, **der** fünfte April.

Wann ist ...?
- Das Treffen ist **am** fünft**en** April.
- Das Treffen ist **am** Samstag, **den** / **dem** fünft**en** April.

3 Die Jahreszahlen › KB: C1b

Schreiben Sie die Jahreszahlen.

1. zweitausendfünfzehn: *2015*
2. neunzehnhundertacht: ______
3. siebzehnhundertachtzehn: ______
4. zweitausendelf: ______

4 Die Arbeitswoche von Frau Bär › KB: C2b › G: 6.1

Ergänzen Sie die Präpositionen.

am | bis | im | im | in der | ~~um~~ | um | von ... bis | von ... bis

TIPP

in (der) Kalenderwoche 4
in (der) KW 4

1. Frau Bär ist Geschäftsführerin und hat viel Arbeit. Sie ist immer *um* ______ 8:00 Uhr im Büro.
2. Sie arbeitet ______ Dienstag ______ Donnerstag neun Stunden.
3. ______ 12:00 Uhr ______ 12:30 Uhr macht sie eine Mittagspause.
4. ______ Mittwochnachmittag ______ 15:00 Uhr hat sie immer eine Skype-Konferenz.
5. ______ Kalenderwoche 13 fliegt sie nach Bern und ist dort ______ Freitag.
6. Frau Bär macht ______ Sommer vier Wochen Urlaub und ______ Februar eine Woche Urlaub.

5 Messe und Co. › KB: C3b

Welche Wörter passen zusammen? Kreuzen Sie an.

1. a. ☒ Sportmode
   b. ☒ Sportschuhe
   c. ☐ Weiterbildung
2. a. ☐ Kleidung
   b. ☐ Urlaub
   c. ☐ Schuhe
3. a. ☐ Restaurant
   b. ☐ Messe
   c. ☐ Messestand
4. a. ☐ Ausbildung
   b. ☐ Studium
   c. ☐ Sportartikel

D Ich grüße dich!

1 Personalpronomen im Nominativ und Akkusativ › KB: D2 › G: 3.1

a **Formulieren Sie Fragen und kreuzen Sie an: Nominativ (N) oder Akkusativ (A).**

			N	A
1.	*Wer besucht die Messe in München?*	Wir besuchen die Messe in München.	☒	☐
2.	______	Den Messeaufbau plane ich.	☐	☐
3.	______	Herr Bastian macht ihn.	☐	☐
4.	______	Er macht viel Arbeit.	☐	☐
5.	______	Der Chef kontrolliert uns oft.	☐	☐

b **Welches Personalpronomen ist richtig? Kreuzen Sie an.**

1. Ich besuche die ISPO. Kommst a. [X] du b. [ ] dich auch?
2. Hanna und Kristin grüßen a. [ ] du. b. [ ] dich.
3. Besucht du a. [ ] uns? b. [ ] wir?
4. Messebau Müller macht den Messeaufbau. Ich organisiere a. [ ] er. b. [ ] ihn.
5. Herr Bastian kommt auch. a. [ ] Er b. [ ] Ihn kennt dich.
6. Herr Bastian und ich haben Zeit und besuchen a. [ ] ihr. b. [ ] euch.

Z **c** **Vanessa und Barbara telefonieren. Ergänzen Sie die Personalpronomen im Nominativ und Akkusativ.**

~~ich~~ | ich | du | du | er | er | ihn | ihn | wir | wir | uns | ihr

- ▶ Barbara, hallo, [1] *ich* bin es, Vanessa.
- ▶ Vanessa, bist [2] ______ hier in München? Wie geht's?
- ▶ Stress, Stress und Stress! [3] ______ bin zwei Tage hier und besuche eine Möbelmesse und heute Abend treffe ich Martin. Kennst du [4] ______?
- ▶ Martin? Ja, klar! Was macht [5] ______ in München?
- ▶ Er besucht auch die Möbelmesse. [6] ______ essen heute Abend zusammen.
- ▶ Wo esst [7] ______?
- ▶ [8] ______ essen im Restaurant Maximilian. Hast [9] ______ auch Zeit?
- ▶ Leider nein. Ich habe einen Termin.
- ▶ Wann ist [10] ______?
- ▶ Um halb sieben – der Chef ist neu. Wir begrüßen [11] ______, er begrüßt [12] ______ und, und, und …

2 Die Konjunktionen „aber", „denn", „und" und „oder" › KB: D4b › G: 4.1

a **Welche Konjunktion passt? Kreuzen Sie an.**

1. Ich kann am Donnerstag, a. [X] aber b. [ ] oder ich kann nicht am Mittwoch.
2. Gehen wir am Freitag ins Kino, a. [ ] oder b. [ ] und gehen wir essen?
3. Am Freitag kann ich nicht, a. [ ] oder b. [ ] denn da habe ich ein Meeting.
4. Machen wir jetzt eine Pause a. [ ] und b. [ ] oder machen wir keine Pause?
5. Anna hat um 9:00 Uhr einen Termin, a. [ ] und b. [ ] denn ich habe einen Termin um 13:00 Uhr.

b **Wie heißen die Sätze? Ordnen Sie zu.**

1. Er kommt nicht,		es ist Sonntag.
2. Du arbeitest schnell und viel,	aber	in Japan.
3. Im April komme ich nach Frankfurt,		du machst viele Fehler.
4. Kommt der Techniker heute	denn	er hat keine Zeit.
5. Firma Klotz produziert in Deutschland		telefonieren wir?
6. Frau Schmidt kennt die Modemesse in Berlin,	und	morgen?
7. Herr Bastian macht den Messeaufbau		nicht die Bildungsmesse in Zürich.
8. Machen wir eine Skype-Konferenz	oder	Frau Schmidt organisiert den Messeabbau.
9. Morgen arbeiten wir nicht,		ich besuche die Frühjahrsmesse.

c Schreiben Sie die Sätze aus 2b in eine Tabelle in Ihr Heft.

1. Hauptsatz / Satzteil	Position 0	2. Hauptsatz / Satzteil
Er kommt nicht,	denn	er hat keine Zeit.

d Bilden Sie Sätze.

1. Herr Bax – im September – Urlaub – macht – oder – im Oktober – er – Urlaub – macht
   Herr Bax macht Urlaub im September oder er macht Urlaub im Oktober.
2. Frau Schmidt – die Termine – plant – und – die Messen – sie – organisiert
3. Frau Schmidt – am Samstag – keine Zeit – hat – , – aber – Zeit – am Sonntag – sie – hat
4. Herr Bastian – mit Japan – skypt – oder – telefoniert – er – mit Japan
5. Die Skype-Konferenz – mit Japan – am Montag – ist – und – am Mittwoch – ist – sie
6. Frau Schmidt – die Messe – besucht – , – denn – sie – den Messeaufbau – macht

e Lesen Sie die Sätze 1 bis 5 in 2d und markieren Sie die Wiederholungen. Schreiben Sie dann die Sätze kürzer.

1. Herr Bax macht Urlaub im September oder im Oktober.
2. Frau Schmidt plant die Termine und organisiert die Messen.
3.
4.
5.

TIPP

Sätze mit „aber" kann man nur kürzen, wenn Subjekt und Verb gleich sind.
Sätze mit „denn" kann man nicht kürzen.

Rechtschreibung

1 Termine, Termine

2|55 **Hören Sie die Fragen und Antworten und schreiben Sie. Korrigieren Sie dann Ihren Partner / Ihre Partnerin. Ihre Partnerin / Ihr Partner korrigiert Sie.**

1. ▶ Wie viel Uhr ist es? ▶ Es ist halb elf.
2. ▶ ______ besuchst du mich? ▶ Am ______.
3. ▶ ______ ist heute? ▶ Heute ist der ______.
4. ▶ ______ kommst du? ▶ Um ______.
5. ▶ ______ ist das Meeting? ▶ Das Meeting ist ______.
6. ▶ ______ ist die Konferenz? ▶ Die Konferenz ist ______.
7. ▶ ______ machen Sie Urlaub? ▶ Im ______.
8. ▶ ______ ist es? ▶ Es ist ______.

Grammatik im Überblick

1 Die Negation: „nicht" und „kein-" › G: 7.1

- **„nicht"** am Satzende verneint den Satz: Herr Bastian arbeitet am Sonntag. Frau Schmidt arbeitet am Sonntag **nicht**.
- **„nicht"** vor einem Wort verneint das Wort: Herr Lüder hat am Wochenende frei. Herr Bax hat heute **nicht** frei.
- **„kein-"** verneint den Artikel „ein-" oder den Nullartikel: Am Mittwoch sind **ein** Meeting und **eine** Teambesprechung. Am Donnerstag sind **kein** Meeting und **keine** Teambesprechung. / Ich habe Ø Zeit. Ich habe **keine** Zeit. / Ich habe Ø Termine. Ich habe **keine** Termine.

2 „ein-" und „kein-" im Nominativ und Akkusativ › G: 2.2

	Nominativ		Akkusativ	
	+	–	+	–
Maskulinum	ein Termin	kein Termin	einen Termin	keinen Termin
Neutrum	ein Meeting	kein Meeting	ein Meeting	kein Meeting
Femininum	eine Präsentation	keine Präsentation	eine Präsentation	keine Präsentation
Plural (M, N, F)	Ø Termine	keine Termine	Ø Termine	keine Termine

3 Datumsangaben – Ordinalzahlen

Heute ist ...	**Wann?**
1.2. – der erste Februar / der erste Zweite	am ersten Januar / am ersten Ersten
3.4. – der dritte April / der dritte Vierte	am zweiten März / zweiten Dritten
5.6. – der fünfte Juni / der fünfte Sechste	am fünfzehnten Mai / fünfzehnten Fünften
7.8. – der siebte August / der siebte Achte	am zwanzigsten Juli / zwanzigsten Siebten
9.10. – der neunte Oktober / der neunte Zehnte	am dreißigsten November / dreißigsten Elften
Heute ist Montag, **der** dreißigste Elfte.	am Freitag, **den / dem** einunddreißigsten Zwölften

4 Personalpronomen › G: 3.1

Nominativ	ich	du	er	sie	es	wir	ihr	sie	Sie
Akkusativ	mich	dich	ihn	sie	es	uns	euch	sie	Sie

5 Konjunktionen: aber (Gegensatz), denn (Grund), und (plus), oder (Alternative) › G: 4.1

1. Hauptsatz / Satzteil	**Position 0**	**2. Hauptsatz / Satzteil**
Frau Schmidt organisiert den Messeaufbau,	aber	(sie organisiert) nicht den Messeabbau.
Ich bin nicht in München,	denn	da habe ich keine Zeit.
Ich suche meinen Terminkalender	und	(ich suche) einen Kugelschreiber.
Ich kann am Nachmittag um 15:00 Uhr	oder	(ich kann) am Abend um 19:00 Uhr.

6 Temporale Präpositionen › G: 6.1

Wann?	**Um wie viel Uhr? Wann?**	**Wann?**	**Wie lange?**
→ Tageszeiten → Wochentage → Datum	→ Uhrzeit	→ Monate → Jahreszeiten	→ Uhrzeit und Tage → Monate → Jahreszeiten
am Morgen / morgens	**um** 7:00 Uhr	**im** Januar	**von** 8:00 **bis** 10:00 Uhr
am Mittag / mittags	**um** 18:20 Uhr	**im** Februar	**von** Montag **bis** Samstag
am Abend / abends	**um** (Punkt) sechs Uhr	**im** ...	**von** Mai **bis** Juli
in der Nacht / nachts	**um** halb acht	**im** Sommer	**von** Herbst **bis** Winter
am Montag / Dienstag / ...	**um** Viertel nach neun	**im** Herbst	**vom** 29. Juni **bis** 10. Juli
am Wochenende = WE	**um** Viertel vor elf	**im** Winter	
am 24. November		**im** Frühling	

A Das Werk

1 Ein Werk besichtigen › KB: A2b

Was kann man: a, b, c oder d? Kreuzen Sie an. Es gibt immer mehrere Lösungen.

1. ein Werk	a. ☒ besichtigen	b. ☒ fotografieren	c. ☐ schreiben	d. ☒ präsentieren
2. ein Unternehmen	a. ☐ interviewen	b. ☐ vorstellen	c. ☐ präsentieren	d. ☐ besuchen
3. die Produktion	a. ☐ kontrollieren	b. ☐ sehen	c. ☐ drucken	d. ☐ vorstellen
4. ein Produkt	a. ☐ präsentieren	b. ☐ besuchen	c. ☐ kontrollieren	d. ☐ fotografieren
5. einen Mitarbeiter	a. ☐ besichtigen	b. ☐ interviewen	c. ☐ fotografieren	d. ☐ vorstellen
6. einen Artikel	a. ☐ schreiben	b. ☐ drucken	c. ☐ kontrollieren	d. ☐ besichtigen

2 Sätze mit Modalverben › G: 1.7

a Schreiben Sie die Sätze in die Tabellen. › KB: A3b

1. Ein Journalist möchte das Unternehmen vorstellen.
2. Kann die Praktikantin auch das Werk besichtigen?
3. Der Journalist will einen Artikel für die „Thüringer Zeitung" schreiben.
4. Wann möchte Herr Becker kommen?
5. Will der Journalist drei Mitarbeiter interviewen?
6. Wen kann er interviewen?
7. Leider kann Frau Lahn nicht schnell antworten.

Satzklammer

Position 1	Position 2: Modalverb		Satzende: Verb (Infinitiv)
1. Ein Journalist	möchte	das Unternehmen	vorstellen.

Satzklammer

Position 1: Modalverb		Satzende: Verb (Infinitiv)
2. Kann	die Praktikantin auch das Werk	besichtigen?

b Schreiben Sie Sätze. › KB: A3b

1. das Werk – Herr Becker – besichtigen – möchte –. Herr Becker möchte das Werk besichtigen.
2. Frau Wahner – auch – kommen – will –. ______
3. Ein Mitarbeiter – die Produktion – präsentieren – möchte –. ______
4. das Unternehmen – Frau Wahner – besichtigen – kann –. ______
5. die Mitarbeiter – Wer – interviewen – kann –? ______
6. Frau Wahner – die Mitarbeiter – fotografieren – kann –. ______

Z **c Was möchten Sie … machen? – Ich möchte … Schreiben Sie Fragen und Antworten.** › KB: A4

~~morgen~~ | am Abend | im Urlaub | am Samstag | um 13:00 Uhr | heute Nachmittag

ins Kino gehen | Zeitung lesen | eine E-Mail schreiben | ~~eine Freundin besuchen~~ | eine Stadt besichtigen | Mittag essen

▶ *Was möchten Sie morgen machen?*	▶ *Ich möchte eine Freundin besuchen.*
▶	▶
▶	▶
▶	▶
▶	▶
▶	▶

B Die Werksbesichtigung

1 Hier dürfen Sie … › KB: B2b › G: 1.7

Was passt: a oder b? Kreuzen Sie an.

1. a. ☐ Hier dürfen Sie ein Mobilfunktelefon benutzen.
   b. ☒ Hier dürfen Sie kein Mobilfunktelefon benutzen.

2. a. ☐ Hier müssen Sie Arbeitsschuhe tragen.
   b. ☐ Hier müssen Sie keine Arbeitsschuhe tragen.

3. a. ☐ Hier dürfen Sie essen.
   b. ☐ Hier dürfen Sie nicht essen.

4. a. ☐ Hier dürfen Sie sprechen.
   b. ☐ Hier dürfen Sie nicht sprechen.

2 müssen, dürfen, können, wollen, möchte- › G: 1.7

a Welche Form passt wo? Kreuzen Sie an. › KB: B3

	ich	du	er / sie / es	wir	ihr	sie	Sie (Sg. + Pl.)
1. kann	☒	☐	☒	☐	☐	☐	☐
2. müsst	☐	☐	☐	☐	☐	☐	☐
3. darf	☐	☐	☐	☐	☐	☐	☐
4. willst	☐	☐	☐	☐	☐	☐	☐
5. möchte	☐	☐	☐	☐	☐	☐	☐
6. musst	☐	☐	☐	☐	☐	☐	☐
7. dürfen	☐	☐	☐	☐	☐	☐	☐
8. möchten	☐	☐	☐	☐	☐	☐	☐
9. wollt	☐	☐	☐	☐	☐	☐	☐
10. muss	☐	☐	☐	☐	☐	☐	☐
11. kannst	☐	☐	☐	☐	☐	☐	☐

b **Was bedeutet ...? Ordnen Sie die Sätze zu.** › KB: B4b

Im Werk muss man einen Helm tragen. | Herr Ziemer möchte keine Pause machen. | Eva kann gut fotografieren. | Ich kann den Computer nicht reparieren. | Herr Becker will einen Artikel schreiben. | Im Vertrieb muss man keinen Helm tragen. | Herr Ziemer kann das Werk zeigen. | Herr Ziemer will die Personalabteilung nicht zeigen. | Die Praktikantin darf das Werk auch besichtigen. | Herr Becker kann nicht mit der Geschäftsführung sprechen. | Man darf die Maschine nicht berühren. | Der Journalist möchte drei Mitarbeiter interviewen.

1. Es ist (nicht) möglich: ______
2. Man ist (nicht) fähig: *Eva kann gut fotografieren. / Ich kann den Computer nicht reparieren.*
3. Es ist (nicht) nötig: *Im Werk muss man einen Helm tragen. / ...*
4. Es ist (nicht) erlaubt: ______
5. Man wünscht (sehr direkt) / plant etwas (nicht): ______
6. Man wünscht (höflich) etwas (nicht): *Herr Ziemer möchte keine Pause machen. / ...*

c **Notieren Sie die richtige Verbform.** › KB: B4b

1. Wann *können* wir das Werk besichtigen? (können)
2. ______ ich hier fotografieren? (dürfen)
3. Was ______ ihr die Mitarbeiter fragen? (wollen)
4. ______ Sie auch den Vertrieb sehen? (möchte-)
5. Du ______ den Artikel bis morgen schreiben. (müssen)
6. ______ man hier rauchen? (dürfen)
7. Wer ______ das Unternehmen präsentieren? (können)
8. ______ du den Artikel lesen? (möchte-)
9. Was ______ wir dem Journalisten zeigen? (wollen)
10. ______ ich auch Arbeitsschuhe tragen? (müssen)

Z 3 So viele Regeln › KB: B4b

Ein Praktikant bei Compogroup schreibt eine E-Mail. Ergänzen Sie die Modalverben in der richtigen Form. Manchmal passen zwei Modalverben.

n.johnson@xpu.de

Lieber Nicolas,

das Praktikum bei Compogroup ist schön. Ich [1] *kann* sehr viel lernen. Aber es gibt viele Regeln. Ich [2] ______ morgens um Punkt 8:00 Uhr im Büro sein. Dort [3] ______ wir nicht im Internet surfen, und wir [4] ______ keine SMS schreiben oder lesen. Bei Besprechungen [5] ______ alle Mitarbeiter leise sein, nur der Chef [6] ______ sprechen. Aber die Kollegen sind sehr nett. Ich [7] ______ sie alles fragen. Am Donnerstag [8] ______ wir ins Kino gehen. Ich [9] ______ dich bald sehen. [10] ______ du mich am Wochenende besuchen?

Liebe Grüße – Sven

Z 4 Darf man im Büro …? › KB: B5

Welche Antworten passen: a oder b? Kreuzen Sie an.

1. Darf man im Büro essen? — a. ☒ Ja, das darf man. — b. ☐ Nein, das ist nicht nötig.
2. Muss man Arbeitskleidung tragen? — a. ☐ Ja, das ist möglich. — b. ☐ Nein, das muss man nicht.
3. Darf man am Freitag schon mittags gehen? — a. ☐ Ja, das muss man. — b. ☐ Nein, das ist nicht erlaubt.
4. Kann man in der Kantine essen? — a. ☐ Ja, das kann man. — b. ☐ Nein, das ist nicht möglich.
5. Darf man privat im Internet surfen? — a. ☐ Ja, das ist erlaubt. — b. ☐ Nein, das muss man nicht.
6. Muss man im Büro leise sein? — a. ☐ Ja, das muss man. — b. ☐ Nein, das ist verboten.

C Die Firmenstruktur

1 Die Firma › KB: C1b

a Schauen Sie im Organigramm im Kursbuch nach und ergänzen Sie die Abteilungen und Bereiche. Notieren Sie auch den Artikel.

______	der Einkauf	die Produktion	______	das Marketing
die IT-Abteilung		______	der Innendienst	______
______		______	______	______
______		______	______	______

b Markieren Sie im Organigramm in 1a die Wörter mit der Endung „-ung". Was fällt auf? Notieren Sie. › G: 2.1

G

Wörter mit der Endung „-ung" haben den Artikel „______".

c Was macht man wo? Ordnen Sie die Abteilungen zu.

1. Software installieren
2. Produkte produzieren
3. Kunden besuchen
4. Werbung machen
5. Produkte planen
6. Zahlen kontrollieren
7. Weiterbildungen planen
8. Kundenfragen beantworten

A. Buchhaltung
B. Marketing
C. IT-Abteilung
D. Innendienst
E. Fertigung
F. Personalabteilung
G. Entwicklung
H. Außendienst

1. C
2. ___
3. ___
4. ___
5. ___
6. ___
7. ___
8. ___

Z 2 Die Präsentation von Compogroup › KB: C2

Welche Wörter fehlen? Notieren Sie.

1. Compogroup hat 350 Mitarbeiter.
2. Die Firma ______ in Deutschland.
3. Das Unternehmen ist europaweit ______.
4. Es hat ______ Verwaltung, Einkauf, Produktion, Vertrieb und Marketing.
5. Es ______ Baumaschinen und ______ die Produkte in Europa.

3 Dativ: „im", „in der", „in den" und „am", „an der", „an den" › KB: C4

a Wo sind die Mitarbeiter? Notieren Sie die Präpositionen und Artikel. › G: 6.2

1. der Vertrieb: *im* __________ Vertrieb
2. das Büro: __________ Büro
3. die Kantine: __________ Kantine
4. die Räume (Pl.): __________ Räume**n**
5. der Drucker: __________ Drucker
6. das Handy: __________ Handy
7. die Tür: __________ Tür
8. die Computer (Pl.): __________ Compute**rn**

b Wann arbeiten die Mitarbeiter? Notieren Sie die Präpositionen und Artikel. › G: 6.1

1. *der* Winter: *im* __________ Winter
2. ______ Jahr 2018: ______ Jahr 2018
3. ______ Nacht: ______ Nacht
4. ______ Morgenstunde**n** (Pl.): ______ Morgenstunde**n**
5. ______ Vormittag: ______ Vormittag
6. ______ Wochenende: ______ Wochenende
7. ______ Arbeitstage (Pl.): ______ Arbeitstage**n**

4 Die Präpositionen „an", „bei" und „in" › KB: C4 › G: 6.1, 6.2

Lesen Sie die Sätze und ergänzen die Präpositionen und Artikel.

Frau Weber arbeitet [1] *bei der* __________ Firma „Compogroup", [2] __________ Marketing-Abteilung. Sie arbeitet viel [3] __________ Computer, denn sie schreibt die Werbetexte. Sie arbeitet oft [4] __________ Wochenende, denn sie organisiert die Messen. Viele Messen sind [5] __________ Frühling und [6] __________ Herbst, oft [7] __________ Oktober. Frau Weber geht [8] __________ Abend oft mit Kunden essen. [9] __________ Kalenderwoche 18 präsentiert sie die Compogroup-Produkte [10] __________ Firma Weller.

TIPP

bei + Dativ:
- bei Compogroup
- bei der Firma Compogroup
- beim Unternehmen Compogroup

Z 5 Wortfamilien › KB: C5b

Wie heißen die Verben zu den Nomen? Notieren Sie.

1. die Arbeit – *arbeiten*
2. die Besichtigung – __________
3. die Besprechung – __________
4. der Besuch – __________
5. der Druck – __________
6. der Film – __________
7. das Interview – __________
8. die Kontrolle – __________
9. der Leiter – __________
10. die Organisation – __________
11. die Planung – __________
12. die Präsentation – __________
13. das Produkt – __________
14. die Reparatur – __________
15. der Vertrieb – __________
16. die Vorstellung – __________

D Wie war die Besichtigung?

1 Die Verben „haben" und „sein" im Präteritum › KB: D2 › G: 1.4

a Notieren Sie die Formen von „haben" und „sein" im Präteritum.

	haben	sein
ich	*hatte*	
du		
er / sie / es		
wir		*waren*
ihr		
sie / Sie (Sg. + Pl.)		

b Welche Präteritum-Form ist richtig: a oder b? Kreuzen Sie an.

1.	Die Werksbesichtigung	a. [X] war	b. [ ] waren	sehr interessant.
2.	Wir	a. [ ] hatte	b. [ ] hatten	viel Spaß.
3.	Ich	a. [ ] hatte	b. [ ] hattet	viele Fragen.
4.	Leider	a. [ ] war	b. [ ] warst	du nicht bei der Besichtigung.
5.	Wir	a. [ ] waren	b. [ ] wart	dann noch in der Kantine.
6.	Die Firmenmitarbeiter	a. [ ] hattest	b. [ ] hatten	viele Informationen.
7.	Und so	a. [ ] waren	b. [ ] war	die Gespräche sehr gut.
8.	Aber ihr	a. [ ] hatten	b. [ ] hattet	leider zu wenig Zeit.

c Präsens oder Präteritum von „haben" und „sein"? Was passt?

Herr Ziemer [1] *ist* ______ heute nicht im Unternehmen. Er [2] ______ in Köln, er [3] ______ dort eine Weiterbildung. Gestern [4] ______ er im Unternehmen, er [5] ______ eine Werksbesichtigung. Die Präsentation [6] ______ für Herrn Becker und Frau Wahner. Herr Becker [7] ______ Journalist und Frau Wahner [8] ______ Praktikantin. Frau Lahn sagt: „Frau Wahner [9] ______ nett, aber Herr Becker [10] ______ nicht sehr freundlich."

2 Vielen Dank, Frau Lahn – eine E-Mail › KB: D3

Schreiben Sie die Mail von Herrn Becker. Achten Sie auf Präsens und Präteritum.

~~Sehr geehrte Frau Lahn,~~ | ~~die Werksbesichtigung – sehr spannend~~ – sein | Und – die Präsentation von Herrn Ziemer – sehr interessant – sein | Wir – in den Abteilungen Produktion, Vertrieb und Marketing – sein | Auch – die Interviews – gut – sein | Die Mitarbeiter – sehr freundlich – sein | Ich – nun – viele Informationen – haben – und – das Unternehmen „Compogroup" – sehr gut – kennen | Ich – jetzt – den Artikel – schreiben | Dann – ich – ihn – noch korrigieren – müssen | Sie – ihn – bald – bekommen | Mit freundlichen Grüßen | Roland Becker

Sehr geehrte Frau Lahn,

die Werksbesichtigung war sehr spannend. Und …

Z 3 Gegenteile › KB: D4

Suchen Sie die Adjektive und ordnen Sie sie zu.

o	h	s	b	r	w	i	u	q	p	ü	k
w	j	a	f	s	p	ä	t	l	y	p	e
s	ä	d	q	p	ö	v	s	k	u	r	z
l	h	a	r	a	c	n	m	ö	s	t	e
e	r	l	a	n	g	w	e	i	l	i	g
i	k	o	l	n	p	j	x	b	y	o	u
s	c	h	r	e	c	k	l	i	c	h	t
e	z	r	d	n	a	a	k	p	ä	m	w
c	ü	p	e	d	t	l	o	z	s	c	h
u	h	o	d	a	u	t	p	t	e	e	l

1. früh ≠ *spät*
2. heiß ≠ *kalt*
3. interessant ≠ ______
4. lang ≠ ______
5. schön ≠ ______
6. laut ≠ ______
7. schlecht ≠ ______
8. langweilig ≠ ______

Rechtschreibung

1 Kurz oder lang?

a Welche Nomen sind das? Ergänzen Sie die Buchstaben.

	k	l
1. der Mi*tt*ag	☒	☐
2. das W___rk	☐	☐
3. die D___nstreise	☐	☐
4. das Untern___men	☐	☐
5. das Produ___t	☐	☐
6. die Masch___ne	☐	☐
7. die Entwi___lung	☐	☐
8. die Kontro___e	☐	☐
9. das J___r	☐	☐
10. die Kant___ne	☐	☐
11. der K___ndenservice	☐	☐
12. das Glü___	☐	☐
13. der Vertr___b	☐	☐
14. der I___endienst	☐	☐

TIPP

Wörter auf „-ine" sind immer lang, z. B. Maschine.

b 2|56 **Hören Sie die Nomen in 1a und kreuzen Sie an: kurz (k) oder lang (l)?**

c Warum sind die Wörter in 1a kurz oder lang? Notieren Sie.

kurz: 1. ______ 2. ______

lang: 1. ______ 2. ______

d 2|57 **Hören Sie die Wörter und notieren Sie sie.**

1. *hier*
2. ______
3. ______
4. ______
5. ______
6. ______
7. ______
8. ______
9. ______

Grammatik im Überblick

1 Wortstellung: Aussagesätze und W-Fragen mit Modalverben › G: 1.7

Position 1	Position 2: Modalverb	Satzklammer	Satzende: Verb (Infinitiv)
Ein Journalist	möchte	das Unternehmen „Compogroup"	vorstellen.
Herr Becker	will	einen Artikel	schreiben.
Wann	können	Herr Becker und Frau Wahner	kommen?
Am 18. März	dürfen	sie	kommen.
Frau Lahn	muss	die Werksbesichtigung	organisieren.

2 Wortstellung: Ja-/Nein-Fragen mit Modalverben › G: 1.7

Position 1: Modalverb	Satzklammer	Satzende: Verb (Infinitiv)
Können	wir nächste Woche	kommen?
Darf	Frau Wahner auch das Werk	besichtigen?
Muss	man einen Helm	tragen?

3 Die Modalverben „können", „müssen", „dürfen", „wollen", „möchte-" – Präsens › G: 1.7

	können	müssen	dürfen	wollen	möchte-
ich	kann	muss	darf	will	möchte
du	kannst	musst	darfst	willst	möchtest
er / sie / es	kann	muss	darf	will	möchte
wir	können	müssen	dürfen	wollen	möchten
ihr	könnt	müsst	dürft	wollt	möchtet
sie	können	müssen	dürfen	wollen	möchten
Sie (Sg. + Pl.)	können	müssen	dürfen	wollen	möchten

4 Die Modalverben „können", „müssen", „dürfen", „wollen", „möchte-" – Bedeutung › G: 1.7

- **Es ist (nicht) möglich:** Herr Ziemer kann das Werk zeigen. / Herr Becker kann nicht mit der Geschäftsführung sprechen.
- **Man ist (nicht) fähig:** Frau Wahner kann gut fotografieren. / Herr Becker kann den Computer nicht reparieren.
- **Es ist (nicht) nötig:** Im Werk muss man einen Helm tragen. / Im Vertrieb muss man keinen Helm tragen.
- **Es ist (nicht) erlaubt:** Frau Wahner darf das Werk besichtigen. / Man darf die Maschine nicht berühren.
- **Man wünscht (sehr direkt) / plant etwas (nicht):** Herr Becker will einen Artikel schreiben. / Herr Ziemer will die Personalabteilung nicht zeigen.
- **Man wünscht (höflich) etwas (nicht):** Der Journalist möchte drei Mitarbeiter interviewen. / Herr Ziemer möchte keine Pause machen.

5 Dativ – Wo? und Wann? › G: 6.1, 6.2

Dativ		M (der) → dem	N (das) → dem	F (die) → der	Plural (die) → den … (-n)
Wo?	**in**	im (in + dem) Einkauf	im (in + dem) Lager	in der Fertigung	in den Hallen
	an	am (an + dem) Computer	am (an + dem) Telefon	an der Maschine	an den Compute**rn**
Wann?	**in**	im (in + dem) Sommer	im (in + dem) Jahr	in der Nacht	in den Nächte**n**
	an	am (an + dem) Montag	am (an + dem) Wochenende	–	an den Wochenenden

A Ein Arbeitsessen

1 Was kann man alles machen? › KB: A2b

Notieren Sie die Nomen zu den Verben. Es passen immer drei Nomen.

einen Besprechungsraum | ~~einen Computer~~ | eine Feier | ein Gericht | ~~ein Gespräch~~ | einen Großkunden | eine Idee | eine Kollegin | ein Problem | ~~ein Projekt~~ | eine Reise | einen Sauerbraten | eine Speise | ein Thema | einen Tisch

1. starten: *einen Computer, ein Gespräch, ein Projekt*
2. essen: ______
3. besuchen: ______
4. reservieren: ______
5. besprechen: ______

2 Die Präposition „für" › KB: A2b

a **Was gehört zusammen? Ordnen Sie zu.**

1. Ich reserviere einen Tisch
2. Hast du heute Nachmittag Zeit
3. Die Firma bestellt Laptops
4. Hast du auch Stifte
5. Hier ist eine Liste

A. für einen Kaffee?
B. für alle Mitarbeiter.
C. für das Flipchart?
D. für Sie.
E. für morgen.

1. *E*
2. ___
3. ___
4. ___
5. ___

b **Nach „für" steht der Akkusativ. Welche Lösung ist richtig? Kreuzen Sie an.**

1. Sie bezahlen nichts für	a. ☒ das	b. ☐ den	Essen.
2. Für	a. ☐ ich	b. ☐ mich	ist der Termin sehr gut.
3. Was brauchen wir noch für	a. ☐ die	b. ☐ den	Besprechung?
4. Für das Projekt brauchen wir noch	a. ☐ ein	b. ☐ einen	Mitarbeiter.
5. Danke für	a. ☐ das	b. ☐ den	Treffen!
6. Gut, dann bestelle ich morgen einen Tisch für	a. ☐ wir.	b. ☐ uns.	

Z 3 Die Partikel „ja" › KB: A2b

Wo steht die Partikel „ja"? Notieren Sie.

1. Das kennen Sie *ja* schon *–*.
2. Das Essen dort war ______ sehr gut ______.
3. Nein, das geht nicht. Das ist ______ nicht ______ erlaubt.
4. Bis Samstag haben ______ wir ______ noch Zeit.
5. Das Datum können wir ______ nicht ______ ändern.
6. Unser Treffen ist ______ schon ______ am Mittwoch.

TIPP

Die Partikel „ja"
Der Sprecher möchte sagen: Das kennen Sie schon. / Das ist bekannt.

„ja" steht oft vor Adverbien und Negationen.

4 Möchten Sie reservieren? › KB: A3a

Ergänzen Sie die Fragewörter.

Auf welchen | ~~Für wann~~ | Um wie viel Uhr | Wie | Wie viele | Wo

1. ▶ *Für wann* möchten Sie reservieren? ▶ Für Montag, den 10.08.
2. ▶ ______ Personen sind Sie? ▶ Wir sind 12 Personen.
3. ▶ ______ kommen Sie? ▶ Um 13:00 Uhr.
4. ▶ ______ möchten Sie sitzen? ▶ In einer Ecke oder am Fenster.
5. ▶ ______ Namen soll ich reservieren? ▶ Auf den Namen „Kehl".
6. ▶ ______ buchstabiert man das? ▶ K - e - h - l.

5 Eine Tischreservierung › KB: A3b

Sie möchten einen Tisch im Restaurant „Zum Anker" reservieren. Schreiben Sie eine E-Mail. Die Redemittel helfen.

- für den 06.08.
- für 3 Personen
- um 12:30 Uhr
- in der Ecke oder am Fenster
- ruhig
- Besprechung

Herzlichen Dank im Voraus. | ~~Sehr geehrte Damen und Herren,~~ | Mit freundlichen Grüßen | Der Tisch muss … sein, denn wir haben eine … | Wir kommen um … | Ich möchte einen Tisch in … | ich möchte für … einen Tisch für … reservieren.

Sehr geehrte Damen und Herren,
ich …

B Ein bisschen Small Talk

1 Wie ist das Wetter? Wie viel Grad sind es? › KB: B1

Was passt zusammen? Schreiben Sie.

~~Es ist sehr warm.~~ | Die Sonne scheint. | Es ist kalt. | Es ist bewölkt. | Es regnet. | Es sind 25 Grad.

1
Es ist sehr warm.

2
______

3
______

4
______

5
______

6
______

2 Was macht die Familie? › KB: B2b

Es passen immer zwei Verben. Welche?

	a.	b.	c.	d.
1. Urlaub	a. [x] machen	b. [ ] fahren	c. [x] haben	d. [ ] kommen
2. Fotos	a. [ ] passen	b. [ ] machen	c. [ ] schicken	d. [ ] genießen
3. Tennis	a. [ ] klopfen	b. [ ] spielen	c. [ ] besichtigen	d. [ ] lernen
4. Essen	a. [ ] kochen	b. [ ] leiten	c. [ ] vorstellen	d. [ ] bestellen
5. Bücher	a. [ ] lesen	b. [ ] interviewen	c. [ ] schreiben	d. [ ] fragen

3 Possessivartikel im Nominativ und im Akkusativ › KB: B3b › G: 3.2

a Lesen Sie die Regel und ergänzen Sie die Endungen.

G

Die Endungen vom Possessivartikel sind identisch mit den Endungen vom unbestimmten Artikel (ein-) und Negativartikel (kein-).

Personalpronomen	→	Possessivartikel
ich	→	mein Stift
du (informell, Sg.)	→	dein Stift
er (Maskulinum)	→	sein Stift
sie (Femininum)	→	ihr Stift
es (Neutrum)	→	sein Stift
wir	→	unser Stift
ihr (informell, Pl.)	→	euer Stift
sie	→	ihr Stift
Sie (formell, Sg./Pl.)	→	Ihr Stift

Possessivartikel im Nominativ und Akkusativ		
Nominativ:		
Maskulinum (Sg.)	Das ist mein ___	Sohn.
Femininum (Sg.)	Das ist mein *e*	Tochter.
Neutrum (Sg.)	Das ist mein ___	Kind.
M / F / N (Pl.)	Das sind mein ___	Söhne / Töchter / Kinder.
Akkusativ:		
Maskulinum (Sg.)	Kennen Sie mein *en*	Sohn?
Femininum (Sg.)	Kennen Sie mein ___	Tochter?
Neutrum (Sg.)	Kennst du mein ___	Kind?
M / F / N (Pl.)	Kennst du mein ___	Söhne / Töchter / Kinder?

b Ergänzen Sie die Possessivartikel im Akkusativ.

1. Könnt ihr *eure* ___ Feier nicht am Samstag machen?
2. Kannst du ___ Chef fragen?
3. Sie besucht ___ Freunde.
4. Wir müssen ___ Freunde besuchen.
5. Die Firma produziert Drucker. Kennen Sie ___ Geschäftsführer?
6. Grüßen Sie bitte ___ Frau!
7. Er will noch ___ Text korrigieren.
8. Die Mitarbeiter haben ___ Mittagspause von 12:30 Uhr bis 13:30 Uhr.
9. Möchtet ihr ___ Konzept präsentieren?
10. Das Lager schickt ___ Bestellung nächste Woche.
11. Ich muss ___ Projekt noch heute beenden.

TIPP

Possessivartikel „euer“ + Endung:
→ Stamm „eur-“ + Endung,
z. B. „eu~~e~~re“ → eure

4 „sein-“ oder „ihr-“? › KB: B3b › G: 3.2

Ergänzen Sie „sein-“ und „ihr-“ im Nominativ und Akkusativ.

1

2

Das ist Achim Kehl. Und das ist sein Smartphone. Das ist Bettina Heller. Und das ist ihr Notebook.

1. Sehen die die Frau dort? Das ist unsere Finanzmanagerin. *Ihre* __________ Kinder studieren in Oxford.
2. Mein Sohn ist Medizinstudent. Er findet __________ Studium gut.
3. Hier ist die Adresse von Frau Heller. Und hier ist __________ Telefonnummer.
4. Herr Amato kann __________ Kalender nicht finden. Er fragt __________ Assistentin.
5. Brigitte ist unsere Praktikantin. Sie zeigt gleich __________ Präsentation.
6. Frau Heller hat ein Problem. Sie fragt __________ Abteilungsleiter.
7. Herr Kehl plant __________ Projektaufgaben.
8. Das Notebook funktioniert nicht. __________ Bildschirm ist kaputt.

5 direkt („dein“, „euer“, „Ihr“) oder indirekt („sein“, „ihr“)? › KB: B3b › G: 3.2

Welcher Possessivartikel passt? Kreuzen Sie an.

1. Herr Amato, wo haben Sie	a. ☒ Ihren	b. ☐ seinen	Kalender?
2. Warum benutzt du	a. ☐ dein	b. ☐ sein	Smartphone nicht?
3. Herr und Frau Kehl möchten	a. ☐ Ihr	b. ☐ ihr	Essen bestellen.
4. Könnt ihr bitte	a. ☐ eure	b. ☐ ihre	Kollegen grüßen?
5. Frau Heller organisiert	a. ☐ Ihren	b. ☐ ihren	Urlaub.
6. Was macht	a. ☐ Ihr	b. ☐ sein	Mann beruflich, Frau Heller?
7. Wann können die Mitarbeiter	a. ☐ eure	b. ☐ ihre	Pause machen?
8. Hallo Klaus, wann ist	a. ☐ deine	b. ☐ ihre	Projektbesprechung?

Z 6 Planung für das Wochenende › KB: B3b

Was planen Achim und Bettina? Ergänzen Sie die Possessivartikel im Nominativ und Akkusativ.

▶ Achim, was machen [1] *deine* __________ Töchter heute Abend?

▶ Beate besucht [2] __________ Musikkurs und Christina hat Besuch. [3] __________ Freundinnen kommen.

▶ Und du und [4] __________ Frau? Was macht ihr?

▶ Ach, wir wollen [5] __________ Fotos vom Urlaub in Italien sortieren. Und du, Bettina? Was machst du am Wochenende?

▶ Ich sehe [6] __________ Freund. Wir möchten zusammen [7] __________ Reise nach Rügen planen. Ich will Peter [8] __________ Heimat zeigen.

C Ich nehme …

1 Was kann man essen? › KB: C1b

Bilden Sie Wörter. Verwenden Sie auch ein Wörterbuch.

[~~Hühner-~~ | Fisch- | Fleisch- | Kartoffel- | Lamm- | Nudel- | Reis- | Rinder- | Rindfleisch- | Schweine-

[-auflauf | -braten | -fleisch | -kloß | -püree | -salat | -suppe

Hühnerfleisch, Hühnersalat, Hühnersuppe, ______________________

____

____

____

____

2 Was mögen Sie? › KB: C2b › G: 1.7

a Ergänzen Sie die Formen von „mögen".

1. Herr Kehl, was können Sie mir empfehlen? – *Mögen* ________ Sie Fleisch?
2. ________ du Kartoffeln? – Ja, Kartoffeln ________ ich sehr gern.
3. ________ ihr Sekt? – Ja, natürlich, wir ________ Sekt sehr.
4. Mit Reis? – Nein, ich ________ keinen Reis.
5. Frau Heller und Herr Kehl ________ das Projekt mit Herrn Amato.
6. Bettina ________ die Kinder von Achim.
7. ________ Sie Düsseldorf? – Ja, die Stadt ist sehr international.
8. Er ________ kein Bier. Er trinkt gerne Wein oder Sekt.

	mögen
ich	mag
du	mag-st
er / sie /es	mag
wir	mög-en
ihr	mög-t
sie	mög-en
Sie (Sg. + Pl.)	mög-en

b Welches Verb passt? Kreuzen Sie an.

1. Ich a. ☐ mag b. ☒ nehme die Forelle, denn ich c. ☒ mag d. ☐ nehme Fisch.
2. Ich a. ☐ mag b. ☐ bestelle Braten. Ich c. ☐ mag d. ☐ bestelle also den Sauerbraten.
3. Ich a. ☐ mag b. ☐ esse den Gemüseauflauf, denn ich c. ☐ mag d. ☐ esse Gemüse.

Z **c Ergänzen Sie.**

1. ▶ Magst du *Fisch* ________?
   ▶ Nein, ich mag *keinen Fisch* ________. Ich mag *Fleisch* ________. (~~Fisch~~ → Fleisch)
2. ▶ Mögen Sie ________?
   ▶ Nein, ich mag ________. Ich mag lieber ________. (~~Gemüse~~ → Salat)
3. ▶ Mögt ihr ________?
   ▶ Nein, wir mögen ________. Aber wir mögen ________. (~~Kartoffeln~~ → Reis)
4. ▶ Mag er ________?
   ▶ Nein, er mag ________. Aber er mag besonders gern ________. (~~Pizza~~ → Nudeln)

3 Ich nehme, du nimmst › KB: C3b › G: 1.2

Welche Verbform ist richtig: a oder b? Kreuzen Sie an.

1. Was können Sie	a. ☒ empfehlen?	b. ☐ empfiehlen?	
2. Herr Kehl	a. ☐ esst	b. ☐ isst	eine Suppe.
3. Wir	a. ☐ nehmen	b. ☐ nimmen	alle Kaffee.
4.	a. ☐ Nehmst	b. ☐ Nimmst	du einen Nachtisch?
5.	a. ☐ Sehst	b. ☐ Siehst	du die Kellnerin?
6.	a. ☐ Besprecht	b. ☐ Bespricht	ihr das Projekt?

4 Gerichte und Getränke bestellen › KB: C4a

Wie heißen die Sätze? Ordnen Sie zu.

1. Ich hätte gern	A. ich gern die Forelle.	1. B
2. Als Vorspeise nehme ich	B. einen Gemüseauflauf.	2. ___
3. Und dazu hätte ich	C. Nachspeise ein Eis.	3. ___
4. Ich nehme als	D. ein Mineralwasser.	4. ___
5. Ich probiere	E. eine Kartoffelsuppe.	5. ___
6. Ich trinke	F. gern ein Bier.	6. ___
7. Als Hauptspeise hätte	G. mal die Rinderroulade.	7. ___

5 Kellner und Gast im Gespräch › KB: C4a

Ordnen Sie den Dialog.

___ Einen Rotwein oder einen Weißwein?
___ Nein, Fisch mag ich nicht so gerne. Ich mag Fleisch.
___ Nein, danke.
1 Ich möchte gerne typisch Deutsch essen. Was können Sie empfehlen?
___ Gerne. Und noch ein Dessert?

2 Mögen Sie Fisch? Dann empfehle ich die Forelle blau mit Salzkartoffeln und Salat.
___ Einen Rotwein, bitte.
___ Ja, gut die nehme ich. Und ich möchte gerne einen Wein.
___ Dann vielleicht die Rinderroulade mit Erbsen, Möhren und Kartoffeln.

D Wir möchten zahlen!

1 Verben mit Vokalwechsel › KB: D2b › G: 1.2

a Schreiben Sie die Verben in die Tabelle.

~~empfehlen~~ | essen | fahren | halten | laufen | nehmen | raten | schlafen | sehen | sprechen

a → ä	au → äu	e → i	e → ie
			empfehlen

b **Stammendung „d" und „t". Notieren Sie die Verbformen.**

	Verben ohne Vokalwechsel		Verben mit Vokalwechsel	
	arbeiten	beenden	raten	halten
ich	*arbeite*			
du				
er /sie / es				

c **Ergänzen Sie die Verbformen und kreuzen Sie an: Verb mit Vokalwechsel (mV) oder ohne Vokalwechsel (oV)? Verwenden Sie auch ein Wörterbuch.**

	mV	oV
1. *Siehst* ______ du den Kellner? (sehen)	☒	☐
2. Was ______ du? (bestellen)	☐	☐
3. Er ______ ein Eis. (essen)	☐	☐
4. ______ du, das Essen ist hier gut? (glauben)	☐	☐
5. Wie ______ man die Speise hier? (nennen)	☐	☐
6. Wir brauchen die Getränkekarte. ______ du den Kellner? (fragen)	☐	☐
7. Nein, ich fahre nicht. Heute ______ du bitte. (fahren)	☐	☐
8. ______ du nach Hause? (laufen)	☐	☐

2 Zahlen bitte! › KB: D3b

Wer sagt was? Ordnen Sie die Redemittel zu.

~~Zahlen Sie getrennt oder zusammen?~~ | Getrennt / Zusammen bitte. | Das macht … €. | Ich hatte … | Was hatten Sie denn? | Können Sie bitte auf … € herausgeben? | Ja, gern, danke. | … €, stimmt so. | Vielen Dank.

Kellner / Kellnerin: *Zahlen Sie getrennt oder zusammen?*

______

Gast: ______

______

TIPP

Die Partikel „denn"
„denn" in Frage → Der Sprecher zeigt Interesse.

Rechtschreibung

1 „e" oder „eh", „a" oder „ah"?

▶ 2 | 58 **Hören Sie die Sätze und ergänzen Sie die Wörter.**

1. *Nehmt* ______ ihr Pizza oder Fisch?
2. Unser ______ produziert Schuhe.
3. Wo ______ Ihre Kinder?
4. Entschuldigung, das war mein ______.
5. Abends ______ ich oft noch ein Buch.
6. ______ Sie die Kellnerin?
7. Besichtigen Sie noch den ______?
8. Nein, ich möchte heute früh ______.
9. Ich hatte ein Eis mit ______.
10. Entschuldigung, Sie müssen noch ______.
11. Ich ______ Fisch nicht so gern.
12. Im Werk müssen Sie einen Helm ______.

Grammatik im Überblick

1 Possessivartikel im Nominativ und im Akkusativ › G: 3.2

Personalpronomen		→	Possessivartikel
ich		→	mein Stift
du	(informell, Sg.)	→	dein Stift
er	(Maskulinum)	→	sein Stift
sie	(Femininum)	→	ihr Stift
es	(Neutrum)	→	sein Stift
wir		→	unser Stift
ihr	(informell, Pl.)	→	euer Stift
sie		→	ihr Stift
Sie	(formell, Sg. / Pl.)	→	Ihr Stift

Possessivartikel im Nominativ und Akkusativ		
Nominativ:		
Maskulinum (Sg.)	Das ist mein	Sohn.
Femininum (Sg.)	Das ist meine	Tochter.
Neutrum (Sg.)	Das ist mein	Kind.
M / F / N (Pl.)	Das sind meine	Söhne / Töchter / Kinder.
Akkusativ:		
Maskulinum (Sg.)	Ich kenne euren	Sohn.
Femininum (Sg.)	Ich kenne eure	Tochter.
Neutrum (Sg.)	Ich kenne euer	Kind.
M / F / N (Pl.)	Ich kenne eure	Söhne / Töchter / Kinder.

- Die Endungen vom Possessivartikel sind identisch mit den Endungen vom unbestimmten Artikel (ein-) und Negativartikel (kein-).
- **Achtung:** Possessivartikel „euer“ + Endung: Stamm „eur-“ + Endung: z. B. „euere“ → eure

2 Verben mit Vokalwechsel › G: 1.2

	e → i	e → ie	a → ä	au → äu
	sprechen	**lesen**	**fahren**	**laufen**
ich	spreche	lese	fahre	laufe
du	sprichst	liest	fährst	läufst
er / sie / es	spricht	liest	fährt	läuft
wir	sprechen	lesen	fahren	laufen
ihr	sprecht	lest	fahrt	lauft
sie	sprechen	lesen	fahren	laufen
Sie (Sg. + Pl.)	sprechen	lesen	fahren	laufen
auch:	besprechen, essen, nehmen (nimmst)	empfehlen, sehen	schlafen, tragen, raten	

3 Verben mit Stammendung „d“ oder „t“ › G: 1.2

	Verben ohne Vokalwechsel	Verben mit Vokalwechsel
ich	arbeite	halte
du	arbeitest	hältest
er / sie / es	arbeitet	hältet
wir	arbeiten	halten
ihr	arbeitet	haltet
sie	arbeiten	halten
Sie (Sg. + Pl.)	arbeiten	halten
auch:	antworten, betrachten, enden, finden	raten

4 Das Modalverb „mögen“ › G: 1.7

ich	mag	wir	mögen
du	magst	ihr	mögt
er / sie / es	mag	sie	mögen
Sie (Sg.)	mögen	Sie (Pl.)	mögen

A Wo finde ich Sie?

1 Termine machen › KB: A1a

Welcher Satz passt? Ordnen Sie zu.

1. einen Termin vorschlagen
2. einen Termin vereinbaren
3. einen Termin verschieben

A. Leider kann ich nicht am 14. Mai. Können Sie auch am 15. Mai?
B. Können Sie am 14. Mai?
C. Ich kann am 14. Mai, ich komme dann um 11:00 Uhr.

1. ___
2. ___
3. ___

2 Fahren Sie ... › KB: A1b

Betrachten Sie die Zeichnungen und notieren Sie die Wegbeschreibungen.

[links abbiegen | rechts abbiegen | ~~bis zur Kreuzung fahren~~ | geradeaus (weiter-)fahren | abfahren | ~~verlassen~~

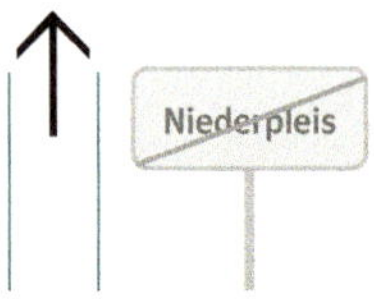

1. verlassen

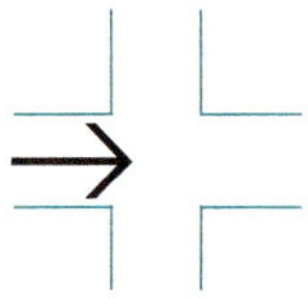

2. bis zur Kreuzung fahren

3. ___

4. ___

5. ___

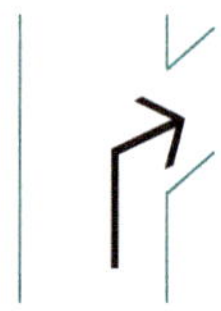

6. ___

3 Was kann man und was ist ...? › KB: A1c

Welche Verben passen? Einmal passen alle. Kreuzen Sie an.

	a.	b.	c.
1. ein Netzwerk	☒ einrichten	☒ reparieren	☐ drucken
2. eine SMS	☐ bekommen	☐ kommen	☐ schreiben
3. eine E-Mail	☐ abschicken	☐ schicken	☐ notieren
4. den Ablauf	☐ organisieren	☐ machen	☐ stören
5. die Wegbeschreibung	☐ ist falsch	☐ stimmt	☐ ist richtig

4 Wegbeschreibung › KB: A1c

Lesen Sie die Wegbeschreibungen und die E-Mail von Frau Häuser und ordnen Sie zu.

1. es gibt
2. links auf die
3. nach 200 m rechts in die
4. auf der Blankenberger Straße
5. rechts in
6. nach 200 m rechts

A. B 478 fahren
B. die Lise-Meitner-Straße einbiegen
C. in die Conrad-Röntgen-Straße fahren
D. Blankenberger Straße abbiegen
E. eine Baustelle auf der A 560
F. geradeaus weiterfahren

1. E
2. ___
3. ___
4. ___
5. ___
6. ___

TIPP

A 560 = Autobahn 560
B 478 = Bundesstraße 478
L 121 = Landesstraße 121

5 Er biegt rechts ab › KB: A2b › G: 1.6

a Konjugieren Sie die Verben mit trennbarer Vorsilbe.

1. abbiegen (er): *Er biegt ab.*
2. herkommen (wir): ______
3. weiterfahren (ich): ______
4. wegfahren (du): ______
5. abfahren (sie, Pl.): ______
6. einbiegen (ihr): ______
7. einrichten (sie, Sg.): ______

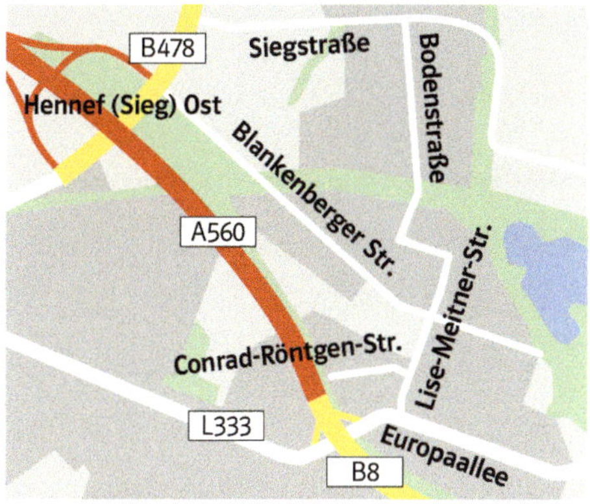

b Bilden Sie Sätze und schreiben Sie sie in die Tabelle. Achten Sie auf die Satzklammer.

1. Herr Mahlberg – einrichten – das Netzwerk
2. Frau Häuser – abschicken – die E-Mail
3. Herr Jung – einzeichnen – den Weg
4. die Kollegen – abfahren – in Hennef

Satzklammer

	Position 2		Satzende
1. *Herr Mahlberg*	*richtet*	*das Netzwerk*	*ein.*
2.			
3.			
4.			

c Stellen Sie W-Fragen mit den Sätzen in 5b.

1. Was? *Was richtet Herr Mahlberg ein?*
2. Wer? ______
3. Was? ______
4. Wo? ______

d Stellen Sie Ja-/Nein-Fragen mit den Sätzen in 5b.

1. *Richtet Herr Mahlberg das Netzwerk ein?*
2. ______
3. ______
4. ______

6 Er fährt nicht weiter › KB: A3b

Verneinen Sie die Sätze mit „nicht".

1. Wir fahren weiter. *Wir fahren nicht weiter.*
2. Sie fahren ab. ______
3. Herr Mahlberg kommt her. ______
4. Herr Jung biegt ab. ______

B Wenden Sie bitte!

1 Fahren Sie geradeaus! › KB: B2a › G: 1.5

Formulieren Sie die Sätze im Imperativ mit „Sie".

1. Sie fahren geradeaus bis zur Ampel. *Fahren Sie geradeaus bis zur Ampel!*
2. Sie wenden an der Kreuzung. ______
3. Sie fahren auf der Straße zurück. ______
4. Sie biegen die dritte Straße rechts ab. ______
5. Sie verlassen hier die Autobahn. ______

2 Ich möchte wegfahren › KB: B4c › G: 1.6

Wie heißen die Sätze mit Modalverb? Schreiben Sie.

1. Der Käufer sieht heute das Auto an. (wollen) *Der Käufer will heute das Auto ansehen.*
2. Svea kommt heute zurück. (möchte-) ______
3. Udo holt Svea nicht vom Flughafen ab. (können) ______
4. Er richtet bei Gerhards das Netzwerk ein. (müssen) ______
5. Ich fahre schon heute weg. (dürfen) ______

Z 3 Trennbare Verben › KB: B5

Welche trennbaren Verben finden Sie auf den Doppelseiten A und B von Lektion 7? Notieren Sie.

[ab- | an- | ein- | her- | mit- | weg- | weiter- | zurück-]

[~~biegen~~ | fahren | holen | kommen | machen | nehmen | richten | schicken | sehen]

abbiegen, einbiegen, ______

______

______

______

C Ziehen Sie um mit ...

1 Das macht die Umzugsfirma Gerhards › KB: C1b › G: 2.1

a Wie heißen die Nomen zu den Verben? Notieren Sie auch Artikel und Pluralformen.

1. anbringen: *das Anbringen (kein Pl.)*
2. transportieren: ______
3. lagern: ______
4. montieren: ______
5. organisieren: ______
6. einpacken: ______
7. umziehen: ______
8. verkaufen: ______

b **Was kann man ...? Kreuzen Sie an.**

1. einpacken a. [X] Akten b. [ ] Stromanschlüsse
2. lagern a. [ ] Möbel b. [ ] Umzüge
3. anschließen a. [ ] Kartons b. [ ] Herde
4. montieren a. [ ] Kleider b. [ ] Küchenmöbel
5. anbringen a. [ ] Lampen b. [ ] Stühle
6. organisieren a. [ ] Schränke b. [ ] Transporte

2 Getränke › KB: C2a

a 2|3 **Hören Sie Teil 1 vom Gespräch in der Firma Gerhards im Kursbuch, 7C, 2a. Wer trinkt was? Kreuzen Sie an.**

1. Udo Mahlberg: a. [ ] Kaffee mit Zucker b. [ ] Kaffee mit Milch, ohne Zucker
2. Jens Jung: a. [ ] Tee mit Zucker b. [ ] Tee mit Milch
3. Jens Jung: a. [ ] Wasser mit Kohlensäure b. [ ] Wasser ohne Kohlensäure

b **Was kann man bestellen? Korrigieren Sie die Getränke.**

1. Wasser mit ~~Zucker~~ *Kohlensäure* ______
2. Tee ohne Wasser ______
3. Kaffee mit Salz ______
4. Wasser ohne Milch ______

3 Gespräch bei der Firma Gerhards › KB: C2b

2|4 **Hören Sie Teil 2 vom Gespräch in der Firma Gerhards im Kursbuch, 7C, 2b. Wer sagt was? Kreuzen Sie an.**

	Susanne	Jens	Udo
1. Nehmt doch alles mit, Kaffee, Tee und so.	[X]	[ ]	[ ]
2. Nimm den Kaffee und den Tee und wir nehmen den Rest.	[ ]	[ ]	[ ]
3. Geh doch schon mal zum Auto und hol die Sachen.	[ ]	[ ]	[ ]
4. Ich geh' mal schnell.	[ ]	[ ]	[ ]
5. Seid ganz entspannt! Wir haben Zeit.	[ ]	[ ]	[ ]
6. Öffne mal bitte die Tür!	[ ]	[ ]	[ ]
7. Lade schon mal ab. Ich hole schnell den Rest.	[ ]	[ ]	[ ]
8. Habt doch nicht so viel Stress! Ihr habt doch Zeit.	[ ]	[ ]	[ ]

4 Holt bitte Wasser! › KB: C3b › G: 1.5

a **Wie heißt der informelle Imperativ Singular? Notieren Sie.**

1. du holst → *Hol!* ______
2. du wartest → ______
3. du öffnest → ______
4. du entschuldigst → ______
5. du nimmst → ______
6. du läufst → ______
7. du schickst ab → ______
8. du lädst ab → ______

b **Wie heißt der informelle Imperativ Plural von den Verben in 4a? Notieren Sie.**

1. *Holt!* ______
2. ______
3. ______
4. ______
5. ______
6. ______
7. ______
8. ______

Z **c** **Notieren Sie alle Imperativformen – formell und informell.**

		Imperativ mit „Sie"	Imperativ für „du"	Imperativ für „ihr"
1.	schreiben	*Schreiben Sie!*	*Schreib!*	*Schreibt!*
2.	fahren			
3.	zeichnen			
4.	arbeiten			
5.	abbiegen			
6.	sein			
7.	lesen			
8.	ansehen			

5 Udo hat keine Zeit › KB: C3b › G: 1.5

a **Udo ist sehr direkt. Er gibt Jens Anweisungen. Schreiben Sie sie.**

1. schnell machen: *Mach schnell!*
2. die Sachen holen: ______
3. mich nicht stören: ______
4. zum Auto gehen: ______

Z **b** **Udo bittet Susanne. Formulieren Sie die Anweisungen höflich.**

1. den Tee nehmen (doch bitte): *Nimm doch bitte den Tee.*
2. das Fenster öffnen (doch mal): ______
3. die Papiere halten (mal): ______
4. den Computer starten (bitte mal): ______
5. einen Kaffee trinken (doch): ______

TIPP

Bei Bitten und Vorschlägen verwendet man oft „doch", „mal" und „doch mal". „doch" betont den Vorschlag, „mal" macht ihn freundlich.

D Besuch mich mal!

1 Verkehrsmittel › KB: D1b

a **Verkehrsmittel oder Ort? Notieren Sie die Wörter und ergänzen Sie auch den Plural.**

~~die Allee~~ | die Altstadt | die Ampel | ~~das Auto~~ | der Bahnhof | der Bus | der Flughafen | die Gasse | die Kreuzung | das Museum | der Parkplatz | der Platz | die S-Bahn | das Stadtzentrum | die Straße | die Straßenbahn | die Tram | die U-Bahn | der Zug

Verkehrsmittel: *das Auto, -s;* ______

______

Ort: *die Allee, -n;* ______

______

b **„mit dem“ oder „mit der“? Notieren Sie.**

1. Udo kommt mit *der* ______ Straßenbahn.
2. René fährt mit ______ Auto.
3. Jens kommt mit ______ U-Bahn.
4. Susanne fährt mit ______ Bus.
5. Svea kommt mit ______ Zug.
6. Und Frau Häuser geht ______ Fuß.

TIPP

Wie fährt / kommt man?
→ mit + Dativ:
der Bus → mit dem Bus
das Auto → mit dem Auto
die Bahn → mit der Bahn

aber: zu Fuß gehen

2 Wege › KB: D1c › G: 6.2

a **Den Weg beschreiben – Bilden Sie Sätze im Imperativ mit „Sie“.**

1. zu – Oxfordstraße – gehen *Gehen Sie zur Oxfordstraße.*
2. von – Parkplatz – zu – Bahnhof – fahren ______
3. bei – Museum – parken ______
4. bis zu – Kreuzung – zurückfahren ______

TIPP

„von“, „zu“, „bei“ + Dativ:
von dem → vom
zu dem → zum
zu der → zur
bei dem → beim

b **Präpositionen verstehen: Wo? oder Wohin? Lesen Sie die Fragen und wählen Sie die richtige Präposition aus der Tabelle.**

Wo? + Dativ	Wohin? + Akkusativ
in → im, im, in der	**in** → in den, in das (ins), in die
an → am, am, an der	**an** → an den, an das (ans), an die
auf → auf dem, auf dem, auf der	**auf** → auf den, auf das (aufs), auf die

1. ▶ Wo muss ich abbiegen? ▶ Biegen Sie *in die* ______ Münsterstraße ab.
2. ▶ Wo überquere ich die Oxfordstraße? ▶ Überqueren Sie die Oxfordstraße ______ Ampel.
3. ▶ Wo muss ich geradeaus weitergehen? ▶ Gehen Sie ______ Poststraße geradeaus weiter.
4. ▶ Wo kann ich parken? ▶ Parken Sie ______ Altstadt, ______ Parkhaus.
5. ▶ Wohin muss ich fahren? ▶ Fahren Sie nach rechts ______ Landesstraße 77.
6. ▶ Ich muss parken. Wohin kann ich fahren? ▶ Fahren Sie ______ Parkhaus am Bahnhof.

Z 3 Ortsangaben › KB: D1c

Wie heißen die Präpositionen? Notieren Sie.

1. René lebt seit 2011 *in* ______ Deutschland.
2. Aber er kommt ______ Frankreich.
3. Er wohnt ______ Bonn, ______ der Maxstraße 42.
4. Udo arbeitet ______ einer Netzwerk-Firma.
5. Die Firma sitzt ______ Sankt Augustin-Niederpleis.
6. Am Freitag fährt er ______ Sankt Augustin-Niederpleis ______ Hennef.

Ⓩ 4 Entschuldigung, wie komme ich zu … › KB: D1d

Sehen Sie den Plan an und lesen Sie dann die Wegbeschreibung. Was ist das Ziel? Notieren Sie.

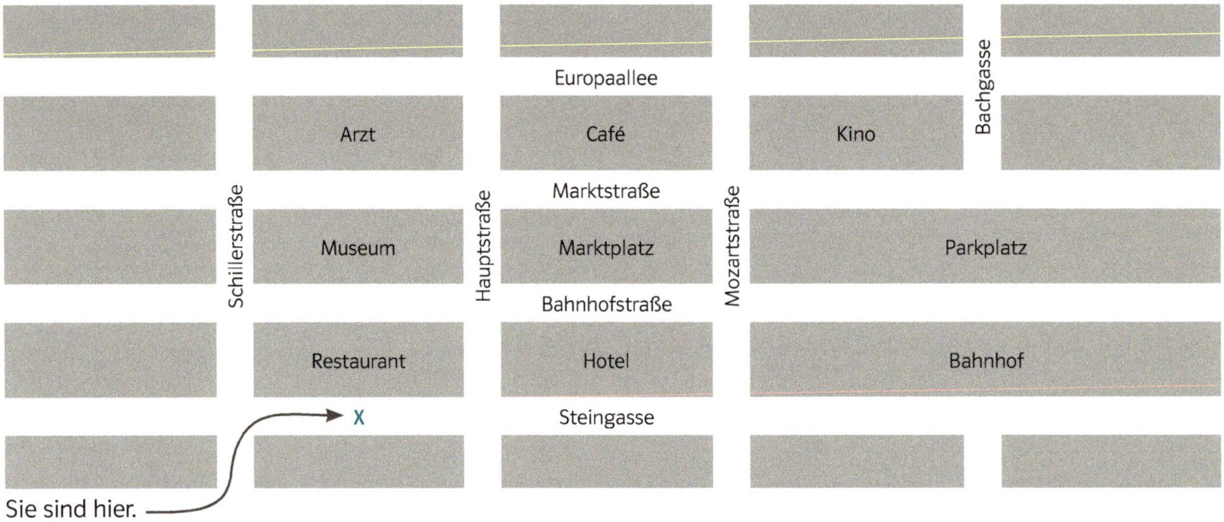

1. Gehen Sie nach links in die Steingasse. Gehen Sie bis zur Schillerstraße. Biegen Sie dort rechts ab in die Schillerstraße. Gehen Sie über die Kreuzung. Dort ist rechts *das Museum* ______.
2. Gehen Sie nach rechts in die Steingasse. Gehen Sie geradeaus bis zur Mozartstraße. Biegen Sie dann links in die Mozartstraße ab. Gehen Sie dann geradeaus bis zur Europaallee. Dort ist rechts ______.
3. Gehen Sie nach rechts in die Steingasse. Biegen Sie dann links in die Hauptstraße ein. Gehen Sie über zwei Kreuzungen bis zur Europaallee. Dort ist links ______.
4. Gehen Sie nach links in die Steingasse. Gehen Sie bis zur Schillerstraße. Biegen Sie dort rechts ab in die Schillerstraße. Gehen Sie bis zur Kreuzung. Biegen Sie dort rechts in die Bahnhofstraße ab. Gehen Sie dann geradeaus bis zur Mozartstraße. Gehen Sie über die Kreuzung. Dort ist rechts ______.

Rechtschreibung

1 Hör gut zu!

a ▶ 2 | 59 **Hören Sie die Sätze und notieren Sie die Verben.**

1. *Komm* ______ bitte um 15:00 Uhr.
2. ______ bitte die Tür.
3. ______ mal den Artikel.
4. ______ bitte!
5. ______ zum Museum.
6. ______ bitte die Papiere!
7. ______ doch an der Ampel.
8. ______ nicht so schnell!
9. ______ bitte mal ruhig!
10. ______ die Sachen hier ab!

TIPP

Satzzeichen:
Anweisungen meist Ausrufezeichen (!)
Vorschläge und Bitten auch mit Punkt (.)

b **Was hört Ihr Partner / Ihre Partnerin? Vergleichen Sie.**

Grammatik im Überblick

1 Verben mit trennbarer Vorsilbe › G: 1.6

Satzklammer

	Position 1	Position 2		Satzende
abfahren	Sie	fahren	in Hennef Ost	**ab.**
einrichten	Herr Mahlberg	richtet	das Netzwerk an einem Tag	**ein.**
herkommen	Wer	kommt	am Freitag	**her?**
weggehen	Leider	geht	er schon heute	**weg.**
weiterfahren	An der Ampel	fahren	Sie geradeaus	**weiter.**

2 Verben mit trennbarer Vorsilbe und Modalverben › G: 1.6

Satzklammer

Position 1	Position 2		Satzende
Ich	kann	dich leider nicht	**ab**holen.
Herr Mahlberg	möchte	das Netzwerk an einem Tag	**ein**richten.
Wer	will	das Auto am Abend	**an**sehen?
Nach 200 m	müssen	Sie rechts in die Conrad-Röntgen-Straße	**ein**biegen.
Hier	dürfen	Sie nicht	**weiter**fahren.

3 Imperativsätze – informell und formell › G: 1.5

Imperativsätze

formell Singular und Plural		informell Singular		informell Plural	
Sie holen	→ Holen Sie!	~~du~~ hol~~st~~	→ Hol!	~~ihr~~ holt	→ Holt!
Sie reden	→ Reden Sie!	~~du~~ rede~~st~~	→ Rede!	~~ihr~~ redet	→ Redet!
Sie warten	→ Warten Sie!	~~du~~ warte~~st~~	→ Warte!	~~ihr~~ wartet	→ Wartet!
Sie öffnen	→ Öffnen Sie!	~~du~~ öffne~~st~~	→ Öffne!	~~ihr~~ öffnet	→ Öffnet!
Sie entschuldigen	→ Entschuldigen Sie!	~~du~~ entschuldig~~st~~	→ Entschuldige!	~~ihr~~ entschuldigt	→ Entschuldigt!
Sie biegen ab	→ Biegen Sie ab!	~~du~~ bieg~~st~~ ab	→ Bieg ab!	~~ihr~~ biegt ab	→ Biegt ab!

Imperativsätze: Verben mit Vokalwechsel

Nur die Verben mit Vokalwechsel „e" → „i(e)" haben auch im Imperativ einen Vokalwechsel.

	formell Singular und Plural		informell Singular		informell Plural	
sprechen	Sie sprechen	→ Sprechen Sie!	~~du~~ sprich~~st~~	→ Sprich!	~~ihr~~ sprecht	→ sprecht!
nehmen	Sie nehmen	→ Nehmen Sie!	~~du~~ nimm~~st~~	→ Nimm!	~~ihr~~ nehmt	→ Nehmt!
lesen	Sie lesen	→ Lesen Sie!	~~du~~ lies~~t~~	→ Lies!	~~ihr~~ lest	→ Lest!
abladen	Sie laden ab	→ Laden Sie ab!	~~du~~ läd~~st~~ ab	→ Lade ab!	~~ihr~~ ladet ab	→ Ladet ab!
laufen	Sie laufen	→ Laufen Sie!	~~du~~ läuf~~st~~	→ Lauf!	~~ihr~~ lauft	→ Lauft!

Imperativsätze: „haben" und „sein"

formell Singular und Plural		informell Singular		informell Plural	
Sie haben	→ Haben Sie nicht so viel Stress!	~~du~~ ha~~st~~	→ Hab nicht so viel Stress!	~~ihr~~ habt	→ Habt nicht so viel Stress!
Sie ~~sind~~	→ Seien Sie unbesorgt!	~~du~~ ~~bist~~	→ Sei unbesorgt!	~~ihr~~ seid	→ Seid unbesorgt!

A Einladung zum Firmenjubiläum

1 Nomen von Verben › KB: A1a

Ergänzen Sie die Verben zu den Nomen.

1. der Bau – *bauen*
2. die Begrüßung – ______
3. die Besichtigung – ______
4. die Einladung – ______
5. der Empfang – ______
6. die Feier – ______
7. die Präsentation – ______
8. die Zusammenarbeit – ______

2 Zusagen und Absagen › KB: A1b

Wie heißen die Redemittel? Ordnen Sie zu.

1. Vielen Dank	A. an dem / der … teil.	1. *D*
2. Ich komme	B. für das Fest wünscht …	2. ___
3. Ich nehme	C. mit … Personen.	3. ___
4. Leider muss ich	D. für die Einladung.	4. ___
5. Viel Erfolg	E. für den … absagen.	5. ___

Z 3 10 Jahre bei Schade Maschinenbau › KB: A1b

Lesen Sie die Einladung und antworten Sie. Schreiben Sie eine Zu- oder Absage.

Kirsten.Just@xpu.de

Liebe Kirsten,
am 1. September bin ich 10 Jahre bei Schade Maschinenbau. Mein Jubiläum möchte ich gerne mit Freunden feiern und lade dich herzlich ein. Ich feiere am Freitag ab 14:00 Uhr mit Sekt und Kuchen. Kannst du dabei sein? Bitte antworte kurz.
Herzliche Grüße – Markus

herzlichen Dank für … | Leider muss ich … | Ich komme gern. | Für deine Feier wünsche ich viel … | Aber ich kann erst ab … | Viele Grüße …

Lieber Markus,
herzlichen …

4 Die Zeitung schreibt › KB: A2c

Welches Wort passt? Kreuzen Sie an.

	a.	b.	c.
1. Konstruktion und Vertrieb sind	☐ Firmen.	☒ Abteilungen.	☐ Teile.
2. Die Firma bearbeitet Bauteile für die	☐ Industrie.	☐ Messe.	☐ Reparatur.
3. Die Bauteile sind bis 8 Meter	☐ lang.	☐ hoch.	☐ schmal.
4. Die Firma Schade hat 42	☐ Kunden.	☐ Mitarbeiter.	☐ Arbeiter.
5. Die CNC-Maschine kann bohren und	☐ montieren.	☐ drucken.	☐ fräsen.
6. Und das macht sie mit	☐ Prinzip.	☐ Produktion.	☐ Präzision.

Ⓩ 5 Im Inland und im Ausland › KB: A2c

Lesen Sie den Tipp rechts und kürzen Sie ab.

1. im Inland und im Ausland
   kurz: *im In- und Ausland*
2. die Finanzabteilung und die Marketingabteilung
   kurz: ______
3. der Innendienst und der Außendienst
   kurz: ______
4. die Faxnummer und die Handynummer
   kurz: ______

TIPP

Zwei Wortteile gleich?
→ Abkürzen mit Bindestrich

z. B. im Inland und im Ausland
→ im In- und Ausland

6 „ab" oder „seit"? › KB: A3b › G: 6.1

a Welche Zeitangabe stimmt: a oder b? Kreuzen Sie an.

1. Sprecher spricht heute: a. [X] seit gestern b. [ ] seit morgen
2. Sprecher spricht im Juli: a. [ ] ab Oktober b. [ ] ab Mai
3. Sprecher spricht um 11:00 Uhr: a. [ ] ab 9:30 Uhr b. [ ] ab 12:00 Uhr
4. Sprecher spricht 2015: a. [ ] seit 2017 b. [ ] seit 2012
5. Sprecher spricht in Kalenderwoche 29: a. [ ] seit KW 11 b. [ ] seit KW 31

b Schreiben Sie aus den Vorgaben Sätze. Wie heißen die Fragen zu den Sätzen?

1. wir – 10:30 Uhr – ab – feiern
   Wir feiern ab 10:30 Uhr.
   Ab wann feiert ihr?
2. Dirk Schade – sein – Geschäftsführer – 2003 – seit
   ______.
   ______?
3. Man – dürfen – parken – hier – 14:00 Uhr – ab
   ______.
   ______?
4. Frau Hecker – arbeiten – im Vertrieb – Mai – seit
   ______.
   ______?
5. Frau Ehlert – Urlaub haben – morgen – ab
   ______.
   ______?

B Nur noch 14 Tage!

1 Aktivitäten für das Fest › KB: B1

a Welches Verb passt? Kreuzen Sie an.

1. Die Firma	a. [X] rechnet	b. [ ] besucht	mit 300 Gästen.
2. Die Agentur soll fünf Stehtische	a. [ ] mitnehmen.	b. [ ] aufstellen.	
3. Sollen wir das Festzelt auf dem Parkplatz	a. [ ] bauen?	b. [ ] aufbauen?	
4. Welche Getränke sollen wir	a. [ ] liefern?	b. [ ] nehmen?	
5. Soll ich noch Personal	a. [ ] überlegen?	b. [ ] einplanen?	
6. Ein Problem müssen wir noch	a. [ ] klären.	b. [ ] sprechen.	

Z **b Lesen Sie den Text und ergänzen Sie „viel", „viele", „wenig" und „wenige".**

Die Eventagentur hat nur noch [1] *wenige* Wochen, denn das Jubiläum ist schon bald. Das heißt [2] ________ Stress für Johannes Berger und sein Team. Und er hat noch [3] ________ Fragen: Wie [4] ________ Platz braucht das Buffet? Wie [5] ________ Flaschen Sekt müssen wir bestellen? Trinken die Gäste sehr [6] ________ Wasser? Haben wir vielleicht zu [7] ________ Personal? Aber er glaubt: Wir schaffen das auch in [8] ________ Zeit.

TIPP

viele Gäste (Pl.),
wenige Tische (Pl.)
aber: viel Platz
wenig Zeit
Nomen (Sg.) ohne Artikel
→ „viel", „wenig" haben
keine Endung

2 Frau Ehlert telefoniert mit Herrn Berger › KB: B2b › G: 1.7

Lesen Sie die Sätze und schreiben Sie Fragen mit „soll ich" oder „wollen wir".

die Vorschläge mit Herrn Schade besprechen | ~~morgen wieder anrufen~~ | nächste Woche telefonieren | noch andere Getränke anbieten | die Einladungen am Montag abschicken

1. ▶ Guten Tag, Herr Berger. ▶ Hallo, Frau Ehlert. Kann ich Herrn Schade sprechen?
2. ▶ Herr Schade ist heute nicht im Büro. ▶ *Soll ich morgen wieder anrufen?*
3. ▶ *Soll ich ...* ▶ Ja, machen Sie das bitte.
4. ▶ ________ ▶ Ja, ich bestelle noch Wasser und Bier.
5. ▶ ________ ▶ Ja, bitte, klären Sie alles mit Herrn Schade.
6. ▶ ________ ▶ Ja, dann besprechen wir den Rest.

3 Auch die Mitarbeiter haben noch Fragen › KB: B4 › G: 1.7

Stellen Sie Fragen mit „sollen".

1. Wer – präsentieren – CNC-Maschine – ?
Wer soll die CNC-Maschine präsentieren?
2. Bis – Fest – wie viel Uhr – dauern – ?
____
3. Wie viel – einplanen – wir – Personal – ?
____
4. Herr Schäfer – vorstellen – Werk – ?
____
5. Wer – aufstellen – Tische – Stühle – und – ?
____
6. Wir – bestellen – Stehtische – für Sektempfang – ?
____

4 Eine Bitte, einen Auftrag weitergeben › KB: B4 › G: 1.7

a Betrachten Sie die Bilder 1 und 2. Was passiert hier? Ordnen Sie die Bilder zu.

1. Herr Berger gibt Aufträge und Frau Roth gibt die Aufträge an Frau Ehlert weiter. Bild: ______
2. Frau Ehlert gibt Aufträge und Frau Roth gibt die Aufträge an Herrn Berger weiter. Bild: ______

b Sie sind Frau Roth. Geben Sie die Aufträge von Frau Ehlert an Herrn Berger weiter.

1. Frau Ehlert → Frau Roth: Sag Herrn Berger, er soll einen Vorschlag für die Musik machen.
   Frau Roth → Herr Berger: *Machen Sie bitte einen Vorschlag für die Musik.*
2. Frau Ehlert → Frau Roth: Sag Herrn Berger noch, er soll eine Jazzband einladen.
   Frau Roth → Herr Berger: ______
3. Frau Ehlert → Frau Roth: Und sag Herrn Berger, er soll Herrn Schade um 14:00 Uhr anrufen.
   Frau Roth → Herr Berger: ______
4. Frau Ehlert → Frau Roth: Und er soll bitte den Speiseplan für das Buffet zumailen.
   Frau Roth → Herr Berger: ______

c Sie sind noch Frau Roth. Geben Sie nun die Aufträge von Herrn Berger an Frau Ehlert weiter.

1. Herr Berger → Frau Roth: Klären Sie bitte den Ablauf am 12. Juni.
   Frau Roth → Frau Ehlert: *Wir sollen den Ablauf am 12. Juni klären.*
2. Herr Berger → Frau Roth: Suchen Sie bitte drei Hauptgerichte für das Buffet aus.
   Frau Roth → Frau Ehlert: ______
3. Herr Berger → Frau Roth: Schicken Sie bitte eine Gästeliste zu.
   Frau Roth → Frau Ehlert: ______
4. Herr Berger → Frau Roth: Grüßen Sie bitte Frau Ehlert.
   Frau Roth → Frau Ehlert: ______

C Das Fest

1 Alle sind gekommen › KB: C2 › G: 1.3

a Welches Partizip Perfekt ist richtig? Kreuzen Sie an.

1. Viele Kunden sind nach Wildeshausen	a. ☐ gefahrt.	b. ☒ gefahren.
2. Viele Gäste sind mit der Bahn	a. ☐ gereist.	b. ☐ gereisen.
3. Zur Feier sind auch Mitarbeiter von früher	a. ☐ gekommt.	b. ☐ gekommen.
4. Es sind viele Kollegen da, denn die Firma ist sehr	a. ☐ gewachst.	b. ☐ gewachsen.
5. Achtung! Die Fräsmaschine ist	a. ☐ gestartet.	b. ☐ gestarten.

b Notieren Sie die Verben aus 1a im Infinitiv.

regelmäßige Verben (schwache Verben): *reisen,* ______

unregelmäßige Verben (starke Verben): ______

2 Warum bist du so spät gekommen? › KB: C2 › G: 1.3

Ergänzen Sie die Sätze mit den Verben im Perfekt.

▶ Hallo, Gert, warum [1a] *bist* du so spät [1b] *gekommen* (kommen)?

▶ Leider bin ich zu spät. Auf der Autobahn [2a] ______ ein Stau [2b] ______ (sein) und dann [3a] ______ ich noch falsch [3b] ______ (fahren). Und du und deine Frau, [4a] ______ ihr zum Sektempfang hier [4b] ______ (sein)?

▶ Ja, natürlich [5a] ______ wir zum Sektempfang hier [5b] ______ (sein).

3 Lange nicht gesehen – ein Wiedersehen › KB: C4 › G: 1.3

Bilden Sie Sätze im Perfekt und schreiben Sie sie in die Tabelle.

1. Martin Becker – zwei Jahre – in Frankreich – sein
2. 2013 – er – zu Realmeca – gehen
3. Im Mai – Grit Dörr – wieder – nach Deutschland – kommen
4. Stefan Reber – nur fünf Jahre – bei Schade – bleiben
5. 2010 – er und drei Kollegen – in Rente – gehen
6. Tanja Streng – zum Geschäftspartner – nach Kanada – reisen

TIPP

Lernen Sie die Verben immer mit Infinitiv, 3. Pers. Sg. und Partizip Perfekt z. B. fahren, fährt, ist gefahren

Satzklammer

	Position 2: Hilfsverb		Satzende: Partizip Perfekt
1. *Martin Becker*	*ist*	*zwei Jahre in Frankreich*	*gewesen.*
2.			
3.			
4.			
5.			
6.			

Z 4 Begrüßung – Verabschiedung: formell – informell › KB: C5

Welche Redemittel passen? Ordnen Sie zu.

1. Hallo Johannes, lange nicht gesehen.
2. Machen Sie es gut.
3. Frau de Jong, ich grüße Sie.
4. Wen haben wir denn da?
5. Herr May, wir bleiben in Kontakt.

A. Danke, Ihnen auch alles Gute.
B. Hallo Roman, wie geht's?
C. Peter, das ja eine Überraschung!
D. Ja, hoffentlich bis bald.
E. Hallo, Herr Becker, Sie sind auch hier – wie schön!

1. B
2. ___
3. ___
4. ___
5. ___

D Sommer-Small-Talk

1 Sportaktivitäten › KB: D1a

a Wie heißen die Verben? Schreiben Sie die Verben in das Kreuzworträtsel. Finden Sie auch das Lösungswort.

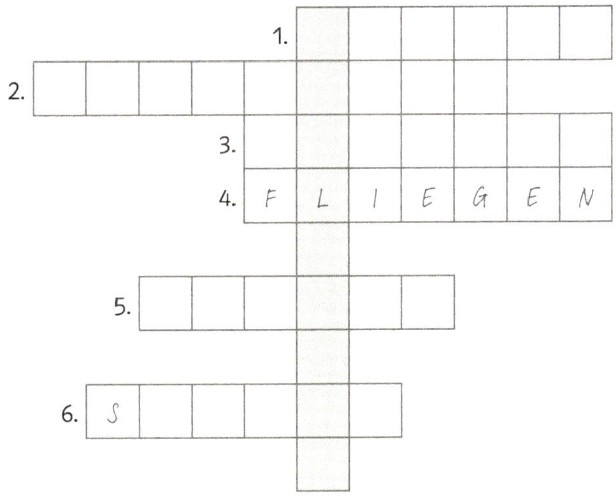

Z b Das kann man fahren. Notieren Sie die Nomen.

Ballon | ~~Kanu~~ | Mountainbike | Ski

1 Kanu fahren

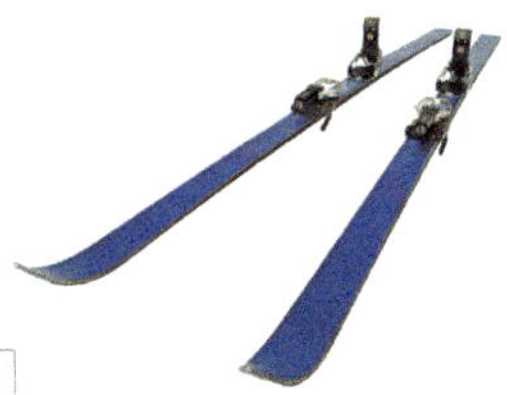

2 ___

3 ___

4 ___

Z **c** **Urlaub am Meer und in den Bergen. Welche Aktivitäten aus 1a und 1b macht man Meer, welche in den Bergen? Schreiben Sie Sätze.**

1. Ich mache gern Strandurlaub,
   - denn *ich schwimme gern.*
   - denn ______
   - denn ______
2. Ich mache gern Urlaub in den Bergen,
   - denn *ich fahre gern Mountainbike.*
   - denn ______
   - denn ______

2 Wo sind Sie letztes Jahr gewesen? › KB: D3 › G: 1.3

Schreiben Sie Sätze im Perfekt.

1. wir – in Norwegen – fahren – Kanu
2. mit Rolf – ich – segeln – im Mittelmeer
3. von Pforzheim – wandern – nach Basel – wir
4. meine Familie – reiten – in Norddeutschland
5. in den Alpen – Gleitschirm – fliegen – ich
6. wir – am Meer – sein – und – surfen – dort

1. *Wir sind in Norwegen Kanu gefahren.*
2. ______
3. ______
4. ______
5. ______
6. ______

3 Wohin fahren Sie? › KB: D4 › G: 6.2

Ergänzen Sie „nach", „in den" oder „in die"

1. *in die* USA
2. ______ Schwarzwald
3. ______ China
4. ______ Alpen
5. ______ Mallorca
6. ______ Bretagne
7. ______ Südengland
8. ______ Niederlande
9. ______ Stockholm
10. ______ Berge
11. ______ Bayerischen Wald
12. ______ Schweiz

Rechtschreibung

1 Fremdwörter schreiben

▶ 2 | 60 **Was fehlt? Hören Sie die Wörter und notieren Sie. Vergleichen Sie mit Ihrem Partner / Ihrer Partnerin.**

1. die Ja*zz*band
2. die Bro_____üre
3. das E_____nt
4. die Monta_____
5. die Inv_____tition
6. die T_____ristin
7. die A_____tur
8. die Pr_____sion
9. das Pri_____ip
10. das Buff_____
11. die Th_____e
12. der Ser_____ce
13. die Ma_____ine
14. die Pr_____tation
15. die Indust_____
16. der In_____nieur
17. die Not_____
18. die Qualit_____

Grammatik im Überblick

1 Perfekt: regelmäßige und unregelmäßige Verben mit „sein" › G: 1.3

- Partizip Perfekt von regelmäßigen Verben: Vorsilbe „ge-" und Endung „-t" oder „-et".
- Partizip Perfekt von unregelmäßigen Verben: Vorsilbe „ge-" und Endung „-en". Es gibt oft einen Vokalwechsel.

	regelmäßige Verben	unregelmäßige Verben		
	reisen	**fahren**	**fliegen**	**sein**
ich	bin gereist	bin gefahren	bin geflogen	bin gewesen
du	bist gereist	bist gefahren	bist geflogen	bist gewesen
er / sie / es	ist gereist	ist gefahren	ist geflogen	ist gewesen
wir	sind gereist	sind gefahren	sind geflogen	sind gewesen
ihr	seid gereist	seid gefahren	seid geflogen	seid gewesen
sie	sind gereist	sind gefahren	sind geflogen	sind gewesen
Sie (Sg. + Pl.)	sind gereist	sind gefahren	sind geflogen	sind gewesen

2 Wortstellung im Perfekt › G: 1.3

Satzklammer

Position 1	Position 2: Hilfsverb		Satzende: Partizip Perfekt
Martin Becker	ist	zwei Jahre in Frankreich	gewesen.
Im Mai	ist	Grit Dörr wieder nach Deutschland	gekommen.
Wann	sind	Sie nach Kanada	gereist?

3 Das Modalverb „sollen" › G: 1.7

ich	soll	**wir**	sollen
du	sollst	**ihr**	sollt
er / sie / es	soll	**sie / Sie**	sollen

Bedeutung:
- Der Auftrag ist unklar und man bittet um Informationen: Wie viele Stehtische soll Herr Berger liefern?
- Einen Auftrag weitergeben: Sagen Sie Herrn Berger, er soll 40 Stehtische liefern. / Herr Berger soll 40 Stehtische liefern.
- Eine Bitte oder einen Auftrag beschreiben: Ich soll 40 Stehtische liefern.

4 Vorschläge mit „Sollen / Wollen wir …?" und „Soll ich …?" › G: 1.7

Ja-/Nein-Fragen mit „Sollen wir …?" / „Wollen wir …?", und „Soll ich …?": Ich kann oder will etwas tun, aber will die andere Person das auch?

z. B. Sollen wir für alle Gäste Tische und Stühle aufstellen? (= Ich schlage vor, wir stellen für alle Gäste Tische und Stühle auf. Möchten Sie das?)
Wollen wir morgen telefonieren? (= Ich schlage vor, wir telefonieren morgen. Möchten Sie das?)
Soll ich sechs Servicekräfte einplanen? (= Ich kann sechs Servicekräfte einplanen. Möchten Sie das?)

5 Zeitangaben mit „seit" und „ab" › G: 6.1

seit: Etwas dauert von einem Zeitpunkt in der Vergangenheit bis jetzt: • → jetzt
Dirk Schade ist seit 2003 Geschäftsführer bei Schade Maschinenbau.

ab: Etwas beginnt. Der Beginn ist oft in der Zukunft: • → (Zukunft)
Wir feiern ab 10:30 Uhr. (Zukunft)

A Der erste Tag bei Holzer

1 Abteilungen und Aufgaben in der Firma › KB: A1d

a Was macht welche Abteilung? Notieren Sie.

annehmen | bauen | bereitstellen | bestellen | bezahlen | einstellen | entlassen | ~~entwickeln~~ | konstruieren | kontrollieren | ~~kontrollieren~~ | lagern | prüfen | ~~recherchieren~~ | ~~schreiben~~ | testen | verhandeln | verpacken | verschicken

Personalabteilung: Mitarbeiter [1] ______ und [2] ______

Buchhaltung: Rechnungen [3] *schreiben* ______, [4] ______, und [5] ______

Controlling: Firmenfinanzen [6] ______

Einkauf: Material [7] *recherchieren* ______, Preise [8] ______, Material [9] ______

Entwicklung: Produkte [10] *entwickeln* ______, [11] ______ und [12] ______

Fertigung: Produkte [13] ______

Lager / Logistik: Waren [14] ______, [15] *kontrollieren* ______ und [16] ______, Produkte zum Versand [17] ______

Versand: Waren [18] ______ und [19] ______

b Was macht man im Innendienst, Außendienst, Kundendienst? Ordnen Sie zu.

1. Innendienst	A. Kunden betreuen, Maschinen montieren und reparieren	1. ___
2. Außendienst	B. Kunden akquirieren und beraten, Kundendaten verwalten	2. ___
3. Kundendienst	C. Kunden akquirieren, vor Ort besuchen und betreuen, Produkte verkaufen	3. ___

c Marketing-Abteilung oder PR-Abteilung? Lesen Sie die Beschreibungen und ergänzen Sie.

Wir analysieren den Markt und entwickeln Verkaufsstrategien für Produkte von Holzer. Wir vermarkten die Produkte. Wir planen Messen und organisieren sie.

Herr Siebert arbeitet in der ______.

Wir schreiben Pressemitteilungen. Wir planen die Firmenwebseite und pflegen sie. Wir machen die Firmenzeitung für Kunden und Mitarbeiter.

Frau Voesgen arbeitet in der ______.

d Wie heißen die Nomen oder Verben? Benutzen Sie auch ein Wörterbuch.

1. die Einstellung	*einstellen*	10. die Akquisition	
2.	entlassen	11.	konstruieren
3. die Bereitstellung		12. die Kontrolle	
4. das Lager, die Lagerung		13. die Recherche	
5.	verwalten	14. der Test	
6. die Reparatur		15.	bauen
7.	analysieren	16. die Entwicklung	
8. die Verhandlung		17.	verpacken
9.	bezahlen	18.	prüfen

B Was hast du denn gemacht?

1 Was habe ich, was hast du, was hat … gemacht? › KB: B2b › G: 1.3

a Bilden Sie das Perfekt.

1. du – arbeiten *Du hast gearbeitet.*
2. ihr – prüfen ______
3. wir – reden ______
4. ich – testen ______
5. sie (Sg.) – machen ______
6. er – fotografieren ______
7. sie (Pl.) – verschicken ______
8. du – spülen ______

b Lesen Sie das Chat-Protokoll im Kursbuch 9B, 1. Was hat Bastian Pauls gemacht? Schreiben Sie die Sätze.

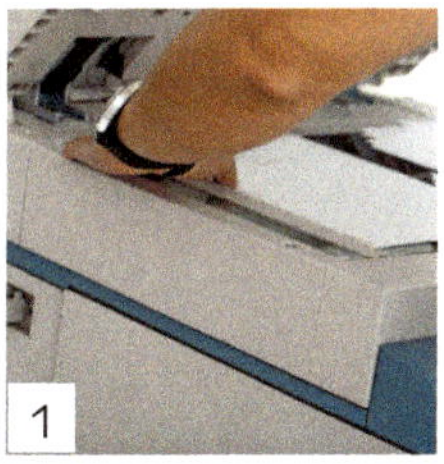
1

2

3

4

5

		Satzklammer	
1. Er	*hat*	*ab 8:00 Uhr Finanzunterlagen*	*kopiert.*
2. Er			
3. Er			
4. Er			
5. Er			

c Was hast du noch gemacht?

1. Kunden besuchen und betreuen *Ich habe Kunden besucht und betreut.*
2. den Marketingplan kontrollieren ______
3. E-Mails verschicken ______
4. eine Messe planen ______
5. Waren bestellen ______
6. die Webseite pflegen ______
7. Rechnungen erstellen ______
8. die Verkaufszahlen analysieren ______
9. Daten verwalten ______

2 Verben – regelmäßig, unregelmäßig oder gemischt? › KB: B4 › G: 1.3

Notieren Sie die Partizip-Perfekt-Formen und schreiben Sie: regelmäßig (r), unregelmäßig (u), gemischt (g).

1. analysieren – *analysiert* ___ r
2. berechnen – ______ ___
3. besprechen – ______ ___
4. bringen – ______ ___
5. finden – ______ ___
6. geben – ______ ___
7. lernen – ______ ___
8. prüfen – ______ ___
9. schreiben – ______ ___
10. sprechen – ______ ___
11. verbringen – ______ ___
12. verstehen – ______ ___

3 Was hat Bastian Pauls gemacht? › KB: B4 › G: 1.3

TIPP

Man sagt für „ist … gewesen" meist „war

Schreiben Sie die Berichte im Perfekt.

Bastian Pauls beendet das erste Jahr bei Holzer. Er kontrolliert und schreibt Rechnungen. Er bringt Post zum Versand. Er lernt viel.

Bastian berichtet: *Ich habe das erste Jahr bei Holzer beendet. …*

Herr Pauls ist vier Monate im Controlling. Er prüft Finanzunterlagen. Mit Herrn Langer analysiert er die Finanzen. Er vergleicht Zahlen.

Frau Bertolt berichtet: *Herr Pauls …*

C Am Computer arbeiten

1 Die Reisekostenabrechnung › KB: C1b

Welche Wörter passen zusammen? Notieren Sie.

Abrechnung | ~~Kennzeichen~~ | Rückfahrt | Transport | Übernachtung | Verpflegung

1. Auto – *Kennzeichen*
2. Hotel – ______
3. Essen – ______
4. Hinfahrt – ______
5. Kosten – ______
6. Bahn – ______

2 Die Geschäftsreise von Herrn Berlinger › KB: C2b › G: 1.6

Verben mit trennbarer oder untrennbarer Vorsilbe? Ergänzen Sie die Partizip-Perfekt-Formen.

Herr Berlinger hat in Dresden Kunden [1] *besucht* (besuchen) und dort eine Eismaschine [2] ______ (einrichten). Er hat zwei Nächte im Hotel [3] ______ (verbringen). Am Abend hat er seine Kunden zum Abendessen [4] ______ (einladen). Für die Reise hat er 572 Euro [5] ______ (ausgeben). Er hat seine Geschäftsreise zuerst selbst [6] ______ (bezahlen) und dann in der Firma [7] ______ (abrechnen). Er hat das Formular für die Reisekostenabrechnung [8] ______ (ausfüllen) und sein Geld [9] ______ (zurückbekommen).

3 Perfekt: Partizip Perfekt und Satzklammer › KB: C3 › G: 1.3

a Schreiben Sie das Partizip Perfekt und kreuzen Sie an: regelmäßig oder unregelmäßig, mit ge- oder -ge- oder ohne?

	regelmäßige Verben			unregelmäßige Verben		
	ge-[…](e)t	…ge-[…](e)t	[…]t	ge-[…]en	…ge-[…]en	[…]en
1. bauen: *hat gebaut*	☒	☐	☐	☐	☐	☐
2. fahren: *ist gefahren*	☐	☐	☐	☒	☐	☐
3. produzieren: ______	☐	☐	☐	☐	☐	☐
4. vergessen: ______	☐	☐	☐	☐	☐	☐
5. ankommen: ______	☐	☐	☐	☐	☐	☐
6. entwickeln: ______	☐	☐	☐	☐	☐	☐
7. abreisen: ______	☐	☐	☐	☐	☐	☐
8. zeichnen: ______	☐	☐	☐	☐	☐	☐
9. entlassen: ______	☐	☐	☐	☐	☐	☐
10. sehen: ______	☐	☐	☐	☐	☐	☐
11. verreisen: ______	☐	☐	☐	☐	☐	☐
12. annehmen: ______	☐	☐	☐	☐	☐	☐
13. einstellen: ______	☐	☐	☐	☐	☐	☐
14. reden: ______	☐	☐	☐	☐	☐	☐
15. passieren: ______	☐	☐	☐	☐	☐	☐

b Schreiben Sie die Sätze im Perfekt und ergänzen Sie die Tabelle.

1. Herr Berlinger – machen – eine Geschäftsreise
2. Er – nach Dresden – fliegen
3. Dort – er – betreuen – Kunden
4. Zuerst – er – aufbauen – eine Maschine
5. Beim Aufbau – passieren – ein Fehler
6. Dann – er – reparieren – den Fehler
7. Am Donnerstagabend – zurückreisen – er
8. Er – machen – am Freitag – die Reisekostenabrechnung

Satzklammer

Position 1	Position 2: Hilfsverb		Satzende: Partizip Perfekt
1. *Herr Berlinger*	*hat*	*eine Geschäftsreise*	*gemacht.*
2.			
3.			
4.			
5.			
6.			
7.			
8.			

4 Reisekostenabrechnung am Computer von A bis Z › KB: C4 › G: 1.3

Anweisungen! Formulieren Sie die Antworten.

1. ▶ Fahren Sie den Computer hoch! ▶ *Ich habe ihn schon hochgefahren.*
2. ▶ Laden Sie das Formular im Intranet herunter! ▶ ______
3. ▶ Füllen Sie das Formular aus! ▶ ______
4. ▶ Geben Sie das Datum ein! ▶ ______
5. ▶ Tragen Sie die Hotelkosten ein! ▶ ______
6. ▶ Speichern Sie das Dokument ab! ▶ ______
7. ▶ Hängen Sie es an eine E-Mail an! ▶ *Ich habe es schon an eine E-Mail angehängt.*
8. ▶ Schicken Sie die E-Mail ab! ▶ ______
9. ▶ Fahren Sie den Computer herunter! ▶ ______

Z 5 Computersprache › KB: C4

Wie heißt das auf Deutsch?

hochfahren | herunterladen | aktualisieren

Eine Computersoftware ist nicht mehr aktuell. Bastian muss sie updaten. Er hat die Aktualisierung downgeloadet und installiert. Nun muss er den Computer nur noch booten.

Bastian muss sie … ______

______

TIPP

Fachsprache EDV
Verben aus dem Englischen sind regelmäßig und manchmal trennbar: z. B. surfen: hat gesurft
downloaden: hat downgeloadet

Die Steuerungstaste „Strg" ist auch oft mit „Ctrl" für „Control" beschriftet.

Z 6 Tastenkombinationen › KB: C4

Ordnen Sie zu.

1. Strg Z	A. kopieren	1. *C*	4. Strg V	D. alles markieren	4. ___
2. Strg C	B. ausschneiden	2. ___	5. Strg Y	E. einfügen	5. ___
3. Strg X	C. Aktion rückgängig machen	3. ___	6. Strg A	F. Aktion wiederholen	6. ___

Z 7 Wie schreibt man eine E-Mail? › KB: C4

Ergänzen Sie die Verben im Perfekt.

abschicken | aktivieren | eingeben | formulieren | gehen | korrigieren | löschen | öffnen | prüfen | schreiben | ~~starten~~

Zuerst [1a] *hat* Bastian den PC [1b] *gestartet* und [2a] ______ ins Internet [2b] ______. Dann [3a] ______ er das Mailprogramm [3b] ______ und die Adresse [3c] ______. Er [4a] ______ einen Betreff [4b] ______ und die E-Mail [4c] ______. Er [5a] ______ das Rechtschreibprogramm [5b] ______ und den Text [5c] ______. Er [6a] ______ eine falsche Telefonnummer [6b] ______ und einen Satz [6c] ______. Am Ende [7a] ______ er die E-Mail [7b] ______.

D Beim Trainee-Stammtisch

1 Die Bad Säckinger Zeitung schreibt › KB: D1

a Was passt zusammen? Ordnen Sie die Nomen zu.

1. Absolvent	A. Reporter	1. H
2. Fachkraft	B. Studium	2. G
3. Profi	C. Lösung	3. ___
4. Journalist	D. Trainee	4. ___
5. Karriere	E. Notebook	5. ___
6. Betriebswirtschaft	F. Beruf	6. ___
7. Problem	G. Unternehmen	7. ___
8. Tablet	H. Universität	8. ___

Z **b Perfekt mit „haben" oder „sein"? Kreuzen Sie an und ergänzen Sie „haben" oder „sein" in der richtigen Form.**

	haben	sein		
1. Bastian	☒	☐	hat	bei Holzer als Trainee begonnen.
2. Bei Holzer	☐	☐	___	er in vier Abteilungen gearbeitet.
3. Dort	☐	☐	___	er für die Finanzen zuständig gewesen.
4. Jetzt	☐	☐	___	er seinen Beruf gefunden.
5. Freitags	☐	☐	___	er am Stammtisch andere Trainees getroffen.
6. Sie	☐	☐	___	zusammen etwas getrunken und geredet.
7. Die Trainees	☐	☐	___	nach Österreich gefahren.
8. Dort	☐	☐	___	sie Gleitschirm geflogen.
9. Die Trainees	☐	☐	___	eine Woche geblieben.
10. Die Reise	☐	☐	___	viel Spaß gemacht.

2 Der Trainee hat viele Fragen › KB: D2

a Ergänzen Sie die Demonstrativpronomen „der", „das", „die" oder „den". › G: 3.3

1. Welcher Kopierer macht Farbkopien? – Der ___ hier kopiert schwarz-weiß und ___ da farbig.
2. Welchen Drucker kann ich benutzen? – Sie können ___ in Zimmer 20 benutzen.
3. Welche Rechnung muss ich korrigieren? – Sie müssen ___ an Firma Müller korrigieren. ___ hat einen Fehler.
4. Welche Bestelllisten soll ich prüfen? – Sie sollen ___ hier im Ordner prüfen.
5. Welches Notebook kann ich nach Hause mitnehmen? – Sie können ___ hier mitnehmen. ___ ist neu.

b **Ergänzen Sie die Endungen von „welch-" aus 2a.** › G: 3.6

	Maskulinum (M)	Neutrum (N)	Femininum (F)	Plural (M, N, F)
Nominativ	welch*er*	welches	welche	welche
Akkusativ	welch	welch	welch	welch

c **Formulieren Sie Fragen mit „welch-" und Antworten mit „dies-".** › G: 3.3

1. ▶ *Welche Kundendatei sollen wir bearbeiten?* (Kundendatei wir bearbeiten sollen)
   ▶ *Ihr sollt diese Kundendatei bearbeiten.*
2. ▶ *Welcher ...* (Drucker in Farbe drucken)
   ▶ ______
3. ▶ ______ (Preise aktuell sein)
   ▶ ______
4. ▶ ______ (Formular der Einkauf ausfüllen sollen)
   ▶ ______
5. ▶ ______ (Waren ich verpacken sollen)
   ▶ ______
6. ▶ ______ (Katalog der Kunde bekommen)
   ▶ ______
7. ▶ ______ (Adresse stimmen)
   ▶ ______
8. ▶ ______ (Smartphone für mich sein)
   ▶ ______

d **Oft antwortet man nur kurz. Formulieren Sie die Antworten in 2c nur mit „Dies-" als Pronomen.** › G: 3.3

1. ▶ *Diese* ______ hier.
2. ▶ ______ dort.
3. ▶ ______ hier im Katalog.
4. ▶ ______ dort auf dem Tisch.
5. ▶ ______ hier im Regal.
6. ▶ ______ hier.
7. ▶ ______ in der Liste hier.
8. ▶ ______ dort rechts.

Rechtschreibung

1 Infinitiv und Partizip Perfekt: Wie schreibt man die?

Ergänzen Sie die Buchstaben.

1. n *e* *h* men – genommen
2. schreiben – geschr __ __ ben
3. spr __ chen – gesprochen
4. bringen – gebr __ __ __ t
5. vergl __ __ chen – verglichen
6. verstehen – verst __ __ __ en
7. beg __ nnen – begonnen
8. finden – gef __ nden

Grammatik im Überblick

1 Perfekt: regelmäßige Verben und Verben auf „-ieren“ › G: 1.3

	ge-[...]-(e)t		[...]-t	
	machen	reden	recherchieren	passieren
ich	habe gemacht	habe geredet	habe recherchiert	
du	hast gemacht	hast geredet	hast recherchiert	
er / sie / es	hat gemacht	hat geredet	hat recherchiert	ist passiert
wir	haben gemacht	haben geredet	haben recherchiert	
ihr	habt gemacht	habt geredet	habt recherchiert	
sie / Sie (Sg. + Pl.)	haben gemacht	haben geredet	haben recherchiert	sind passiert

2 Perfekt: unregelmäßige und gemischte Verben › G: 1.3

	unregelmäßige Verben		gemischte Verben
	geben	schreiben	bringen
ich	habe gegeben	habe geschrieben	habe gebracht
du	hast gegeben	hast geschrieben	hast gebracht
er / sie / es	hat gegeben	hat geschrieben	hat gebracht
wir	haben gegeben	haben geschrieben	haben gebracht
ihr	habt gegeben	habt geschrieben	habt gebracht
sie / Sie (Sg. + Pl.)	haben gegeben	haben geschrieben	haben gebracht

3 Perfekt: Verben mit trennbarer und mit untrennbarer Vorsilbe › G: 1.6

	Verben mit trennbarer Vorsilbe		Verben mit trennbarer Vorsilbe	
	ausdrucken	ankommen	bestellen	verstehen
ich	habe ausgedruckt	bin angekommen	habe bestellt	habe verstanden
du	hast ausgedruckt	bist angekommen	hast bestellt	hast verstanden
er / sie / es	hat ausgedruckt	ist angekommen	hat bestellt	hat verstanden
wir	haben ausgedruckt	sind angekommen	haben bestellt	haben verstanden
ihr	habt ausgedruckt	seid angekommen	habt bestellt	habt verstanden
sie / Sie (Sg. + Pl.)	haben ausgedruckt	sind angekommen	haben bestellt	haben verstanden

4 Wortstellung im Perfekt › G: 1.3

	Satzklammer		
Position 1	Position 2: Hilfsverb		Satzende: Partizip Perfekt
Herr Berlinger	hat	eine Dienstreise nach Leipzig	gemacht.
Dort	hat	er eine Maschine	eingerichtet.

5 Demonstrativartikel und -pronomen „dies-“ und „der“, „das“, „die“ › G: 3.3

	Maskulinum (M)	Neutrum (N)	Femininum (F)	Plural (M, N, F)
Nominativ	dieser / der	dieses / das	diese / die	diese / die
Akkusativ	diesen / den	dieses / das	diese / die	diese / die

6 Fragepronomen „welch-“ › G: 3.6

	Maskulinum (M)	Neutrum (N)	Femininum (F)	Plural (M, N, F)
Nominativ	welcher	welches	welche	welche
Akkusativ	welchen	welches	welche	welche

A Eine Dienstreise

1 Start und Landung › KB: A1e

a Wie heißt das Gegenteil? Ordnen Sie zu.

1. der Start	A. der Rückflug	5. an	E. der Linienflug
2. die Abfahrt	B. teuer	6. der Direktflug	F. ab
3. der Hinflug	C. die Landung	7. der Charterflug	G. der Abflug
4. preiswert	D. die Ankunft	8. die Ankunft	H. der Flug mit Stopp

b Zusammensetzungen. Bilden Sie Nomen.

Dauer | Flug | Hafen | Reise | Verbindung | Zeit   *die Flugdauer,* ____________

2 Sätze mit „sondern" › KB: A2 › G: 7.2

a Wo steht „nicht"? Notieren Sie.

1. Frau Abel empfiehlt *nicht* ______ den Flug ___–___ von Hamburg, sondern den Flug von Hannover.
2. Frau Peters ______ fliegt ______ mit Lufthansa, sondern mit SWISS.
3. Sie fährt ______ mit dem ICE ______, sondern sie nimmt den Regionalexpress.
4. ______ Frau Peters bestellt ______ die Tickets, sondern Frau Abel.

b Bilden Sie Sätze mit „kein- . . ., sondern".

1. Frau Peters nimmt einen ~~Charterflug~~ → einen Linienflug
2. sie macht eine ~~Privatreise~~ → eine Dienstreise
3. sie braucht ein ~~Hin- und Rückflugticket~~ → nur ein Hinflugticket
4. Frau Abel bucht einen ~~Flug mit Stopp~~ → einen Direktflug

1. *Frau Peters nimmt keinen Charterflug, sondern einen Linienflug.*
2. ______________________________
3. ______________________________
4. ______________________________

TIPP

- **„kein-"** verneint Nomen mit „ein-" oder Nullartikel

c „nicht . . ., sondern" oder „kein- . . ., sondern"? Bilden Sie Sätze.

1. Frau Peters über ~~Paris fliegen~~ → sie einen Direktflug nehmen
2. sie ~~zurückfliegen~~ → eine Freundin sie mitnehmen
3. Frau Peters ein ~~Ticket für den Rückflug~~ brauchen → sie nur den Hinflug bestellen
4. Frau Peters nach ~~Chur eine Dienstreise machen~~ → sie dort eine Freundin besuchen
5. sie in ~~Zürich Freunde haben~~ → sie dort nur Kollegen kennen

1. Hauptsatz / Satzteil	Position 0	2. Hauptsatz / Satzteil
1. *Frau Peters fliegt nicht über Paris,*	*sondern*	*(sie) nimmt einen Direktflug.*
2.		
3.		
4.		
5.		

3 Die „aduso"-Konjunktionen › KB: A2 › G: 4.1

Ergänzen Sie „aber", „denn", „und", „sondern" oder „oder".

1. Frau Peters kann von Bremen über Paris fliegen oder von Hamburg direkt.
2. Sie sucht die Verbindungen nicht selbst, ____________ sie hat keine Zeit.
3. Sie möchte von Bremen fliegen, ____________ es gibt von dort keinen Direktflug.
4. Sie möchte nicht den Lufthansa-Flug nehmen, ____________ mit SWISS fliegen.
5. Sie fährt mit dem Zug nach Hannover ____________ nimmt dort die S-Bahn zum Flughafen.
6. Sie muss am Vormittag fliegen, ____________ sie muss um 14:00 Uhr in Zürich sein.
7. Zur Niederlassung fährt sie mit dem Bus ____________ ein Kollege holt sie am Flughafen ab.
8. Der Flug um 12:35 Uhr ist sehr preiswert, ____________ zu spät.
9. Frau Peters fliegt nach Zürich ____________ reist dann privat nach Chur.

TIPP

Vor „denn" / „aber" / „sondern" steht immer ein Komma. Vor „und" / „oder" steht meist kein Komma.

4 Das Flugzeug fliegt › KB: A3

Wie heißen die Verben zu den Nomen? Notieren Sie.

1. der Rückflug zurückfliegen
2. der Flug ____________
3. die Landung ____________
4. der Abflug ____________
5. die Dauer ____________
6. die Ankunft ____________

B Wetter und Kleider

1 Wetterbericht › KB: B1d

a Wie ist das Wetter? Ordnen Sie die Ausdrücke A bis J den Symbolen 1 bis 10 zu.

1. F

2. ___

3. ___

4. ___

5. ___

6. ___

7. ___

8. ___

9. ___

10. ___

A. Es ist sonnig.
B. Es ist heiter.
C. Es ist bewölkt.
D. Es regnet.
E. Es schneit.
F. Es gewittert.
G. Es ist windig.
H. Es stürmt.
I. Es ist neblig.
J. Der Himmel ist klar.

b Lesen Sie die Sätze und ordnen Sie sie den Ausdrücken A bis J in 1a zu. Zu einem Ausdruck in 1a gibt es keinen Satz.

1. Die Sonne scheint. A/B
2. Es gibt Nebel. ___
3. Es ist regnerisch. ___
4. Es fällt Schnee. ___
5. Es ist bedeckt. ___
6. Es ist stürmisch. ___
7. Der Wind weht schwach / stark. ___
8. Es gibt ein Gewitter. / Es blitzt und donnert. ___

c **Wie heißt das Gegenteil? Notieren Sie. Manchmal gibt es nicht nur eine Lösung.**

1. sehr kalt ≠ *heiß*
2. stark ≠ ______
3. langsam ≠ ______
4. bedeckt ≠ ______
5. warm ≠ ______
6. sonnig ≠ ______

d **Wie ist die Temperatur? Notieren Sie.**

Die Temperatur steigt auf plus 1 Grad Celsius. | ~~Es sind 8 Grad Celsius.~~ | Die Temperatur beträgt 6 Grad Celsius. | Die Temperatur sinkt auf minus 1 Grad Celsius.

1. = 8 °C *Es sind 8 Grad Celsius.*
2. +1 °C → −1 °C ______
3. −1 °C → +1 °C ______
4. = 6 °C ______

Z **e** **Es ist Mittag. Wann ist es wie? Ergänzen Sie „ist", „war" und „wird".**

1. Jetzt am Mittag *ist* es regnerisch.
2. Am Morgen ______ es windig.
3. Heute Abend ______ es sonnig.
4. Gestern ______ es sehr kalt.
5. Heute ______ es nicht so kalt.
6. Morgen ______ es warm.

Z **f** **Bilden Sie Sätze wie im Beispiel.**

1. regnet - es - am Morgen - stark: *Es regnet am Morgen stark. / Am Morgen regnet es stark.*
2. am Vormittag - ein Gewitter - es - gibt: ______
3. der Wind - mittags - hört auf: ______
4. sonnig - ist - es - am Nachmittag: ______
5. sehr kalt - am Abend - es - wird: ______
6. sinkt - die Temperatur - nachts - auf −10 °C: ______

Z 2 Wie ist das Wetter in der Schweiz? › KB: B2

Schreiben Sie.

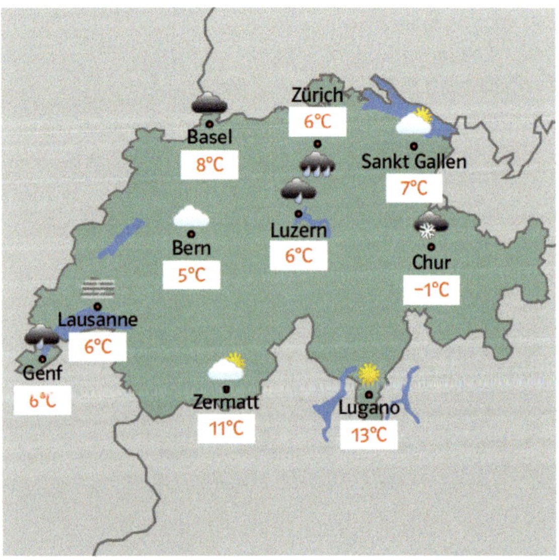

1. Basel: *In Basel sind es 8 °C und es ist bewölkt.*
2. Chur: ______
3. Lausanne: ______
4. Lugano: ______
5. Luzern: ______
6. Zermatt: ______

3 Kleidungsstücke › KB: B3a

a **Wie heißen die Kleidungstücke? Notieren Sie die Bezeichnungen mit Artikel und Plural.**

1. a. *die Mütze, -n* ☒ b. ______ ☐ c. ______ ☒

2. a. ______ ☐ b. ______ ☐ c. ______ ☐

3. a. ______ ☐ b. ______ ☐ c. ______ ☐

4. a. ______ ☐ b. ______ ☐ c. ______ ☐

5. a. ______ ☐ b. ______ ☐ c. ______ ☐

b **Was passt gut zusammen? Kreuzen Sie in 3a an.**

c **Was trägt die Frau, was der Mann, was beide? Notieren Sie. Ergänzen Sie auch den Artikel.**

Anzug | Blazer | Bluse | Hemd | ~~Handschuhe~~ | Hose | Hosenanzug | Jeans | Kleid | Kostüm | Krawatte | Mantel | Mütze | Pullover | Regenjacke | Rock | Schal | Sakko | Schuhe | Socken | Stiefel

♀ ______

♂ ______

♂/♀ *die Handschuhe,* ______

C Die Niederlassung

1 Grafiken beschreiben

a **Ordnen Sie die Bezeichnungen den Grafiken zu.** › KB: C2a

Balkengrafik | Liniengrafik | Tortengrafik

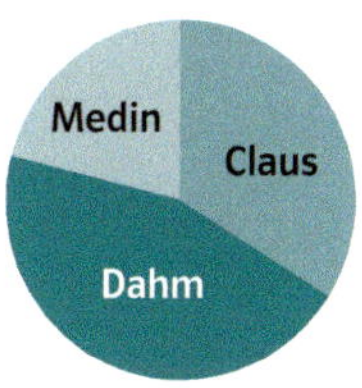

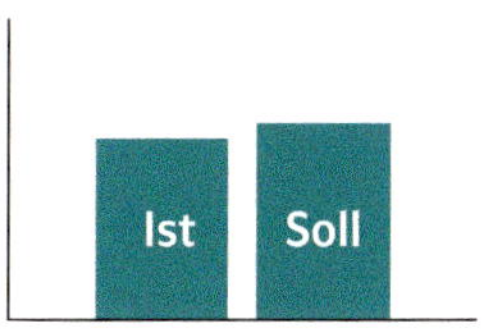

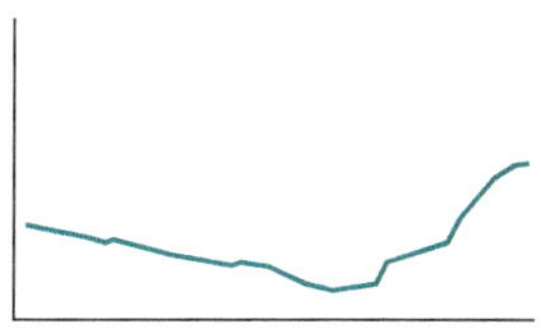

1. ______ 2. ______ 3. ______

b **Was bedeuten die Ausdrücke links? Ordnen Sie die Erklärungen zu.** › KB: C2a

1. Absatz im Jahr 2014	A. Claus Medizintechnik Zürich hat im Jahr 2014 für die 30.600 Geräte 21 Millionen Franken bekommen.	1. ___
2. Umsatz im Jahr 2014	B. Im Jahr 2014 hat man in der Schweiz 90.000 Medizingeräte (= 100 %) verkauft. Claus Medizintechnik Zürich hat 30.600 verkauft, das sind 34 % von 90.000.	2. ___
3. Marktanteil im Jahr 2014	C. Claus Medizintechnik Zürich hat im Jahr 2014 30.600 Geräte verkauft.	3. ___

c **Welche Verben passen: a, b oder c? Kreuzen Sie an. Es passen immer zwei.** › KB: C2b

1. Umsatz:	a. ☐ entlassen	b. ☒ sinken	c. ☒ steigen
2. Absatz:	a. ☐ erhöhen	b. ☐ steigern	c. ☐ verkaufen
3. Marktanteile:	a. ☐ einstellen	b. ☐ erhöhen	c. ☐ verlieren
4. Mitarbeiter:	a. ☐ einstellen	b. ☐ entlassen	c. ☐ steigen
5. Mitarbeiterzahl:	a. ☐ erhöhen	b. ☐ steigen	c. ☐ verlieren

d **Was hat die Firma getan? Wie war die Entwicklung?** › KB: C2b

1. steigern (den Umsatz): *Die Firma hat den Umsatz gesteigert.*
2. sinken (der Absatz): *Der Absatz ist gesunken.*
3. erhöhen (ihren Marktanteil): ____________________
4. verlieren (Marktanteile): ____________________
5. einstellen (Personal): ____________________
6. entlassen (acht Mitarbeiter): ____________________
7. steigen (die Mitarbeiterzahl): ____________________

2 Was konnte, musste, ... man tun? › KB: C3 › G: 1.7

a **Ergänzen Sie die Verben in der passenden Form.**

1. Claus Medizintechnik *konnte* den Umsatz auf 21 Millionen Franken steigern. (können)
2. 2013 ____________ die Geschäftsführung drei Mitarbeiter entlassen. (müssen)
3. Wir ____________ den Marktanteil auf 34 % steigern. (sollen)
4. Die Abteilungen Produktion und Vertrieb ____________ sechs Mitarbeiter einstellen. (dürfen)
5. Ich ____________ das Werk in Zürich besichtigen, hatte aber keine Zeit. (wollen)
6. ____________ du das Werk besichtigen? (können)
7. ____________ ihr bei der Besichtigung Helme tragen? (müssen)

b **Welches Modalverb passt? Kreuzen Sie an.**

1. Frau Peters ☐ musste ☒ wollte im Januar zwei Wochen Urlaub machen. Aber sie ☐ durfte ☐ sollte nicht. Denn sie ☐ konnte ☐ musste die Absatz- und Umsatzzahlen von 2014 kontrollieren.
2. Der Vertriebsleiter ☐ konnte ☐ sollte mit Frau Peters nach Zürich reisen. Aber er ☐ konnte ☐ musste nicht. Denn er ☐ durfte ☐ musste eine Messe für Medizintechnik besuchen.

3 Meine Firma und ihre Entwicklung › KB: C4b

Schreiben Sie einen Bericht.

Die Entwicklung von … war im Jahr … sehr gut / nicht so gut. | Wir konnten … steigern / nicht erhöhen. | … ist gestiegen / gesunken. | Wir haben … erhöht / verloren. | Wir konnten … einstellen / … mussten entlassen.

Die Entwicklung von …

D Frühstück international

1 Was gibt's zum Frühstück? › KB: D1a

a Wie heißen die Lebensmittel? Bilden Sie 16 Wörter. Notieren Sie auch den Artikel.

~~A-~~ | Ba- | Bröt- | But- | Crois- | -chen | -de | -ei | -ei | Früh- | -ge | -gen- | -gel- | -ghurt | Gur- | Ho- | Jo- | Kä- | -ke | -ken | -la- | -ma- | Mar- | -me- | -na- | -ne | -nig | O- | O- | ~~-pfel~~ | -ran- | -ran- | Rühr- | -saft | -sant | Schin- | -se | -speck | Spie- | -stücks- | -te | -ter | To-

der Apfel,

b Notieren Sie die Wörter aus 1a und ergänzen Sie den Artikel.

Brotwaren: *das Brot,*

Obst / Gemüse: *der Apfel,*

Milchprodukte: *der Quark,*

Aufschnitt: *die Wurst,*

Eierspeisen: *das Ei,*

Brotaufstrich: *die Margarine,*

Getränke: *der Tee, der Kaffee,*

c Acht Lebensmittel fehlen in 1a. Schauen Sie im Kursbuch 10D, Aufgabe 1a, nach und notieren Sie sie.

das Brot,

d Was kann man noch essen und trinken? Bilden Sie Wörter und notieren Sie sie mit dem Artikel.

Apfel- | Banane(n)- | -Brot | Butter- | -Ei | Frühstück(s)- | Honig- | -Joghurt | Käse- | Orange(n)- | -Saft | -Speck | Schinken- | Schwarz- | Tomate(n)- | Weiß- | Wurst-

der Apfelsaft,

TIPP

Zusammensetzungen:
- Nomen + Nomen, z. B. Käsebrot
- Nomen + „-s" oder „-n" + Nomen, z. B. Frühstücksspeck, Marmeladenbrot
- Adjektiv + Nomen, z. B. Weißbrot

Z 2 Small Talk beim Frühstücksbuffet › KB: D1b

a Was sagen die Personen? Lesen Sie Teil 1 vom Gespräch im Frühstücksraum und ergänzen Sie die Sätze.

~~Aber gern!~~ | Aber ich bin kein Arzt. | Ach, interessant. | Ach, Sie haben in Bremen studiert, das ist ja nett. | Ach, Sie sind auch Arzt? | ~~Bitte schön.~~ | Nein, ich bin geschäftlich hier. | Ja, das stimmt. | Sind Sie auch beim Kongress? | Und wo leben Sie jetzt?

▶ Guten Morgen. Kann ich mich zu Ihnen setzen?
▶ *Aber gern!* ______
▶ *Bitte schön.* ______
▶ Das Hotel ist ja wirklich voll.
▶ ______ Um 11:00 Uhr fängt der Ärztekongress an – 80 Nationen! Den besuche ich auch.
▶ ______ Woher kommen Sie denn?
▶ Aus Liverpool. ______ – Ich bin Medizintechniker. Und woher kommen Sie?
▶ Aus Frankreich, aus Toulouse.
▶ ______ Ich habe ein Jahr in Toulouse Wirtschaft studiert.
▶ ______
▶ In Bremen.
▶ Und ich habe ein Jahr in Bremen studiert und Deutsch gelernt.
▶ ______
▶ Ja. ______
▶ ______

b ▶ 2|34 Ist alles richtig? Hören Sie noch einmal Teil 1 vom Gespräch im Frühstücksraum und korrigieren Sie das Gespräch.

Rechtschreibung

1 „a", „o" und „u" oder „ä", „ö" und „ü"?

a ▶ 2|61 Was fehlt? Hören Sie die Wörter und notieren Sie „a", „o", „u", „ä", „ö" oder „ü".

1. das Gespr*ä*__ch
2. der H____nig
3. zwei W____rste
4. eine ____range
5. der Anz____g
6. die S____tte
7. die L____ndung
8. das M____sli
9. vier ____pfel
10. ein Br____tchen
11. die S____nne
12. die B____tter
13. die B____hn
14. die Fl____ge
15. zwei R____cke
16. der M____ntel
17. die G____rke
18. ein S____ckchen

b Was hat Ihr Partner / Ihre Partnerin gehört? Vergleichen Sie.

Grammatik im Überblick

1 „nicht/kein- …, sondern“ › G: 7.2

1. Hauptsatz / Satzteil	Position 0	2. Hauptsatz / Satzteil
Fliegen Sie nicht von Hamburg,	sondern	von Hannover.
Ich fahre nicht mit dem ICE um 7:14 Uhr,	sondern	(ich) nehme den Regionalexpress um 06:18 Uhr.
Frau Peters nimmt keinen Charterflug,	sondern	(sie nimmt) einen Linienflug.
Frau Peters macht nach Chur keine Dienstreise,	sondern	(sie) besucht dort eine Freundin.

- Bei „nicht …, sondern“ bzw. „kein- …, sondern“ verneinen „nicht“ bzw. „kein-“ ein Satzelement. „nicht“ bzw. „kein-“ stehen **vor** dem Satzelement, z. B. „nicht von Hamburg“ oder „keinen Charterflug“. „sondern“ nennt die Alternative, z. B. „von Hannover“ oder „einen Linienflug“.
- „sondern“ ist eine Konjunktion und steht wie „aber“, „denn“, „und“ „oder“ auf Position 0. (Die Anfangsbuchstaben von den Konjunktionen → „aduso“ - das Wort ist eine Lernhilfe für Sie.)
- Verb im ersten Hauptsatz = gleich Verb im zweiten Hauptsatz → Das Verb im zweiten Hauptsatz kann wegfallen.
- Subjekt im ersten Hauptsatz = gleich Subjekt im zweiten Hauptsatz → Das Subjekt im zweiten Hauptsatz kann wegfallen.

2 Modalverben – Präteritum › G: 1.7

	können	müssen	dürfen	sollen	wollen
ich	konnte	musste	durfte	sollte	wollte
du	konntest	musstest	durftest	solltest	wolltest
er / sie / es	konnte	musste	durfte	sollte	wollte
wir	konnten	mussten	durften	sollten	wollten
ihr	konntet	musstet	durftet	solltet	wolltet
sie	konnten	mussten	durften	sollten	wollten
Sie (Sg. + Pl.)	konnten	mussten	durften	sollten	wollten

Satzklammer

Position 1	Position 2: Modalverb		Satzende: Verb (Infinitiv)
Claus Medizintechnik	konnte	den Umsatz auf 21 Millionen Franken	steigern.
2014	mussten	wir drei Mitarbeiter	entlassen.
Wer	durfte	sechs Mitarbeiter	einstellen?

A Feier mit Kollegen

1 Was kann man tun?

Welche Nomen passen zu dem Verb? Kreuzen Sie an. › KB: A1c

1. einladen	a. ☒ Gäste	b. ☒ Kunden	c. ☐ Aufgaben
2. verlassen	a. ☐ eine Einladung	b. ☐ eine Party	c. ☐ eine Firma
3. feiern	a. ☐ den Spaß	b. ☐ den Ausstand	c. ☐ das Jubiläum
4. absagen	a. ☐ ein Fest	b. ☐ ein Meeting	c. ☐ einen Tag
5. organisieren	a. ☐ ein Treffen	b. ☐ eine Zusage	c. ☐ eine Feier

2 Einladen – Zusagen – Absagen

a Wie heißen die Redemittel? Ordnen Sie zu. › KB: A3b

1. Ich lade euch	A. bei der Party.	1. D
2. Ich feiere	B. für deine Einladung.	2. ___
3. Ich komme gern	C. gern zu.	3. ___
4. Leider kann ich	D. herzlich zum Essen ein.	4. ___
5. Viel Spaß	E. meinen Ausstand.	5. ___
6. Vielen Dank	F. nicht kommen.	6. ___
7. Ich sage	G. zu deiner Feier.	7. ___

b Wie heißen die Verben zu den Nomen? Notieren Sie. › KB: A3b

1. die Feier: feiern
2. die Arbeit: ______
3. die Zusage: ______
4. die Teilnahme: ______
5. die Zusammenarbeit: ______
6. die Fahrt: ______
7. der Besuch: ______
8. der Plan: ______

B Ⓟ **c Die Firma Sulkar GmbH feiert ihr Jubiläum. Frau Schneider hat eine Einladung bekommen und sagt zu. In der E-Mail gibt es sieben weitere Fehler. Finden und korrigieren Sie die Fehler.** › KB: A3c

Sehr geehrte Herr Winter,	geehrter	1
vielen Dank für Ihren Einladung zur Jubiläumsfeier von der Sulkar GmbH.	______	2
Ich zusage sehr gern. Die Jubiläumsfeier beginnt um 17:00 Uhr, aber	______	3
kann ich leider erst um 18:00 Uhr kommen. Ich habe bis 17:30 Uhr	______	4
einen Termin. Der ist sehr wichtig und ich kann er nicht verschieben.	______	5
Ich hoffe, das ist in Ordnung.	✓	6
Die Feier war an Ihrem Standort Hannover-Mittelfeld. Dort war	______	7
ich leider noch nie. Könnt Sie mir bitte eine Wegbeschreibung	______	8
schicken? Viele Dank.	______	9
Mit freundlichen Grüßen	______	10
Sabine Schneider		

B Was schenken wir?

1 Was kann man den Personen schenken? › KB: B1a

Schreiben Sie die Antworten in das Rätsel und lesen Sie das Lösungswort.

1. Ihr Bruder möchte bald ein Auto kaufen.
2. Ihre Mutter braucht Erholung.
3. Ihre Kollegin liest viel und kauft oft Bücher.
4. Ihr Kollege möchte kochen lernen.
5. Ihre Eltern sehen gern Familienfotos an.
6. Ihre Schwester vergisst alle Termine.
7. Ihre Kollegin ist neu. Heute ist ihr erster Tag.
8. Ihr Praktikant geht gern in Konzerte.

1								G	*E*	*L*	*D*			
2		M		S										
3					G				C					
4						K				K				
5	F				B									
6		K				N								
7			B		U									ß
8	K									R				

2 Personalpronomen im Dativ › KB: B2 › G: 3.1

a Ein Tag in der Firma. Ergänzen Sie die Personalpronomen im Dativ.

1. Herr Nowak, können Sie *mir* __________ bitte Druckerpapier holen?
2. Unsere Kunden brauchen die Preisliste. Schreiben Sie __________ eine E-Mail?
3. Petra feiert morgen Jubiläum. Was schenken wir __________?
4. Wo ist Herr Sommer? – Ich habe gerade mit __________ telefoniert. Er ist heute krank.
5. Hört mal, Tim und Inka! Der Praktikant geht ins Lager. Kann er __________ etwas mitbringen?
6. Peter, ich möchte mit __________ die Werbematerialien besprechen. Wann hast du Zeit?
7. Thomas, gleich ist Mittagspause. Kann __________ der Praktikant etwas aus der Kantine holen?
8. Frau Michaeli, willkommen in der Firma. Wie gefällt __________ Ihr Büro?
9. Wir haben Probleme mit dem Internet. Können Sie __________ helfen?

Z **b Wie geht es den Personen? „Ihnen ist …" Schreiben Sie die Sätze mit dem richtigen Adjektiv.**

~~heiß~~ | kalt | langweilig | schlecht

1. Die Bauarbeiter arbeiten auf der Baustelle. Es sind 35 °C.
   Ihnen ist heiß.
2. Frau Steiner wartet vor der Firma. Es sind minus 10 °C.
   ____
3. Die Praktikantin hat keine Aufgaben.
   ____
4. Der Trainee hat auf der Feier zu viele Bratwürste gegessen.
   ____

3 Sprache in Chats › KB: B3a

Lesen Sie den Chat und achten Sie auf die Markierungen. Schreiben Sie die Wörter in der Standardsprache.

Julius:	Hallo Inka, kommste morgen zu Manuelas feier?
Inka:	Klar, hab sogar schon n geschenk.
Julius:	Echt, was isses denn?
Inka:	Hab ihr nen büchergutschein gekauft. Sie liest ja gern.
Julius:	Ach, das isne gute idee.
Inka:	Muss jetzt los. Bis morgen!

1. kommste = kommst du
2.
3.
4.
5.
6.

TIPP

In Chats schreiben viele Deutsche alle Wörter klein und kürzen Wörter ab.

4 Nomen im Dativ › KB: B4b › G: 2.2

a **Wer schenkt wem was? Lesen Sie die Sätze und markieren Sie die Dativergänzung.**

1. Schenkt ihr dem Chef etwas?
2. Herr Müller schenkt einer Mitarbeiterin ein Buch.
3. Die Kollegen schenken ihrem Trainee einen Kalender.
4. Wir schenken unseren Kunden Kugelschreiber.
5. Ich schenke einer Kollegin eine DVD.
6. Frau Henschel schenkt ihrem Team Süßigkeiten.
7. Was schenkst du deinen Geschäftspartnern?

TIPP

Dativ Plural immer „n"
außer bei Nomen mit Plural auf „-s". Sie behalten „-s":
die Freunde → den Freunden
die Partner → den Partnern
die Kunden → den Kunden
die Teams → den Teams

b **Ergänzen Sie die Dativendungen in der Tabelle. Ihre Markierungen in 4a können Ihnen helfen.**

	Maskulinum (M)	Neutrum (N)	Femininum (F)	Plural (M, N, F)
bestimmter Artikel	mit dem Chef	mit dem Team	mit der Kollegin	mit den Mitarbeiter**n**
unbestimmter Artikel / Negativartikel	mit einem / keinem Chef	mit ein___ / kein___ Team	mit ein___ / kein___ Kollegin	mit Ø / keinen Kollege**n**
Possessivartikel	mit meinem Chef	mit mein___ Team	mit mein___ Kollegin	mit mein___ Freunde**n**

c **Was passiert auf der Messe? Bilden Sie Sätze mit Dativ- und Akkusativergänzung und markieren Sie sie wie im Beispiel.**

1. Frau Meier – das Produkt – präsentieren – unsere Kunden
   Frau Meier präsentiert unseren Kunden das Produkt.
2. Herr Schubert – die Vertriebspartner – das Computerprogramm – empfehlen
   Herr Schubert
3. Der Praktikant – holen – ein Kaffee – unser Vertriebsmanager
4. Wir – die Leute – unsere Prospekte – mitgeben
5. Der Vertriebsmanager – zeigen – unsere Werbeartikel – seine Partner

TIPP

Ø = Nullartikel, z. B. ein Mann
→ Plural: Ø Männer

C Alles gut geplant?

1 Das Buffet – Oberbegriffe finden › KB: C1b

TIPP

Bilden Sie Oberbegriffe. So kann man viele Wörter zu einem Thema gut lernen, z. B. Beilage: Nudeln, Reis, Kartoffeln

Finden Sie Oberbegriffe zu den Lebensmitteln. Notieren Sie sie.

~~Brot~~ | Fisch | Fleisch | Gemüse | Getränke | Milchprodukte | Obst | Süßes

1. *Brot*: Baguette, Brötchen
2. ______: Bratwurst, Steak
3. ______: Eis, Kuchen, Schokolade
4. ______: Forelle, Matjes
5. ______: Apfel, Banane, Orange
6. ______: Joghurt, Käse, Sahne
7. ______: Erbse, Gurke, Kartoffel, Kohl, Möhre, Paprika, Tomate
8. ______: Bier, Espresso, Kaffee, Milch, Mineralwasser, Saft, Sekt, Wein

2 Ein Sommerfest planen – Redemittel › KB: C2b

a Herr Winter und Frau Mähren planen das Sommerfest von der Sulkar GmbH. Was sagen sie? Ergänzen Sie den Dialog.

Denn das dauert sehr lang und ist langweilig. | Denn das macht allen Spaß. | Die Idee gefällt mir. | Ich bin dagegen, | Sie haben recht. | Und was machen wir danach? | ~~Wie lange dauert das denn?~~

▶ Also, zuerst hält unser Chef seine Rede.

▶ Natürlich. [1] *Wie lange dauert das denn?*

▶ Wahrscheinlich eine halbe Stunde. [2] ______

▶ Wir können eine PowerPoint-Präsentation von der Firmengeschichte zeigen.

▶ Nein, keine Präsentation. [3] ______

▶ Wir können auch Fotos aus der Firmengeschichte auf Postern präsentieren. Das kann jeder alleine lesen.

▶ [4] ______ Wollen wir am Ende ein Quiz über die Firmengeschichte machen?

▶ Ja, der Vorschlag ist gut. [5] ______ Soll ich die Fragen notieren?

▶ Ja, gut. Dann bereite ich die Poster mit den Fotos vor.

▶ Und was ist mit Musik? Ich kann Jazzmusiker organisieren.

▶ Jazzmusik? [6] ______ denn die Mitarbeiter wollen doch tanzen.

▶ [7] ______ Dann suchen wir einen DJ.

▶ Gute Idee.

b 4 | 43 **Ist alles richtig? Hören Sie das Gespräch in 2a und kontrollieren Sie Ihre Antworten.**

3 Verben mit Dativ- und Akkusativergänzung › G: 2.3

a Ergänzen Sie die Verben mit Dativ- und Akkusativergänzung in der richtigen Form. › KB: C3c

anbieten | ausleihen | empfehlen | erklären | ~~geben~~ | liefern | zeigen | zurückbringen

1. Frau Mähren, wo sind unsere Prospekte? – Ich habe Frau Mähren die Prospekte gestern *gegeben* _______.
2. Wir brauchen Tische und Bänke für unser Sommerfest. Kennst du einen Partyverleih? – Ja. Ich _______ dir den Partyverleih Lorenz.
3. Wo waren Sie, Herr Winter? – Ich habe unserem Trainee den Kopierraum _______.
4. Ich verstehe die Statistik nicht. Können Sie sie mir bitte _______?
5. Wo ist denn unsere Flipchart? – Ich habe sie meiner Assistentin _______.
6. Sie _______ sie uns morgen _______.
7. Wer kann das Büromaterial bestellen? – Die Praktikantin hat mir ihre Hilfe _______.
8. Haben Sie schon das Büromaterial bestellt? – Ja. Die Firma _______ es uns morgen.

b Markieren Sie in den Sätzen in 3a die Dativ- und Akkusativergänzungen in zwei Farben und ordnen Sie sie den Regeln zu. › KB: C4

G

1.	Nomen + Nomen:	zuerst Dativ, dann Akkusativ	Satz: *1,* _______
2.	Personalpronomen + Personalpronomen:	zuerst Akkusativ, dann Dativ	Sätze: _______
3.	Personalpronomen + Nomen:	zuerst Personalpronomen, dann Nomen	Sätze: _______

c Ersetzen Sie das Akkusativnomen durch ein Personalpronomen im Akkusativ. › KB: C4

1. Der Partyverleih hat der Firma Tische und Bänke geliefert.
   Der Partyverleih hat sie der Firma geliefert.
2. Der Vertriebsmanager erklärt den Kunden das Produkt.
   ____
3. Können Sie der Praktikantin die Bestellformulare zeigen?
   ____
4. Die Assistentin schickt dem Geschäftspartner die E-Mail.
   ____
5. Herr Winter will dem Geschäftspartner den Firmenkalender schenken.
   ____

d Die Assistentin hat schon alles gemacht. Schreiben Sie ihre Antwort mit dem Akkusativ- und Dativpronomen. › KB: C4

1. ▸ Sie müssen der Firma die Rechnung schicken. ▸ *Ich habe sie ihr schon geschickt.*
2. ▸ Bringen Sie der Kundin den Kaffee? ▸ _______
3. ▸ Zeigen Sie dem Trainee bitte unser Lager! ▸ _______
4. ▸ Können Sie unserer Partnerfirma die Präsentation schicken? ▸ _______
5. ▸ Sie müssen dem Lieferanten den Weg erklären. ▸ _______

4 Verben mit Dativergänzung › KB: C4 › G: 2.3

a **Was sagen die Gäste auf der Party? Ergänzen Sie die Verben mit Dativergänzung in der richtigen Form.**

~~danken~~ | gefallen | gehören | gratulieren | helfen | passen | schmecken

1. Hallo Markus, willkommen auf meiner Party. – Hallo Manuela, ich *danke* ______ dir für die Einladung.
2. Manuela, wo ist denn Frank? – Er holt das Bier. – Oh, ich gehe schnell und ______ ihm.
3. Wie findet ihr den Garten? Frank hat ihn neu gemacht. – Er ______ uns sehr gut.
4. Hier steht noch ein Glas Wein. Antonia ist hier gewesen. Ich glaube, es ______ ihr.
5. ______ euch die Bratwürste? – Ja, sie sind sehr gut. Wo hast du sie gekauft?
6. Seit März bin ich Abteilungsleiter. – Toll, ich ______ dir zu deiner Beförderung.
7. Wollen wir nächsten Samstag ins Kino gehen? – Tut mir leid, das ______ mir nicht.

TIPP

Die Verben mit Dativergänzung muss man lernen.

b **Bilden Sie Sätze und schreiben Sie sie in die Tabelle.**

	Wer? / Was? (Nominativ)		Wem? (Dativergänzung)
1. gefallen: die Party, die Kollegen	*Die Party*	*gefällt*	*den Kollegen.*
2. gehören: das Auto, ich	*Das Auto*		
3. gratulieren: wir, sie (Sg.)			
4. helfen: wir, der Gast			
5. passen: der Termin, ich			
6. schmecken: der Kuchen, das Team			
7. danken: Manuela, die Gäste			

Z **c** **Schreiben Sie die Sätze aus 4b neu und beginnen Sie mit der Dativergänzung.**

1. *Den Kollegen gefällt die Party.*
2. ______
3. ______
4. ______
5. ______
6. ______
7. ______

TIPP

Die Dativergänzung kann auch am Satzanfang stehen. Dann ist sie betont.
→ Uns gefällt der Garten sehr gut. – Der Garten gefällt uns sehr gut.

Z 5 Verben mit Akkusativ, Dativ oder Akkusativ und Dativ › KB: C4 › G: 2.3

Welche Verben haben eine Akkusativ-, Dativ- oder eine Akkusativ- und Dativergänzung? Notieren Sie. Arbeiten Sie, wenn nötig, mit dem Wörterbuch.

~~anbieten~~ | ausleihen | bekommen | bestellen | brauchen | bringen | danken | einladen | empfehlen | erklären | geben | gefallen | gehören | gratulieren | helfen | liefern | mieten | mögen | passen | planen | schmecken | zeigen

1. Akkusativergänzung: ______
2. Dativergänzung: ______
3. Akkusativ- und Dativergänzung: *anbieten, ...*

D Alles Gute für die Zukunft!

1 Gratulationen und Wünsche › KB: D1b

a **Wann sagt man was? Notieren Sie für die Wünsche die passende Situation auf den Fotos.**

A

B

C

D

E

F

1. Herzlichen Glückwunsch
   a. zu Ihrer Hochzeit! Foto: B
   b. zur Beförderung! Foto: A
   c. zum Nachwuchs! Foto: E
2. Viel Erfolg
   a. in der neuen Abteilung! Foto: ___
   b. in der neuen Firma! Foto: ___
3. Ich möchte Ihnen herzlich
   a. zu Ihrer Hochzeit gratulieren. Foto: ___
   b. zur Beförderung gratulieren. Foto: ___
4. Ich wünsche Ihnen
   a. frohe Weihnachten! Foto: ___
   b. schöne Feiertage! Foto: ___
5. Alles Gute
   a. für den neuen Job! Foto: ___
   b. für die Zukunft! Foto: ___
6. Guten Rutsch! Foto: ___
7. Frohes neues Jahr! Foto: ___
8. Ein frohes Fest! Foto: ___

b **Was sagen Sie zu Ihren Kollegen? Manchmal gibt es zwei Lösungen. Schreiben Sie.**

1. Heute ist der 31. Dezember. Guten Rutsch!
2. Ihr Kollege arbeitet ab morgen im Marketing. ___
3. Ihre Kollegin hat gestern geheiratet. ___
4. Ihre Kollegin wird Gruppenleiterin. ___
5. Ein Kollege hat ein Kind bekommen. ___

Rechtschreibung

1 Wörter mit „ch“, „ck“ und „g“

▶ 4|44 **Hören und schreiben Sie die Wörter. Korrigieren Sie mit dem Lösungsschlüssel.**

1. schick en
2. die Re___nung
3. weni___
4. no___
5. die Süßi___keit
6. ri___ti___
7. die ___e___liste
8. brau___en
9. langweili___
10. wi___ti___
11. te___nisch
12. das Glü___

Grammatik im Überblick

1 Personalpronomen im Nominativ, Akkusativ und Dativ › G: 3.1

Nominativ	ich	du	er	sie	es	wir	ihr	sie	Sie
Akkusativ	mich	dich	ihn	sie	es	uns	euch	sie	Sie
Dativ	mir	dir	ihm	ihr	ihm	uns	euch	ihnen	Ihnen

2 Nomen im Dativ › G: 2.2

	Maskulinum (M)	Neutrum (N)	Femininum (F)	Plural (M, N, F)
bestimmter Artikel	mit dem Chef	mit dem Team	mit der Kollegin	mit den Mitarbeiter**n**
unbestimmter Artikel / Negativartikel	mit einem / keinem Chef	mit einem / keinem Team	mit einer / keiner Kollegin	mit Ø / keinen Kollege**n**
Possessivartikel	mit meinem Chef	mit meinem Team	mit meiner Kollegin	mit meinen Freunde**n**

3 Akkusativ und Dativ im Satz › G: 2.3

Nomen + Nomen:	zuerst Dativ, dann Akkusativ	Der Fahrer gibt dem Kunden die Rechnung.
Personalpronomen + Personalpronomen:	zuerst Akkusativ, dann Dativ	Der Fahrer gibt sie ihm.
Personalpronomen + Nomen:	zuerst Pronomen, dann Nomen	Der Fahrer gibt sie dem Kunden. Der Fahrer gibt ihm die Rechnung.

4 Verben mit Dativ › G: 2.3

Folgende Verben brauchen eine Dativergänzung. Diese Dativergänzung ist oft eine Person.
z. B. Uns gehört der Garten. → Der Garten gehört uns.

	Wer? / Was? (Nominativ)		Wem? (Dativergänzung)	
danken	Manuela	dankt	ihren Kollegen.	
gefallen	Die Party	gefällt	den Gästen.	
gehören	Die Bierbänke	gehören	der Firma Lorenz.	
gratulieren	Ihre Kollegen	haben	ihr	gratuliert.
helfen	Frank	möchte	seiner Frau	helfen.
passen	Das Sommerkleid	passt	Manuela.	
schmecken	Der Kartoffelsalat	schmeckt	den Gästen.	

A Die neue Wohnung

1 Wie heißen die Räume A bis G in einer Wohnung? › KB: A1a

Schreiben Sie das richtige Wort im Singular und Plural.

das Bad | der Balkon | das Gäste-WC | der Flur | die Küche | ~~das Schlafzimmer~~ | das Wohnzimmer

A. *das Schlafzimmer, –*

B.

C.

D.

E.

F.

G.

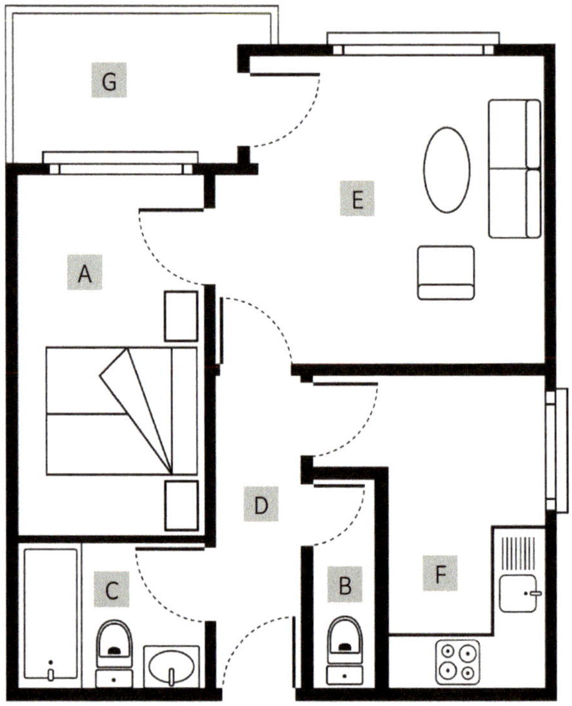

2 Abkürzungen › KB: A1b

a Schreiben Sie die Wörter wie im Beispiel.

1. Bj. *das Baujahr*
2. EBK
3. EG
4. KM
5. kWh / (m²·a)
6. m²
7. NK
8. OG
9. renov.
10. sep.
11. WC
12. Wfl.
13. Whg.
14. ZH
15. Zi.
16. zzgl.

b Lesen Sie die Wohnungsanzeige und beantworten Sie die Fragen.

1. Wie groß ist die Wohnung? *96 m².*
2. Wie viele Zimmer hat die Wohnung? *Vier.*
3. Wo ist die Wohnung?
4. Welches Baujahr hat die Wohnung?
5. Welche Heizung gibt es in der Wohnung?
6. Welche Ausstattung hat sie?
7. Wie hoch ist die Miete ohne Nebenkosten?

4 Zi.-Whg in Freiburg-Herdern:
2. OG, 96 m² Wfl., ZH; 2 Balkone
Bj. 1974. EBK, sep. Gäste-WC
KM 1040 € zzgl. NK
ImmobilienHeizer@immobili.de

3 Adjektive in Anzeigen: Adjektivdeklination vor Nomen ohne Artikel › KB: A2b › G: 5.1

a Schreiben Sie die Nomen mit den Adjektiven im Nominativ ohne Artikel.

1. die Warmmiete (teuer): *teure Warmmiete*
2. die Einbauküche (neu): ______
3. das Bad (klein): ______
4. die Wohnungen (renoviert): ______
5. der Aufzug (modern): ______
6. die Nebenkosten (hoch): ______
7. der Altbau (schön): ______
8. das Zimmer (groß): ______

TIPP

teuer → teure,
hoch → hohe,
besonders → besondere

b Suche … Schreiben Sie die Nomen mit den Adjektiven im Akkusativ.

1. Junge Familie sucht *schönes* ______ Haus (schön).
2. Rentner sucht ______ Wohnung (preiswert).
3. Studentin sucht ______ Zimmer (möbliert) ohne ______ Ausstattung (besonders).
4. Suche ______ Altbauwohnungen (schön) ohne ______ Nebenkosten (hoch)!
5. Suche ______ (groß) Stellplatz für mein Auto!

c Biete … Schreiben Sie die Adjektivendungen im Dativ.

1. Sonnige Wohnung im 4. Stock mit neu*em* Aufzug zu vermieten.
2. Wohnen in modern______ Energieeffizienzhaus.
3. Biete eine Wohnung mit 4 groß______ Zimmern, aber klein______ Küche.
4. Mieter gesucht: Altbau mit modern______ Ausstattung, aber leider nicht mit sonnig______ Balkon.
5. Einzimmerappartement mit separat______ Stellplatz ab heute frei.

d Ergänzen Sie die Adjektivendungen im Nominativ, Akkusativ und Dativ.

1. Modern*e* ______ Häuser mit energieeffizient______ Heizung sind nicht billig.
2. Gedämmt______ Fenster und Türen findet man in alt______ Wohnungen oft nicht.
3. Immobilien Boll vermietet eine Vierzimmer-Wohnung mit renoviert______ Bad, separat______ WC, offen______ Küche, groß______ Wohnzimmer und schön______ Balkon an nett______ Dame.

Z **e Lesen Sie die Wohnungsanzeige und schreiben Sie sie ohne Abkürzungen.**

Coswiger Straße, renov. Altbau, BJ 1950.

Renov. 2-Zi.-Whg. in ruhig. Lage m. gut. Verkehrsanbindung. Mod. Ausstattung: mit mod. Bad, sep. Gäste-WC und sonnig. Balkon. 512 Euro zzgl. NK

Noch mehr preisw. Wohnungen bei www.stadtlandfluss.de

Coswiger Straße, renovierter Altbau,

______

______

______

______

______

B Wohin stellst du …?

1 Möbel und Einrichtungsgegenstände › KB: B1

Schreiben Sie die Bezeichnungen mit Artikel im Singular und Plural.

1
das Bett, -en

2

3

4

5

6

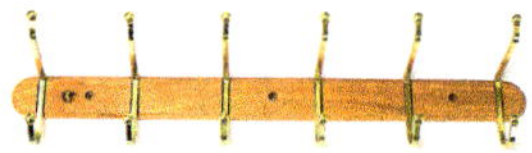
7

8

9

10

11

12

13

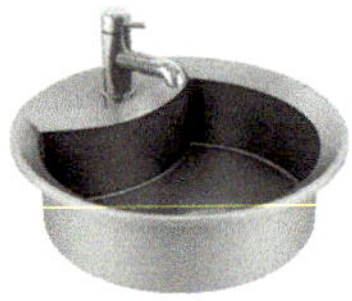
14

15

16

2 Die lokalen Präpositionen „in, an, auf …" › G: 6.2

a **Christian hat einen Einrichtungsplan gemacht. Wohin stellt er was? Notieren Sie die Präposition.** › KB: B2a

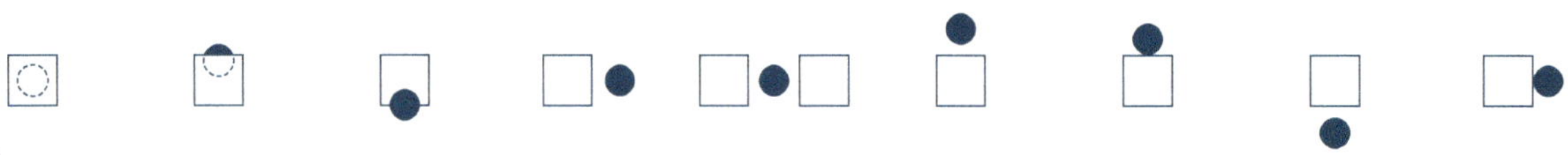

in

b **Wohin stellen, legen, hängen? Markieren Sie die richtige Präposition.** › KB: B3

1. Das Bett und den Schrank stellt er ☒ in ☐ neben das Schlafzimmer.
2. Den Fernseher stellt er ☐ über ☐ auf die Kommode.
3. Die Lampe hängt er ☐ an ☐ über den Esstisch.
4. Die Bilder hängt er ☐ an ☐ auf die Wand.
5. Den Küchenschrank stellt er ☐ neben ☐ in den Kühlschrank.
6. Den Teppich legt er ☐ auf ☐ unter den Tisch.

C Wo steht ...?

1 Christian hat Besuch › KB: C2c

Wo oder wohin? Markieren Sie das richtige Fragewort.

	Wo?	Wohin?
1. Anne hängt ihren Mantel an die Garderobe.	☐	☒
2. Das Geschenk für Christian steckt in ihrer Manteltasche.	☐	☐
3. Christian hat sein Handy auf den Schreibtisch gelegt.	☐	☐
4. Er hat die Papiere in den Ordner gesteckt.	☐	☐
5. Aber im Flur liegen noch Bücher und DVDs.	☐	☐
6. Kaffee und Kuchen stehen auf dem Tisch.	☐	☐
7. Jetzt sitzt Christian auf dem Sofa.	☐	☐
8. Anne setzt ihre Tochter auf den Stuhl.	☐	☐
9. Neue Bilder hängen an der Wand.	☐	☐
10. Christian stellt die Gläser in den Geschirrspüler.	☐	☐

2 Wohin und Wo? › KB: C2c › G: 6.2

Wohin stelle, lege, hänge, setze, stecke ich, ...? Wo steht, liegt, hängt, sitzt, steckt ...? Schreiben Sie die Sätze zu den Bildern rechts.

	Wohin?	Wo?
1.	Ich stecke das Handy in die Tasche.	Das Handy steckt in der Tasche.
2.	______	______
3.	______	______
4.	______	______
5.	______	______

3 Die Kurzformen „ans“, „ins“, „aufs“, „am“, „im“, ... › KB: C2c › G: 6.2

a Lesen Sie die Ortsangaben und bilden Sie Kurzformen.

Wohin?		Wo ?	
Präposition + das	→ ~~da~~s, z. B.:	Präposition + dem	→ ~~de~~m, z. B.:
1. an + das Fenster	→ ans Fenster	7. an + dem Fenster	→ am Fenster
2. in + das Haus	→ ______	8. in + dem Haus	→ ______
3. auf + das Regal	→ ______	9. auf + dem Regal	→ ______
4. unter + das Bild	→ ______	10. unter + dem Sessel	→ ______
5. über + das Sofa	→ ______	11. über + dem Stuhl	→ ______
6. vor + das Bett	→ ______	12. vor + dem Kleiderschrank	→ ______

1

2

3

4

5

b **In der neuen Wohnung. Überlegen Sie: „Wohin?“ + Akkusativ oder „Wo?“ + Dativ? Ergänzen Sie die Kurzformen aus 3a.**

1. Christian legt die Zeitung *aufs* Sofa. (auf)
2. Die Kartons stehen ________ Tisch. (unter)
3. Er stellt die Bücherkisten ________ Fenster. (vor)
4. Annas Tochter sitzt ________ Bett. (in)
5. ________ Sofa liegt die Hose. (auf)
6. Er hängt den Kalender ________ Sofa. (über)
7. Die Waschmaschine stellt Anna ________ Bad. (in)
8. Die Blumen stehen ________ Fenster. (an)

c **Formulieren Sie Fragen zu den Sätzen aus 3b und schreiben Sie sie in die Tabelle.**

Wohin? + Akkusativ	Wo? + Dativ
1. Wohin legt Christian die Zeitung?	*2. Wo stehen die Kartons?*

4 Das Perfekt von „stellen / stehen, legen / liegen, …“ › KB: C2c › G: 6.2

a **Ergänzen Sie die Perfektformen.**

~~gesetzt~~ | gesteckt | gestellt | gesteckt | gehängt | gelegt | gehangen | gelegen | gestanden | ~~gesessen~~

Bewegung in eine Richtung

1. setzen – *hat gesetzt*
2. legen – ________
3. stellen – ________
4. hängen – ________
5. stecken – ________

Position an einem bestimmten Ort

6. sitzen – *hat gesessen*
7. liegen – ________
8. stehen – ________
9. hängen – ________
10. stecken – ________

b **Schauen Sie sich die Verben in 4a noch einmal an. Was passt: a oder b? Kreuzen Sie an.**

G

1. Die Verben „stellen, legen, hängen, setzen“ drücken eine Bewegung in eine Richtung aus.
   Ihre Konjugation ist a. ☐ regelmäßig b. ☐ unregelmäßig.
2. Die Verben „stehen, liegen, hängen, sitzen“ drücken aus, das etwas / jemand an einem bestimmten Ort ist.
   Ihre Konjugation ist a. ☐ regelmäßig b. ☐ unregelmäßig.
3. Eine Ausnahme ist das Verb „stecken“.
   Seine Konjugation ist immer a. ☐ regelmäßig b. ☐ unregelmäßig.

c **Wo sind die Sachen jetzt? Schreiben Sie die Antworten wie im Beispiel.**

1. Steckt das Notizbuch in deiner Tasche? — Ja, *ich habe es in meine Tasche gesteckt.*
2. Liegt die Zeitung auf dem Tisch? (Kommode) — Nein, *ich habe sie auf die Kommode gelegt.*
3. Steht das Buch im Regal? (Schrank) — Nein, ________
4. Hängen die Schlüssel neben der Tür? — Ja, ________
5. Liegt die Uhr auf der Kommode? (Tisch) — Nein, ________

Z 5 Was ist wo in Annes Arbeitszimmer? › KB: C3

a Das ist Annes Arbeitszimmer. Was ist wo? Notieren Sie den passenden Buchstaben zu den Ortsangaben unten.

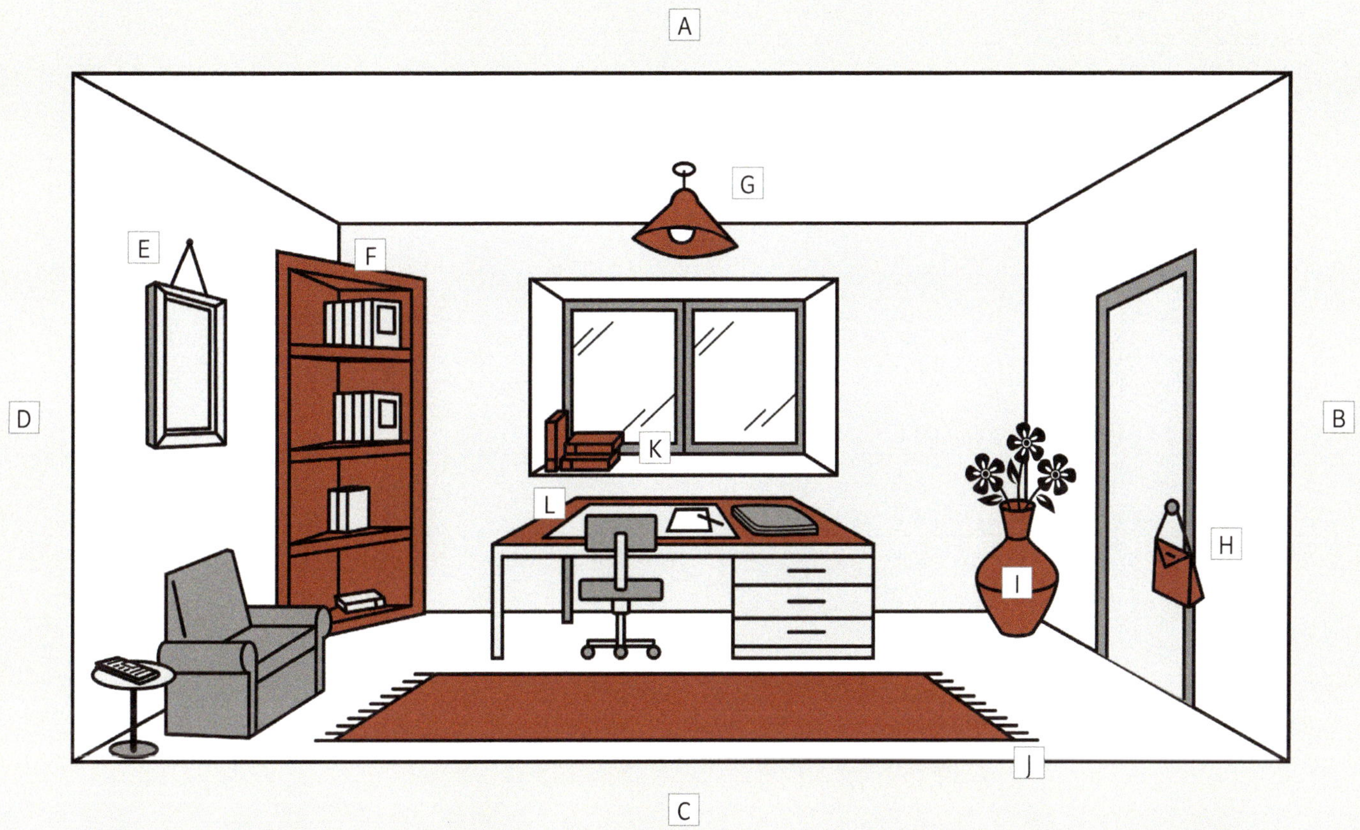

1. am Fenster L
2. an der Wand E
3. oben A
4. an der Tür ___
5. auf dem Fußboden ___
6. rechts in der Ecke ___
7. unten ___
8. links ___
9. in der Mitte an der Decke ___
10. links in der Ecke ___
11. rechts ___
12. auf der Fensterbank ___

b Anne beschreibt ihr Arbeitszimmer. Schauen Sie das Zimmer oben genau an und ergänzen Sie dann die Ortsangaben aus 5a. Denken Sie auch an die Wechselpräpositionen und Artikel.

Endlich habe ich ein Arbeitszimmer! Mein Schreibtisch steht [1] am Fenster. Meine Wörterbücher liegen [2] ______. Ich habe auch ein Bücherregal. Es steht [3] ______. Ich lese gern in meinem Sessel. Er steht [4] ______. [5] ______ über dem Sessel habe ich ein Bild gehängt. [6] ______ liegt ein Teppich. Er ist ein Geschenk von meiner Familie. Die Lampe hängt natürlich [7] ______. Sie ist neu. Ich habe auch Pflanzen: Die Blumen habe ich [8] ______ neben meinen Schreibtisch gestellt. Meine Tasche habe ich [9] ______ gehängt. Jetzt finde ich alles und das Arbeiten zu Hause macht wirklich Spaß!

D So wohne ich

1 Wo und wie kann man wohnen? › KB: D1b

a Korrigieren Sie die Fehler.

1
~~das Reihenhaus~~
das Einfamilienhaus

2
das Hochhaus

3
das Mehrfamilienhaus

4
das Einfamilienhaus

Z **b Wie heißt das Gegenteil? Ordnen Sie zu.**

1. im Eigenheim wohnen	A. weit weg	1. C
2. am Stadtrand	B. arbeiten	2. ☐
3. Mehrfamilienhaus	C. zur Miete wohnen	3. ☐
4. in Rente sein	D. in der Innenstadt	4. ☐
5. vor der Haustür	E. Einfamilienhaus	5. ☐

2 Die Infrastruktur › KB: D2b

Ordnen Sie die Wörter zu. Schreiben Sie auch den Artikel und Plural.

~~Autobahn~~ | Bäckerei | Badmintonhalle | Bahnhof | Bar | Bundesstraße | Bus | Café | Einkaufszentrum | Ganztagsschule | Hallenbad | Kindergarten | Kinocenter | Kneipe | Restaurant | S-Bahn | Sportstadion | Sportverein | Stadtmuseum | Busstation | Supermarkt | Theater

1. Einkaufen: ____________
2. Gastronomie: ____________
3. Verkehr: die Autobahn, -en
4. Bildung: ____________
5. Kultur: ____________
6. Sport: ____________

Rechtschreibung

TIPP

Es gibt keine Regeln für die Schreibung von Wörtern mit „f" oder „v". Man muss die Wörter lernen.

1 „v" oder „w" – „v" oder „f"?

a 4|45 **Was fehlt? Hören Sie die Wörter und ergänzen Sie die Buchstaben „v" oder „w".**

1. V erkehr im No___ember
2. ___iele ___örter
3. eine ___ohnung
4. der Ser___ice
5. die Reno___ierung
6. die ___isitenkarte
7. der Sport___erein
8. das ___erk
9. ___iel ___erbung

b Lesen Sie den Tipp oben rechts und ergänzen Sie „v" oder „f".

1. F abrik
2. ___ater
3. ___orwahl
4. ___irma
5. ___ermieter
6. ___achkraft

Grammatik im Überblick

1 Adjektivdeklination vor Nomen ohne Artikel › G: 5.1

	Maskulinum (M)	Neutrum (N)	Femininum (F)	Plural (M, N, F)
Nom.	der → sonniger Balkon	das → helles Zimmer	die → neue Küche	die → alte Fenster
Akk.	den sonnigen Balkon	das → helles Zimmer	die → neue Küche	die → alte Fenster
Dat.	mit dem → mit sonnigem Balkon	in dem → in hellem Zimmer	mit der → mit neuer Küche	mit den → mit alten Fenstern

Adjektive vor Nomen ohne Artikel haben im Nominativ, Akkusativ und Dativ Singular und Plural die Endungen vom bestimmten Artikel.

2 Wechselpräpositionen › G: 6.2

„an", „auf", „in", „hinter", „vor" „über", unter", „neben", „zwischen" sind Wechselpräpositionen.

3 Wechselpräpositionen mit Dativ oder Akkusativ › G: 6.2

Wohin? → Präposition + **Akkusativ**

an, auf, in, hinter, vor, über, unter, neben, zwischen

an + das → ans, in + das → ins
umgangssprachlich auch:
- aufs, hinters, übers, vors, unters
- aufn, hintern, übern, untern

→ **Bewegung**
Wohin stellst du die Gläser?
- Ich stelle die Gläser auf den Tisch.
Wohin steckt Christian das Handy?
- Er steckt es in die Hosentasche.

Wo? → Präposition + **Dativ**

an, auf, in, hinter, vor, über, unter, neben, zwischen

an + dem → am, in + dem → im
umgangssprachlich auch:
- aufm, hinterm, überm, vorm, unterm

→ **Position**
Wo stehen die Gläser?
- Die Gläser stehen auf dem Tisch.
Wo steckt das Handy?
- Das Handy steckt in der Hosentasche.

4 Das Perfekt von „stellen/stehen, legen/liegen, …" › G: 6.2

Bewegung: regelmäßig	Position: unregelmäßig
stellen – hat gestellt	stehen – hat gestanden
legen – hat gelegt	liegen – hat gelegen
hängen – hat gehängt	hängen – hat gehangen
setzen – hat gesetzt	sitzen – hat gesessen
stecken – hat gesteckt	Ausnahme: stecken – hat gesteckt (regelmäßig)

- Die Verben **stellen, legen, setzen, hängen und stecken** → Ortsveränderung, Bewegung in eine **Richtung**. Die Frage ist „Wohin?". Die Präposition steht im Akkusativ.
- Die Verben **stehen, liegen, setzen, hängen und stecken** → etwas / jemand ist an einem bestimmten **Ort**. Die Frage ist „Wo?". Die Präposition steht im Dativ.

A Eine Ausbildung zu …

1 Das duale Berufsausbildungssystem › KB: A1a

a Lesen Sie die Erklärungen. Welche Wörter aus dem Schüttelkasten sind das?

die Ausbildung | der Betrieb | ~~die duale Ausbildung~~ | die Berufsschule | der Ausbildungsvertrag | die Blockform

1. Das duale Berufsausbildungssystem heißt auch: *die duale Ausbildung*
2. Dort arbeitet man und lernt praktisch: ______
3. Dort lernt man die Theorie: ______
4. Man lernt die Theorie in der Form: 2 oder 3 Monate lang: ______
5. Die Voraussetzung für eine Ausbildung ist: ______
6. Ein anderes Wort für „Lehre“: ______

b Lesen Sie den Informationstext und ergänzen Sie die Wörter aus 1a. Ein Wort kommt zweimal vor.

Als [1] *duale* Ausbildung bezeichnet man die parallele Ausbildung in [2] ______ und [3] ______ in Deutschland, Österreich und der Schweiz. Der praktische Teil findet im [4] ______ statt, und die [5] ______ lernt man in der Berufsschule (1 – 2 Tage pro Woche). Manchmal findet die theoretische Ausbildung in [6] ______, z. B. 3 Monate, statt. Die Voraussetzung ist ein [7] ______ mit einer Firma.

2 Die Einführungswoche › KB: A2b

a Lesen Sie die Steckbriefe im Kursbuch 13A, 2a, noch einmal und schreiben Sie zusammengesetzte Nomen mit „Ausbildung“ in Ihr Heft.

der Ausbildungsberuf, …

TIPP

der / die Auszubildende, -n
ein Auszubildender,
eine Auszubildende →
Plural: Auszubildende / die Auszubildenden
umgangssprachlich: Azubi, -s

b Welche Berufe lernen die Auszubildenden? Verbinden Sie die Nomen und / oder Wortteile.

Design | ~~Elektronik~~ | ~~-er~~ | -er | Fach | Frau | für | ~~-in~~ | -in | Industrie | Kauf | Kraft | Lager | Logistik | Mann | Produkt

1. *Elektroniker / -in*
2. ______
3. ______
4. ______

c Was macht man in diesem Beruf? Lesen Sie den Steckbrief A, im Kursbuch 13A, 2a, noch einmal und schreiben Sie Sätze wie im Beispiel in Ihr Heft.

Industriekaufmann / -frau

Man steuert betriebswirtschaftliche Prozesse im Unternehmen. Man vergleicht …

d **Elektroniker – Tätigkeiten: Notieren Sie zu den Nomen die Verben aus dem Steckbrief B.**

1. die Beschreibung: *beschreiben*
2. die Installation: ______
3. die Kontrolle: ______
4. die Organisation: ______
5. die Programmierung: ______
6. die Prüfung: ______
7. die Reparatur: ______
8. die Wartung: ______

e **Was macht der Elektroniker? Welche Verben aus 2d fehlen in den Sätzen? Notieren Sie.**

1. Der Elektroniker *wartet, installiert* ______ und ______ elektronische Bauteile.
2. Er ______ und ______ elektronische Systeme.
3. Er ______ und ______ die Montage von Anlagen.
4. Er zeigt und ______ den Kunden die Anlagen.

f **Ergänzen Sie die Tabelle und notieren Sie weitere Beispiele aus den Steckbriefen.**

Englisch	Deutsch	Ihre Sprache
1. to install	*installieren*	…
2. production		
…		

3 Grammatik auf einen Blick: Die n-Deklination › KB: A3 › G: 2.2

a **Markieren Sie die Endungen im Nominativ Singular und ergänzen Sie den Plural, dann Akkusativ und Dativ Singular.**

Nominativ	Akkusativ	Dativ	Plural (N, A, D)
1. der Franzose	den Franzos*en*	dem Franzos*en*	die / den Franzos*en*
2. der Psychologe	den Psycholog___	dem Psycholog___	die / den Psycholog___
3. der Assistent	den Assistent___	dem Assistent___	die / den Assistent___
4. der Praktikant	den Praktikant___	dem Praktikant___	die / den Praktikant___
5. der Tourist	den Tourist___	dem Tourist___	die / den Tourist___
6. der Dokorand	den Doktorand___	dem Doktorand___	die / den Doktorand___
7. der Automat	den Automat___	dem Automat___	die / den Automat___

TIPP

Deklination von „Herr“:
der Herr, die Herren
den Herrn, dem Herrn

b **Lesen Sie die Wörter in 3a noch einmal. Was fällt auf? Ergänzen Sie die Regel.**

G

Zur n-Deklination gehören maskuline Nomen mit den Endungen: *-e,* ______.

c **Ergänzen Sie die Endungen. Manchmal ist keine Endung nötig.**

1. Rufen Sie bitte den Kunde*n*___, Herr___ Sand, an. – Der Kunde___ ist nicht da.
2. Ich muss mit dem Lieferant___ sprechen. – Der Lieferant___ ruft morgen an.
3. Bitte schicken Sie Herr___ May eine E-Mail. – Ich glaube, Herr___ May ist in Urlaub.

B Eine Erfolgsgeschichte

1 Die Firma „Wirtgen“ › KB: B1b

a Lesen Sie den Informationstext im Kursbuch 13B, 1a, noch einmal. Welches Wort aus dem Informationstext ist das? Notieren Sie auch den Artikel.

1. denüngr	*gründen*	7. leiDienstster	
2. unnehtermenFuhr	*das Fuhrunternehmen*	8. bauMaernenschi	
3. baufirßenmaStra		9. ortStand	
4. träAufge		10. fühMarktrer	
5. fräHeißse		11. baueTag	
6. lassNieungder		12. freundumlichwelt	

b Welche Verben passen zu den Nomen? Kreuzen Sie an.

1. Aufträge	a. ☒ erledigen	b. ☐ machen	c. ☒ bekommen
2. als Subunternehmer	a. ☐ konzentrieren	b. ☐ arbeiten	c. ☐ tätig sein
3. eine Firma	a. ☐ gründen	b. ☐ bauen	c. ☐ leiten
4. eine Maschine	a. ☐ bauen	b. ☐ entwickeln	c. ☐ erledigen
5. eine Niederlassung	a. ☐ zusammenführen	b. ☐ eröffnen	c. ☐ ausbauen
6. den Maschinenpark	a. ☐ ausbauen	b. ☐ erweitern	c. ☐ machen

2 Regelmäßige Verben im Präteritum › KB: B2b › G: 1.4

TIPP

Präteritum von „lernen“
ich zeichnete, aber ich lernte
→ nach „rn“ kein -e- vor „t“

a Lesen Sie den Tipp und ergänzen Sie die Tabelle mit den Verbformen im Präteritum. Welche Formen haben die gleiche Endung? Markieren Sie.

	erledigen	entwickeln	leiten	beenden	zeichnen	lernen
ich	*erledigte*					lernte
du		entwickeltest				
er / sie / es	erledigte			beendete		
wir					zeichneten	
ihr						
sie			leiteten			
Sie (Sg. + Pl.)						lernten

b Notieren Sie die Präteritumformen wie im Beispiel.

1. er, ausbauen: *er baute aus*	7. wir, erweitern:	13. du, montieren:
2. sie (Pl.), arbeiten:	8. er, verhandeln:	14. ihr, warten:
3. du, berichten:	9. sie (Sg.), prüfen:	15. es, zeigen:
4. ich, steuern:	10. du, installieren:	16. wir, lagern:
5. wir, gründen:	11. ihr, vorstellen:	17. man, planen:
6. Sie, bezeichnen:	12. man, reagieren:	18. er, wechseln:

B P 3 Die Firma „Wirtgen“ und ihre Geschichte › KB: B3

Welches Wort passt in die Lücke: a, b, c oder d? Kreuzen Sie an.

Im November 1961 [1] *gründete* Reinhard Wirtgen in Windhagen ein Fuhrunternehmen. Er machte seine Arbeit mit nur [2] ______ Lastkraftwagen. 1965 [3] ______ er einen Betonzertrümmerer und arbeitete [4] ______ Subunternehmer für Straßenbaufirmen. Zusammen mit [5] ______ 10 Mitarbeitern erledigte er viele [6] ______. 1979 [7] ______ die Firma eine Kaltfräse. Die Firma hatte schon 150 Mitarbeiter, erweiterte den Maschinenpark auf über 100 Maschinen und [8] ______ nun auch Niederlassungen im Ausland. 1980 – 1996: Reinhard Wirtgen konzentrierte die Aktivitäten auf den Neubau von Straßen und den Tagebau. Die Firma war nun kein Dienstleister mehr, [9] ______ Maschinenbauer. [10] ______ 1997 leiteten seine Söhne Jürgen und Stefan Wirtgen das Unternehmen. Sie [11] ______ den Standort Windhagen ______. Sie führten fünf Firmen zusammen zur „Wirtgen Group“. Die Gruppe [12] ______ weltweit ______.

	a.	b.	c.	d.
1.	☐ machte	☐ arbeitete	☐ baute	☒ gründete
2.	☐ dem	☐ einen	☐ einem	☐ einer
3.	☐ prüfte	☐ baute	☐ reparierte	☐ gebaut
4.	☐ als	☐ bei	☐ mit	☐ wie
5.	☐ ihren	☐ seine	☐ seinem	☐ seinen
6.	☐ Verträge	☐ Aufträge	☐ Aufträgen	☐ Auftrag
7.	☐ entwickelte	☐ Entwicklung	☐ entwickelten	☐ entwickeln
8.	☐ öffnete	☐ machte	☐ eröffnete	☐ bekam
9.	☐ aber	☐ und	☐ oder	☐ sondern
10.	☐ An	☐ In	☐ Seit	☐ Von
11.	☐ ausbauen	☐ bauten … aus	☐ ausgebaut	☐ baut … aus
12.	☐ ist … tätig	☐ sind … tätig	☐ war … tätig	☐ waren … tätig

C Wie kam das?

1 Alinas Opa heißt … – Familienbezeichnungen › KB: C1b

a Wer ist das? Lesen Sie die Beschreibung und ergänzen Sie die richtige Familienbezeichnung.

1. Der Bruder von meinem Vater ist mein *Onkel*; seine Schwester ist meine *Tante*.
2. Die Mutter von meiner Mutter ist meine ______ und ihr Vater ist mein ______.
3. Die Tochter von meinem Onkel ist meine ______ und der Sohn ist mein ______.
4. Die Tochter von meiner Mutter ist meine ______ oder ich.
5. Wer ist der Sohn von meinen Eltern? Mein ______.

TIPP

der Opa, die Oma: umgangssprachlich für Großvater und Großmutter

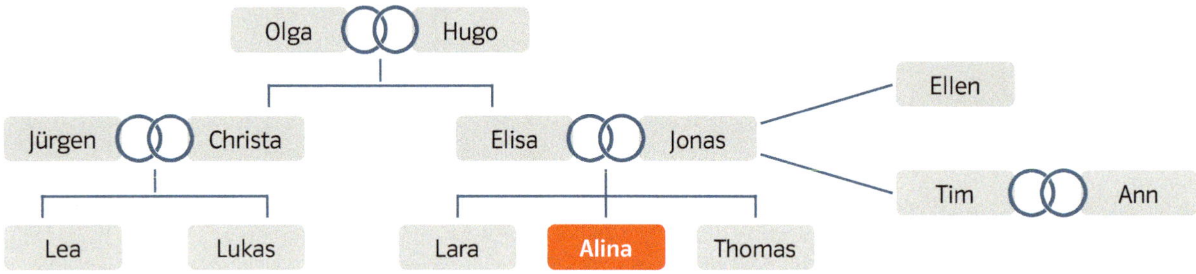

Z **b Ergänzen Sie die Familienbezeichnungen. Die Namen im Stammbaum helfen Ihnen.**

1. Alinas *Großvater* heißt Hugo und ihre __________ Olga.
2. Christa ist ihre __________ und Jürgen ihr __________.
3. Alina hat zwei __________, Lara und Thomas.
4. Lea und Lukas heißen die __________ und der __________ von Alina.
5. Alinas __________ heißt Elisa und ihr __________ Jonas.
6. Jonas hat eine __________ und einen __________. Ann ist Tims __________.
7. Olga und Hugo haben zwei __________, Christa und Elisa.
8. Christas __________ heißt Jürgen. Sie haben eine Tochter und einen __________: Lea und Lukas.

2 Eine Familiengeschichte › KB: C1c

3 | 25 **Hören Sie das Gespräch im Kursbuch 13C, 1a, noch einmal. Welche Aussage ist richtig (r), welche falsch (f)?**

	r	f
1. Diego macht bei der Firma „Wirtgen" eine Ausbildung als Elektriker.	☐	☒
2. Diegos Großvater kam aus einer Großfamilie.	☐	☐
3. Er hatte viele Angestellte.	☐	☐
4. Diegos Vater war Elektriker von Beruf.	☐	☐
5. Diegos Mutter führte das Elektrogeschäft.	☐	☐
6. Diego fand alles im Geschäft sehr interessant.	☐	☐

3 „wissen", „kennen" und die Modalverben „können", … › KB: C3c

a Ergänzen Sie die Tabelle. Kreuzen Sie dann in den Regeln an. › G: 1.2, 1.7

	wissen	können	wollen	dürfen	müssen	mögen
ich	weiß	*kann*		darf		
du	weißt	kannst			musst	
er / sie / es	weiß		will			mag
wir	wissen	können		dürfen		
ihr	wisst		wollt		müsst	
sie / Sie	wissen					mögen

G

1. „wissen" im Präsens konjugiert man a. ☐ so b. ☐ nicht so wie Modalverben.
2. Die 1. und 3. Person Singular Präsens haben a. ☐ eine b. ☐ keine Endung.

Z **b** **Präteritum von „wissen“ und Modalverben: Korrigieren Sie und notieren Sie die richtige Verbform.** › G: 1.4, 1.7

1. du ~~wusste~~ → *wusstest*
2. ihr ~~wussten~~ → ______
3. wir ~~konnte~~ → ______
4. Anna ~~mochtest~~ → ______
5. ich ~~konnten~~ → ______
6. Sie ~~mochtet~~ → ______
7. er ~~wusstet~~ → ______
8. es ~~durftet~~ → ______
9. Leo ~~musstest~~ → ______

c **Präteritum von „kennen“, „rennen“, „nennen“: Konjugieren Sie die Verben im Präteritum.** › G: 1.4

1. kennen: ich *kannte*; du ______; er / sie / es ______; ihr ______
2. rennen: ich ______; wir ______; sie (Pl.) ______; du ______
3. nennen: ich ______; ihr ______; sie (Sg.) ______; wir ______

4 Präteritum: Unregelmäßige und gemischte Verben › KB: C3c › G: 1.4

a **Ergänzen Sie die Tabelle und markieren Sie den Vokalwechsel. Ein Wörterbuch kann helfen.**

Infinitiv (Präsens)	Präteritum	Perfekt
1. schreiben (er schreibt)	er schrieb	*er hat geschrieben*
2. bleiben (er bleibt)		er ist geblieben
3. essen (er isst)	er aß	
4. sehen (er sieht)		er hat gesehen
5. sprechen (er spricht)	er sprach	
6. trinken (er trinkt)	er trank	
7. gehen (er geht)		er ist gegangen
8. kommen (er kommt)	er kam	
9. werden (er wird)		er ist geworden
10. haben (er hat)		er hat gehabt
11. sein (er ist)	er war	
12. fahren (er fährt)		er ist gefahren
13. denken (er denkt)		er hat gedacht
14. kennen (er kennt)	er kannte	
15. beibringen (er bringt … bei)		er hat beigebracht
16. wissen (er weiß)	wusste	

TIPP

Lesen Sie die unregelmäßigen Verben laut und lernen Sie sie immer mit Rhythmus: schr**ei**ben, schr**ie**b, geschr**ie**ben!

b **Ergänzen Sie die Infinitive und die Personalpronomen.**

1. *finden* : *wir / sie / Sie* fanden
2. *bekommen* : *du* bekamst
3. ______ : ______ begann
4. ______ : ______ gingt aus
5. ______ : ______ standest
6. ______ : ______ schlossen
7. ______ : ______ ranntet

D Eine Firmenpräsentation

1 Entwicklungen beschreiben

a Redemittel bei Präsentationen: Was gehört zusammen? Ordnen Sie zu. › KB: D1b

1. Guten Morgen
2. Ich möchte Ihnen heute die
3. Zuerst möchte ich Ihnen etwas
4. Dann möchte ich
5. Zum Schluss können Sie
6. Danach geht es

A. zum / zur … erzählen.
B. alle zusammen!
C. Fragen stellen.
D. Firma Hamm vorstellen.
E. wie folgt weiter: …
F. die Entwicklung von … zeigen.

1. B
2. ___
3. ___
4. ___
5. ___
6. ___

b Schreiben Sie Sätze mit den Elementen und den Zeitformen in Klammern. › KB: D1c

1. Ab 1928 – Firma – Straßenwalzen – immer weiter entwickeln (Präteritum)
   Ab 1928 entwickelte die Firma die Straßenwalzen immer weiter.
2. Seit 1953 – steigen – Export – ständig (Perfekt)
   ___
3. Firma – ausbauen – Standort (Präteritum)
   ___
4. In den letzten 10 – 15 Jahren – Firma – können – ständig erhöhen – Umsatz (Präteritum)
   ___
5. Mitarbeiterzahl – wachsen auf – bis heute – ca. 1.400 Personen (Perfekt)
   ___
6. Für ihre Walze – sie – einen internationalen Designpreis – bekommen (Präteritum)
   ___
7. 2003 – ihr 125. Jubiläum – Firma – feiern (Perfekt)
   ___

Rechtschreibung

1 Wörter auf „sch", „sp" und „st" hören und schreiben

▶ 4 | 46 **Hören und schreiben Sie die Wörter. Korrigieren Sie mit dem Lösungsschlüssel.**

1. das Gespräch
2. ___dig
3. die Bau___
4. der ___ort
5. die Ge___
6. die ___walze
7. sie ___ten
8. ___nend
9. der ___baum
10. die ___ter
11. der ___leister
12. die Früh___

Grammatik im Überblick

1 Die n-Deklination › G: 2.2

	Singular		Plural
Nom.	der ein	Kunde / Lieferant / Produzent	die Kunden / Lieferanten / Produzenten Ø Kunden / Lieferanten / Produzenten
Akk.	den einen	Kunden / Lieferanten / Produzenten	die Kunden / Lieferanten / Produzenten Ø Kunden / Lieferanten / Produzenten
Dat.	dem einem	Kunden / Lieferanten / Produzenten	den Kunden / Lieferanten / Produzenten Ø Kunden / Lieferanten / Produzenten

Zur n-Deklination gehören maskuline Nomen mit diesen Endungen im Nominativ Singular: „-and", „-ant", „-at", „-ent", „-ist", „-oge" und auf „-e". Diese Nomen bilden den Plural auf „-(e)n" und haben auch im Akkusativ und Dativ Singular die Endung „-(e)n".
Ausnahme: Nomen auf „-or", z. B. der Doktor, „-en" → den Doktor; der Herr, die Herren → den Herrn

2 Das Präteritum – regelmäßige Verben › G: 1.4

	machen	ausbauen	gründen	arbeiten	eröffnen
ich	machte	baute … aus	gründete	arbeitete	eröffnete
du	machtest	bautest … aus	gründetest	arbeitetest	eröffnetest
er / sie / es	machte	baute … aus	gründete	arbeitete	eröffnete
wir	machten	bauten … aus	gründeten	arbeiteten	eröffneten
ihr	machtet	bautet … aus	gründetet	arbeitetet	eröffnetet
sie	machten	bauten … aus	gründeten	arbeiteten	eröffneten
Sie (Sg. + Pl.)	machten	bauten … aus	gründeten	arbeiteten	eröffneten

Das Präteritum von regelmäßigen Verben bildet man so: Stamm + „t" + Endung, z. B. machte, baute … aus; Verben mit Stamm auf „t", „d" und „n" oder „m": „-et" + Endung, z. B. arbeitete, gründete, öffnete, atmete.
Ausnahme: Verben mit Stamm auf „rn", z. B. lernen: „t" + Endung → er lernte

3 Das Präteritum – unregelmäßige und gemischte Verben › G: 1.4

	unregelmäßige Verben			gemischte Verben		
	kommen	finden	werden	rennen	denken	wissen
ich	kam	fand	wurde	rannte	dachte	wusste
du	kamst	fandest	wurdest	ranntest	dachtest	wusstest
er / sie / es	kam	fand	wurde	rannte	dachte	wusste
wir	kamen	fanden	wurden	rannten	dachten	wussten
ihr	kamt	fandet	wurdet	ranntet	dachtet	wusstet
sie	kamen	fanden	wurden	rannten	dachten	wussten
Sie (Sg. + Pl.)	kamen	fanden	wurden	rannten	dachten	wussten

Unregelmäßige Verben ändern den Stammvokal. Die 1. und 3. Person Singular haben keine Endung.
Ausnahme „werden" → Endungen wie regelmäßige Verben.
Gemischte Verben ändern auch den Stammvokal, aber sie haben die gleichen Endungen wie regelmäßige Verben.

Bedeutung: Man erzählt oder berichtet etwas Vergangenes vor allem in schriftlichen Texten (Märchen, Geschichten, Berichten).
z. B. Mein Großvater eröffnete ein Elektrogeschäft. Alles ging sehr gut, denn die ganze Familie arbeitete mit.

Erzählt man mündlich oder spricht über ein Ereignis in der Vergangenheit, dann verwendet man auch oft das Perfekt.
z. B. Gestern habe ich meine Großeltern besucht. …

A Home-Office, aber wie?

1 Wie heißen die Wörter?

a Bilden Sie Wörter aus den Wortteilen und schreiben Sie sie mit Artikel und Plural unter die passenden Bilder. › KB: A1a

[An | An | an | bel | bel | dem | dose | Ether | Fern | fon | ka | Ka | lage | mo | net | Netz | ~~Rou~~ | seher | schluss | Soft | Stereo | Tele | teil | tenne | ~~ter~~ | ware | WLAN-

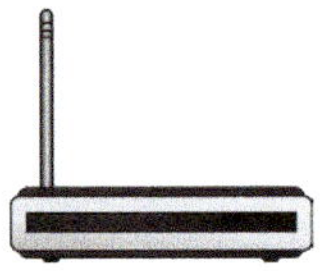
1 *der Router, –*

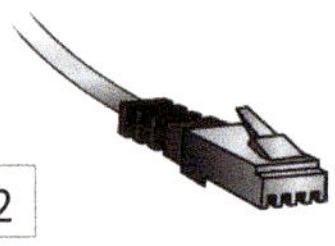
2 ______

3 ______

4 ______

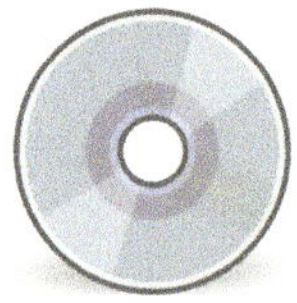
5 ______

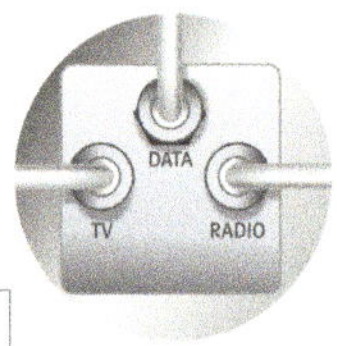

6 ______

7 ______

8 ______

9 ______

10 ______

b Wie heißt das richtige Verb: a oder b? Kreuzen Sie an. › KB: A1c

1.	ein Angebot	a. ☐ nehmen	b. ☒ buchen
2.	mit der Produkt- und Kaufberatung	a. ☐ verbinden	b. ☐ anrufen
3.	einen Vertrag mit einer Firma	a. ☐ haben	b. ☐ verbinden
4.	im Gespräch mit jemanden	a. ☐ telefonieren	b. ☐ sein
5.	ein Problem	a. ☐ auflegen	b. ☐ haben
6.	die Produkt- und Kaufberatung	a. ☐ anrufen	b. ☐ telefonieren

2 Warum? – Gründe nennen

a Beantworten Sie die Fragen mit „weil-Sätzen" mit den Angaben in Klammern. Schreiben Sie die Sätze in die Tabelle. › KB: A2 › G: 4.2

TIPP
weshalb? wieso? = warum?
Die drei Fragewörter haben die gleiche Bedeutung.

1. Warum ruft Herr Sinn bei „Kabel Perfekt" an? (er ein Problem haben)
2. Weshalb ist die Sendung nicht komplett? (Ethernet-Kabel und CD-ROM fehlen)
3. Warum kann die Hotline-Mitarbeiterin nichts tun? (Produkt- und Kaufberatung ist zuständig)
4. Wieso kann sie die Produkt- und Kaufberatung nicht erreichen? (alle Mitarbeiter im Gespräch sein)
5. Warum will sie es nicht noch einmal versuchen? (alle Anschlüsse besetzt sein)

Hauptsatz	Nebensatz		
1. *Herr Sinn ruft bei „Kabel Perfekt" an,*	*weil*	*er ein Problem*	*hat.*
2.			
3.			
4.			
5.			

b **Formulieren Sie „weil-Sätze" als Antwort.** › KB: A3 › G: 4.2

1. Warum schreibt Herr Sinn an „Kabel-Perfekt"? (wieder – geben – Probleme – es)
   Weil es wieder Probleme gibt.
2. Warum kann er nicht fernsehen? (die SmartCard – für den Receiver – können – nicht freischalten – er)
   ______
3. Warum muss der Fernseher funktionieren? (ihn – Herr Sinn – beruflich – brauchen)
   ______
4. Warum möchte Herr Sinn nicht mehr bei der Hotline anrufen? (dauern – das – zu lange)
   ______
5. Warum möchte Herr Sinn mit einem Techniker sprechen? (das Problem – der – lösen können – schnell)
   ______

TIPP

Antwort mit einem Nebensatz
Wenn jemand nach einem Grund fragt, antwortet man oft nur mit dem Nebensatz mit „weil".

Z **c** **Schreiben Sie eine Anleitung für die Freischaltung von der SmartCard.** › KB: A3

1. folgende Schritte ausführen: *Führen Sie folgende Schritte aus:*
2. SmartCard in Kartenschlitz von Digital-Receiver stecken ______
3. Sendersuchlauf durchführen ______
4. Sender „Kabel-Perfekt-aktuell" wählen ______
5. eine Stunde warten ______
6. es vielleicht noch einmal versuchen ______

B Wählen Sie bitte die …

1 Die Telefonanlage: Ich schalte mal auf laut … › KB: B1b

a **Betrachten Sie das Foto und ergänzen Sie die Wörter aus dem Schüttelkasten.**

der Anrufbeantworter | der Anschluss für das Headset | das Display | ~~der Hörer~~ | der Lautsprecher | die Lautstärke (laut – leise) | die Tastatur | das Telefonbuch

1. *der Hörer*
2. ______
3. ______
4. ______

5. ______
6. ______
7. ______
8. ______

b **Welches Verb / welcher Ausdruck gehört zu welchem Wort in 1a? Einmal passen zwei. Notieren Sie.**

~~abnehmen~~ | auflegen | die Nummer suchen | leise / laut stellen | abhören | die Nummer wählen | anschließen | den Namen vom Anrufer sehen | auf laut schalten

1. den Hörer: *abnehmen* und wieder ____________
2. auf der Tastatur: ____________
3. den Anrufbeantworter: ____________
4. der Lautsprecher: ____________
5. die Lautstärke: ____________
6. auf dem Display: ____________
7. das Headset: ____________
8. im Telefonbuch: ____________

2 Ansagen von der Hotline › KB: B1b

▶ 4 | 47 **Hören Sie zuerst die Ansage. Ergänzen Sie dann die fehlende Informationen.**

Computer Rhein

1. Wenn Sie Fragen haben, rufen Sie die *Hotline* an.
2. Wenn man Produktinformationen möchte, wählt man die „____________".
3. Wenn man technische ____________ hat, wählt man die „Zwei".
4. Man wählt die „____________", wenn man Informationen über eine Lieferung haben möchte.
5. Man wählt die „Vier", wenn man einen ____________ sprechen möchte.
6. Man kann ____________, wenn man nicht mehr warten möchte.

3 Bedingungssätze mit „wenn" › KB: B2b › G: 4.2

a **Schreiben Sie die Sätze aus 2 in die Tabelle wie im Beispiel.**

Nebensatz			Hauptsatz	
1. Wenn	*Sie Fragen*	*haben,*	*rufen*	*Sie die Hotline an.*

Hauptsatz	Nebensatz		
4. Man wählt die „Drei",	*wenn*	*man Informationen über eine Lieferung*	*haben möchte.*

b **Lesen Sie den Tipp unten. Was passt: „wenn" oder „weil / da"? Kreuzen Sie an.**

1. Herr Sinn ruft bei „Kabel Perfekt" an, a. ☒ weil / da b. ☐ wenn er einen Vertrag mit der Firma hat.
2. Herr Sinn legt nicht auf, a. ☐ weil / da b. ☐ wenn er dringend Hilfe braucht.
3. Oft muss man lange warten, a. ☐ weil / da b. ☐ wenn man eine Hotline anruft.
4. Der Techniker soll schnell kommen, a. ☐ weil / da b. ☐ wenn er Zeit hat.
5. Manchmal kann man ihn persönlich anrufen, a. ☐ weil / da b. ☐ wenn man wieder ein Problem hat.
6. Herr Sinn braucht den Techniker schnell, a. ☐ weil / da b. ☐ wenn der Fernseher nicht funktioniert.
7. Herr Sinn will den Vertrag kündigen, a. ☐ weil / da b. ☐ wenn er bis Freitag keine Antwort hat.

TIPP

„weil-Sätze" = „da-Sätze"

Ⓩ **c** **Schreiben Sie nun die Sätze aus 3b in Ihr Heft. Beginnen Sie mit „wenn" oder „weil / da".**

1. Weil / Da Herr Sinn einen Vertrag mit „Kabel Perfekt" hat, ruft er bei der Firma an.

Z **d** **Was macht man, wenn ...? Beantworten Sie die Fragen mithilfe von den Wörtern aus 1a und b.**

1. Das Telefon klingelt. *Wenn das Telefon klingelt, hebt man den Hörer ab.*
2. Ein Kollege soll ein Telefongespräch mithören. ______
3. Man hat das Gespräch beendet. ______
4. Die LED vom Anrufbeantworter blinkt. ______
5. Man will mit Headset telefonieren. ______
6. Man weiß eine Telefonnummer nicht. ______

4 Nomen und Verben › KB: B4c

a **Wie heißen die Nomen zu den Verben? Notieren Sie sie mit Artikel und Plural.**

1. aktivieren: *die Aktivierung, -en*
2. sprechen: *das Gespräch, -e*
3. versuchen: ______
4. beraten: ______
5. zurückrufen: ______
6. vergleichen: ______
7. verbinden: ______
8. anrufen: ______
9. fernsehen: ______

b **Ergänzen Sie die Nomen aus 4a in den folgenden Sätzen.**

1. *Die Aktivierung* von der SmartCard hat nicht funktioniert.
2. Der dritte ______ hat auch nicht geklappt.
3. Sein ______ funktioniert nicht, weil er die SmartCard für den Receiver nicht aktivieren kann.
4. Herr Sinn wollte eine technische ______.
5. Das ______ mit einem Techniker war nicht möglich.
6. Denn die ______ hat nicht geklappt.
7. Herr Sinn hat um ______ gebeten.

5 So geht ein Telefongespräch › KB: B5a

Welche Redemittel passen zu den Beschreibungen? Notieren Sie.

~~Guten Tag, hier spricht ...~~ | Ich möchte gern Frau / Herrn ... sprechen. | Einen Moment, ich verbinde Sie. | Es ist besetzt. Frau / Herr ... ist gerade im Gespräch. | Können Sie mir die Durchwahl geben? | Die Durchwahl ist ... | Können Sie Frau / Herrn ... eine Nachricht hinterlassen? | Richten Sie ihr / ihm bitte aus, ... | Frau / Herr ... ist leider nicht da. Kann ich etwas ausrichten? | Kann Frau / Herr ... mich zurückrufen? | Ja, natürlich, ich richte es aus. | Vielen Dank. | Auf Wiederhören.

1. Begrüßung: *Guten Tag, hier spricht ...*
2. Sie wollen mit jemandem sprechen / verbinden: ______
3. Die Person spricht gerade: ______
4. Sie wollen die Telefonnummer von der Person haben / geben: ______
5. Die Person soll eine Nachricht bekommen: ______
6. Die Person ist nicht da. Sie können sie informieren: ______
7. Sie bitten um Rückruf: ______
8. Dank / Verabschiedung: ______

C Installation leicht?

1 Installationsanleitung

a Welches Verb passt: a oder b? Kreuzen Sie an. › KB: C1

	a.	b.
1. Das Ethernet-Kabel in das Modem	a. ☒ stecken.	b. ☐ verbinden.
2. Den WLAN-Router mit dem Computer	a. ☐ verbinden.	b. ☐ anschließen.
3. Den Netzstecker in die Steckdose	a. ☐ einlegen.	b. ☐ stecken.
4. Die CD in das Laufwerk	a. ☐ einlegen.	b. ☐ installieren.
5. Die Software	a. ☐ anschließen.	b. ☐ installieren.
6. Ein Update	a. ☐ machen.	b. ☐ updaten.

b ▶ 4 | 48 **Hören Sie das Telefongespräch und ordnen Sie zu.** › KB: C2a

1. Netzstecker
2. Ethernet-Kabel grau
3. Ethernet-Kabel blau
4. Software

A. in das Modem und in den Internet-Anschluss vom Router
B. installieren und ein Update machen
C. aus der Steckdose ziehen
D. in den Ethernet-Anschluss vom Computer und in den LAN-4-Anschluss vom WLAN-Router

1. C
2. ___
3. ___
4. ___

Z 2 Eine Reklamation › KB: C3

Welche Teile hat der Brief? Korrigieren Sie.

1. ~~Absender~~ Empfänger (Adresse)
2. Grußformel
3. Anrede
4. Betreff
5. Empfänger (Adresse)
6. Unterschrift
7. Brieftext
8. Datum

David Sinn
Grüner Weg 6
96465 Neustadt

Kabel Perfekt
Südstraße 136
96465 Neustadt
per Einschreiben

Reklamation: Umtausch und Installation WLAN-Router vor Ort 23.05.2016

Sehr geehrte Damen und Herren,
ich habe am 11.05. einen WLAN-Router mit Zubehör von Ihnen erhalten. Leider hat es viele Probleme gegeben: Zuerst war das Zubehör nicht komplett, dann konnte ich die SmartCard nicht aktivieren und jetzt funktioniert der Router nicht mehr! Ich habe alles noch einmal installiert, aber er funktioniert immer noch nicht. Sie verstehen sicher, dass das so nicht weitergeht.
Ich schlage vor, dass Sie bis zum 31.05. einen Techniker mit einem Router (neu!) schicken. Der Techniker soll hier alles installieren und prüfen. Ich denke, dass es so am besten ist. Sie wissen, dass ich das Internet dringend brauche, weil ich im Home-Office arbeite.
Wenn der Techniker nicht bis zum 31.05. kommt, kündige ich meinen Vertrag mit Ihnen.

Mit freundlichen Grüßen
David Sinn

3 Ich glaube, dass … › KB: C4 › G: 4.2

a Formulieren Sie die Sätze in Klammern als „dass-Sätze". Achten Sie auf die Stellung vom Verb.

1. Herr Sinn denkt, *dass der Router kaputt ist.* (Der Router ist kaputt.)
2. Er schreibt, ______. (Er hat das Zubehör erhalten.)
3. Er reklamiert, ______. (Das Zubehör war zuerst nicht komplett.)
4. Er beschreibt, ______. (Er hat dann alles installiert.)
5. Er glaubt, ______. (Er hat alles richtig gemacht.)
6. Und er betont, ______. (Der Router funktioniert immer noch nicht.)
7. Er hofft stark, ______. (Die Firma löst das Problem.)

b Schreiben Sie die Sätze in die Tabelle und beginnen Sie mit dem Nebensatz.

1. Der Router funktioniert immer noch nicht. (Das ist schlecht.)
2. Ein Techniker kommt. (Das ist nötig.)
3. Herr Sinn braucht das Internet dringend. (Die Firma weiß das genau.)
4. Herr Sinn kündigt den Vertrag. (Das kann man verstehen.)

TIPP

Wenn man die Aussage im „dass-Satz" betonen will, kann man mit dem „dass-Satz" beginnen.

Nebensatz			Hauptsatz	
1. Dass	der Router immer noch nicht	funktioniert,	ist	schlecht.
2.				
3.				
4.				

c Formulieren Sie „dass-Sätze" und schreiben Sie sie in die Tabelle. Beginnen Sie mit dem Hauptsatz.

1. Herr Sinn hat gehofft, er kann die SmartCard aktivieren.
2. Der Techniker hat gesagt, er muss einen Sendersuchlauf durchführen.
3. Herr Sinn hat alles gemacht und weiß nun, es muss einen Fehler geben.
4. Er meint, es kann so nicht weitergehen.

Hauptsatz	Nebensatz		
1. Herr Sinn hat gehofft,	dass	er die SmartCard	aktivieren kann.
2.			
3.			
4.			

d Lesen Sie die Sätze in 3c noch einmal und ergänzen Sie die Regel.

G

Im Nebensatz mit „dass" und einem Modalverb stehen die Verben am ______________________, zuerst der Infinitiv vom Vollverb und dann die konjugierte Form vom Modalverb.

4 Briefe schreiben, aber wie? › KB: C5

Ordnen Sie die Redemittel den Struktur-Teilen von einem Brief zu.

~~Reklamation: Umtausch von Router~~ | Am … habe ich … bei Ihnen gekauft. | Ich schlage vor, dass … | Zuerst habe ich …, dann …, alles ohne Erfolg. | Ich habe … Folgendes gemacht: … | Mit freundlichen Grüßen | Wenn Sie das Problem nicht bis zum … lösen, … | Bitte … Sie bis zum … | Ich möchte, dass … | Sehr geehrte / r Frau / Herr …

Betreff: Reklamation: Umtausch von Router

Anrede: ______________________

Beschreibung von Situation: ______________________

Anliegen / Vorschlag: ______________________

Konsequenz, wenn keine Lösung: ______________________

Grußformel: ______________________

D Endlich arbeitsfähig

B P 1 Einen Text genau lesen und Fehler finden › KB: D1b

Lesen Sie die Besprechung, finden Sie weitere sieben Fehler und korrigieren Sie sie.

Die Sendung über automatisiertes parken (ohne Fahrer) am Düsseldorfer Flughafen war	Parken
faszinierend. Die Presentation in 3D zeigte klar die Vorteile von dieser Innovation. Mit „Ray"	______
können 60 % mehr Autos auf gleicher Fläche parken. Von automatisiertes Parken können viele	______
profitieren: z. B. Logistik-Unternehmen, PKW-Hersteller oder Parkhäuser. So funktioniert der	✓
Parkroboter „Ray": Er mißt mit Laser die Autos und kennt die Größe von allen Parkplätzen. So	______
kann er die Autos zu günstigen Parkplätzen bringen. Wenn ein Kunde sein Auto braucht	______
bestellt er es per Smartphone. „Ray" bringt das Auto dann für den Kunde in	______
die erste Reihe. Die Startup-Firma „serva transport systems" aus Süddeutschland hat dieses	______
System entwickelt. 2013 kamm „serva" ins Finale vom Deutschen Gründerpreis für Startups. Im	______
Internet können Sie interessante Filme über die Firma und den System sehen.	______

Rechtschreibung

1 Satzzeichen: Komma, Punkt, Doppelpunkt, Ausrufezeichen, Fragezeichen

a Ergänzen Sie die Satzzeichen (, . : !. ?) im Werbetext über das Parken mit „Ray".

1. Wie hole ich mein Auto ab ?
2. So funktioniert es
3. Wenn ich ein Smartphone habe kann ich eine App herunterladen
4. Ich plane meine Abholzeit weil ich keine Zeit verlieren will und trage sie in die App ein
5. Wenn Sie den Barcode am Terminal eingescannt haben bringt „Ray" Ihr Auto sofort in die erste Reihe
6. So wissen Sie dass Sie nicht warten müssen wenn Sie Ihr Auto abholen
7. Haben Sie noch Fragen
8. „Ray" – DIE Superlösung

b Vergleichen Sie Ihre Lösungen mit einem Partner / einer Partnerin und ergänzen Sie dann die Regeln.

1. Am Ende von einem Satz steht ein Punkt ______. Sätze: 3, ______
2. Nach einer Frage steht ein ______. Sätze: ______
3. Nach einem Ausruf steht ein ______. Satz: ______
4. Vor einem Nebensatz steht ein ______. Sätze: ______
5. Wenn der Nebensatz zwischen zwei Sätzen steht, steht vor und nach dem Nebensatz ein ______. Sätze: ______

Grammatik im Überblick

1 Nebensätze mit „weil"/„da" › G: 4.2

Nebensätze mit „weil / da" drücken einen Grund aus. Sie antworten auf die Frage „Warum ...?".

Hauptsatz	Nebensatz		
Die Mitarbeiterin hilft Herrn Sinn nicht,	weil	sie nicht in der Produktberatung	arbeitet.
Die Mitarbeiterin hilft Herrn Sinn nicht,	da	sie nicht in der Produktberatung	arbeitet.

Nebensatz			Hauptsatz	
Weil	die Mitarbeiterin nicht in der Produktberatung	arbeitet,	hilft	sie ihm nicht.
Da	die Mitarbeiterin nicht in der Produktberatung	arbeitet,	hilft	sie ihm nicht.

Der Nebensatz kann nach oder vor dem Hauptsatz stehen. Das Verb steht im Nebensatz am Satzende.
Auf Fragen nach dem Grund antwortet man häufig nur mit dem Nebensatz.
z. B. Warum hilft die Mitarbeiterin Herrn Sinn nicht? – Weil sie nicht in der Produktberatung arbeitet.

2 Nebensätze mit „wenn" › G: 4.2

Nebensätze mit „wenn" drücken eine Bedingung aus, „wenn ... → dann ...".

Hauptsatz	Nebensatz		
Wählen Sie die „Drei",	wenn	Sie mit der Produkt- und Kaufberatung	sprechen wollen.

Nebensatz			Hauptsatz	
Wenn	Sie mit der Produkt- und Kaufberatung	sprechen wollen,	(dann) wählen	Sie die „Drei".

Der Nebensatz kann vor oder nach dem Hauptsatz stehen. Das Verb steht im „wenn-Satz" am Satzende. Im Hauptsatz kann ein „dann" stehen oder nicht.

3 Nebensätze mit „dass" › G: 4.2

Nebensätze mit „dass" stehen häufig nach Verben oder Nomen mit folgenden Bedeutungen:
- denken, meinen, glauben, hoffen, sagen, verstehen
  z. B. Herr Sinn denkt / meint / glaubt, sagt, dass der Techniker kommen muss.
- wissen, wollen
  z. B. Er weiß, dass es ein Problem gibt.
  Er will / möchte, dass der Techniker kommt.
- hören, fühlen, sehen
  z. B. Er hört, dass die Leitung besetzt ist.
  Er sieht, dass die Leuchte blinkt.

Hauptsatz	Nebensatz		
Sie verstehen sicher,	dass	es so nicht	weitergeht.
Sie wissen,	dass	es so nicht	weitergehen kann.

Nebensatz			Hauptsatz	
Dass	es so nicht	weitergeht,	verstehen	Sie sicher.
Dass	es so nicht	weitergehen kann,	wissen	Sie.

Der „dass-Satz" steht meist nach dem Hauptsatz. Er kann auch vor dem Hauptsatz stehen, wenn man ihn besonders betonen will.

In der gesprochenen Sprache verwendet man oft keinen Nebensatz mit „dass", sondern einen zweiten Hauptsatz, z. B. Herr Sinn glaubt, er hat alles richtig gemacht.

A Dienstleistungen

1 Unser Angebot für Ihr Gebäude › KB: A1b

Welches Verb passt? Notieren Sie es.

1. Wir *warten* __________ den Aufzug.
   a. ☐ schützen b. ☒ warten c. ☐ pflegen
2. Wir __________ den Rasen.
   a. ☐ mähen b. ☐ prüfen c. ☐ reinigen
3. Wir __________ die Flure.
   a. ☐ schneiden b. ☐ wischen c. ☐ warten
4. Wir __________ die Monitore.
   a. ☐ schützen b. ☐ managen c. ☐ überwachen

2 Berufstätige stellen sich vor › KB: A2a

3 | 37–40 **Welchen Beruf haben die Personen? Setzen Sie die Nomen wieder richtig zusammen und notieren Sie die Berufe wie im Beispiel. Hören Sie zur Kontrolle die Radiosendung über die Berufe noch einmal.**

~~Anlagen~~reiniger | Betriebstechniker | Fassadenkraft | Haus~~mechaniker~~ | Sicherheitsgärtner

Anlagenmechaniker/-in, __________

____

3 Verben in reflexiver Form › KB: A3b › G: 3.5

a Lesen Sie die Sätze und kreuzen Sie an: Ist das Verb reflexiv (r) oder nicht (n)?

	r	n
1. Bitte entschuldigen Sie die Verspätung.	☐	☒
2. Ich möchte mich entschuldigen. Ich bin etwas zu spät.	☐	☐
3. Können Sie sich bitte kurz vorstellen?	☐	☐
4. Habe ich dir schon meine Kollegin von der Gebäudetechnik vorgestellt?	☐	☐
5. Wir haben den Fehler auf der Webseite korrigiert.	☐	☐
6. Ich muss mich korrigieren. Die Adresse ist Karlplatz 8.	☐	☐
7. Ich wünsche Ihnen viel Erfolg in unserem Unternehmen.	☐	☐
8. Sie hat sich schon immer eine Arbeit in der Natur gewünscht.	☐	☐

b Lesen Sie die Sätze mit den reflexiven Verben in 3a noch einmal. Auf welches Nomen oder Pronomen beziehen sich die Reflexivpronomen? Markieren Sie.

c Wie heißen die Reflexivpronomen? Notieren Sie.

1. Darf ich *mich* __________ vorstellen? Ich bin Gebäudereiniger.
2. Sie kümmern __________ also um die Fassadenreinigung.
3. Ihr interessiert __________ für meine Arbeit?
4. An der Hochhausfassade fühlt er __________ frei.
5. Aber über das Gehalt ärgern wir __________.
6. Die Kollegen wünschen __________ mehr Lohn.
7. Du wünschst __________ mehr Freizeit.
8. Meine Familie erinnert __________ nicht mehr an mich.

d **Mir oder mich? Dir oder dich? Vitali Kusmins Frau ruft in der Arbeit an. Lesen Sie den Tipp und kreuzen Sie an.**

1. ▶ Kannst du ☐ dich ☒ dir vom 18. bis zum 20. Juni Urlaub nehmen?
   Ich sage ☐ dich ☐ dir gleich den Grund.
2. ▶ Hm, da ist immer viel zu tun … So, ich habe ☐ mich ☐ mir mal die Daten notiert.
3. ▶ Vitali, stell ☐ dich ☐ dir vor, da ist die Hochzeit von Pit und Anne in München.
4. ▶ Ja, super. Ich kümmere ☐ mich ☐ mir dann um ein Hotelzimmer.
5. ▶ Druck ☐ dich ☐ dir bitte die Hotelreservierung aus. Letztes Mal hatten wir ja ein Problem mit der Online-Reservierung …
6. ▶ Ja, ich weiß. Ich erinnere ☐ mich ☐ mir.
7. ▶ Oh, ich freue ☐ mich. ☐ mir so.

TIPP

Das reflexive Verb hat
- eine Akkusativergänzung
  → Reflexivpronomen im Dativ
- keine Ergänzung
  → Reflexivpronomen im Akkusativ

4 Eine neue Arbeit? › KB: A3b

Bilden Sie Sätze.

1. Heute – ich – sich nehmen – eine Stunde – frei
   Heute nehme ich mir eine Stunde frei.
2. Ihr – sich fragen, – warum – ich – das – machen – ?
   ______
3. Sie (Pl.) – sich vorstellen – morgen – bei – Baufirma
   ______
4. Jetzt – sich interessieren – er – sicher – für – Arbeitsangebot
   ______
5. Wollen – Sie – sich notieren – Adresse – ?
   ______
6. Sie (Sg.) – sich aufschreiben – müssen – Telefonnummer von der Firma
   ______

B Unser Auftrag für Sie!

1 Das bieten wir Ihnen! › KB: B1

Ordnen Sie die Ausdrücke aus den Anzeigen im Kursbuch 15B, 1, den Erklärungen zu.

1. Leistungen rund um die Immobilie	A. Kontaktieren Sie uns.	1. *C*
2. „Rundum-Sorglos-Paket"	B. Alle Dienstleistungen von einer Firma	2. ___
3. Service mit System	C. Jede Art von Service für das Gebäude	3. ___
4. Die Leistung ist aus einer Hand.	D. Arbeit immer zum gleichen Termin	4. ___
5. Die Reinigung erfolgt zu einer festen Zeit.	E. Die Firma kümmert sich um alles.	5. ___
6. Sprechen Sie uns an!	F. Klare Strukturen für den Service	6. ___

2 Adjektive nach unbestimmtem Artikel, Negativ- und Possessivartikel

› KB: B2c › G: 5.1

a Ergänzen Sie die Adjektivendungen in der Tabelle.

	Maskulinum (M)		Neutrum (N)		Femininum (F)		Plural (M, N, F)	
Nom.	ein kein mein	guter Partner	ein kein mein	nett___ Team	eine keine meine	große Firma	Ø neu___ keine neu___ meine neu___	Aufträge
Akk.	einen keinen meinen	guten Partner	ein kein mein	nett___ Team	eine keine meine	groß___ Firma	Ø neu___ keine neu___ meine neu___	Aufträge
Dat.	mit einem mit keinem mit meinem	gut___ Partner	mit einem mit keinem mit meinem	nett___ Team	bei einer bei keiner bei meiner	groß___ Firma	mit Ø neu___ mit keinen neu___ mit meinen neu___	Aufträge**n**

b Lesen Sie die Regeln im Kursbuch 15B, 2c und markieren Sie die Endungen in der Tabelle in 2a in verschiedenen Farben.

c Lesen Sie die Sätze aus der Anzeige und ergänzen Sie die Adjektivendungen. Die Tabelle in 2a kann Ihnen helfen.

1. Für ein gutes Arbeitsklima sind sauber___ Büros und Gebäude wichtig.
2. Das Ergebnis: zufrieden___ Mitarbeiter und Erfolg bei den Kunden.
3. Ihre Wünsche sind uns wichtig: Sie brauchen einen regelmäßig___ Tagesdienst.
4. Oder muss die Reinigung zu einer fest___ Zeit erfolgen?
5. Unser freundlich___ Team reinigt zielorientiert und nach Plan.
6. Auch mit dringend___ Aufträgen sind Sie bei uns richtig.
7. Pieper Gebäudereinigung ist immer ein zuverlässig___ Partner!
8. Bei einer groß___ Reparatur kontaktieren wir eine Fachfirma.

d Vergleichen Sie die Firmen und schreiben Sie positive (+) und negative (–) Aussagen.

Firma Gebhard	Firma Pieper
1a. (+) (mobil) Hausmeisterdienst	1b. (–) (mobil) Dienste
2a. (–) (kaufmännisch) Personal	2b. (+) (qualifiziert) Fachkräfte
3a. (+) (klein) Reparaturen	3b. (–) (technisch) Notdienst
4a. (–) (eigen) Reinigungskräfte	4b. (+) (einmalig) Grundreinigung

1a. Firma Gebhard bietet einen mobilen Hausmeisterdienst.
1b. Firma Pieper hat keine mobilen Dienste.
2a. Firma Gebhard stellt ___ bereit.
2b. Bei Firma Pieper arbeiten ___
3a. Die Hausmeister von Firma Gebhard machen ___ selbst.
3b. Pieper hat ___.
4a. Gebhard kooperiert mit einer Reinigungsfirma. Sie haben ___.
4b. Bei Pieper gehört ___ zum Service-Paket.

3 Wir haben einen Auftrag für Sie › KB: B3

a Schreiben Sie die Redemittel für ein Auftragsgespräch in die Tabelle.

Können Sie diesen Auftrag übernehmen? | ~~Wir sollen …, ist das richtig?~~ | Das machen wir natürlich gern. | Alles klar. Nein, halt – eine Frage noch: … | ~~Wir können …, passt das?~~ | Da ist noch etwas: …

1. neuen Auftrag bekommen: ______
2. einen Auftrag annehmen: ______
3. Aufgabe klären: *Wir sollen …, ist das richtig?*
4. Details besprechen: *Wir können …, passt das?*

Z **b** 3 | 41 **Hören Sie das Telefongespräch von Aufgabe 3 im Kursbuch 15B, noch einmal. Wie läuft das Gespräch ab? Kreuzen Sie an.**

So lauft das Telefongespräch ab:
a. ☐ neuen Auftrag bekommen – Details besprechen – Aufgabe klären
b. ☐ Aufgabe klären – neuen Auftrag bekommen – Details besprechen
c. ☐ Details besprechen – Aufgabe klären – neuen Auftrag bekommen

4 Hier kommt das Angebot › KB: B3

Gebäudereinigungsfirma Pieper schickt der Hausverwaltung eine E-Mail mit dem Angebot mit Preisen im Anhang. Schreiben Sie die E-Mail in Ihr Heft.

~~Guten Morgen, Frau~~ … | Wir danken … für … | Wie telefonisch besprochen, senden wir … im Anhang zu. | Wir freuen uns auf Ihren … | Mit … Grüßen

Guten Morgen Frau Michels,
wir danken Ihnen für Ihre Anfrage. …

C Bitte trennen Sie …

1 Post von der Hausverwaltung › KB: C3b › G: 5.1

Lesen Sie den Brief und ergänzen Sie die Adjektivendungen nach bestimmtem Artikel.

Sehr geehrte Mieterin, sehr geehrter Mieter,

Sie bekommen mit diesem Schreiben den [1] aktuell*en* Abfallkalender. Dort stehen auch die Abholtermine für die [2] braun_____ Tonne. Den [3] neu_____ Glascontainer finden Sie in der Friedrich-Wolf-Straße. Und noch eine Bitte: Stellen Sie die [4] leer_____ Weinflaschen nicht neben den Container.

Ganz wichtig: Aus den [5] offen_____ Konservendosen können Essensreste in die [6] gelb_____ Tonne kommen. Bitte die Dosen immer spülen! Über das [7] richtig_____ Trennen von Ihrem Müll informiert Sie das [8] farbig_____ Plakat im Hausflur. Es hängt auf der [9] link_____ Seite.

Mit den [10] best_____ Grüßen – Ihre Hausverwaltung

Ⓩ 2 Glascontainer › KB: C3b › G: 5.1

Lesen Sie den Text und ergänzen Sie die Adjektivendungen nach dem bestimmten, unbestimmten Artikel, Nullartikel, Negativ- und Possessivartikel.

Das kennen Sie sicher auch: Sie gehen durch einen [1] schön*en*___ Stadtteil und plötzlich stehen Sie auf einem Platz vor einer [2] lang____ Reihe von Glascontainern! Kein [3] schön____ Ort, oder? Und gerade sind die [4] alt____ weg, dann stellt die Stadtverwaltung gleich wieder [5] neu____ auf. Denn die [6] umweltfreundlich____ Stadtplaner erfinden immer [7] neu____ Container: Es gibt [8] breit____ und [9] schmal____. Leider sind die Glascontainer oft voll. Dann kommen die Leute und stellen ihre [10] leer____ Flaschen in [11] groß____ Taschen direkt neben die [12] voll____ Container. Aber für die [13] viel____ Probleme gibt es eine [14] einfach____ Lösung: Sie trinken [15] kein____ Wein, sondern Sie kochen sich täglich Ihren [16] frisch____ Tee.

3 Wie trenne ich meinen Müll richtig? › KB: C4a

Was kommt in den Mülleimer? Kreuzen Sie an.

1. 2. 3. 4. 5.

1. a. ☒ Folie	b. ☐ Kartoffelschalen	c. ☒ Konserven	d. ☒ Zigarettenverpackung
2. a. ☐ Honigglas	b. ☐ Joghurtglas	c. ☐ Teetasse	d. ☐ Weinflasche
3. a. ☐ Briefe	b. ☐ Flyer	c. ☐ Notizblock	d. ☐ Kreditkarte
4. a. ☐ Eierkarton	b. ☐ Eierschalen	c. ☐ Gartenabfall	d. ☐ Gemüsereste
5. a. ☐ Büroklammern	b. ☐ Kosmetik	c. ☐ leere Stifte	d. ☐ Kunststoffbox

T Ⓟ 4 Auf eine E-Mail antworten › KB: C4b

Sie sind Mieter und der Hausmeisterdienst schickt Ihnen die E-Mail unten. Schreiben Sie etwas zu den drei Punkten rechts.

- Termin nicht möglich: Dienstreise
- Vorschlag für neuen Termin
- wann Heizkostenrechnung?

Zepp-Hausmeisterdienste@xpu.de

Guten Tag,

wir möchten gern am 12. Januar Ihre Heizung warten. Unsere Techniker sind ab 8:00 Uhr im Haus. Wenn Sie nicht können, nennen Sie uns bitte einen anderen Termin.

Mit freundlichen Grüßen
Werner Zepp

Sehr geehrte Damen und Herren,

...

D Ihr Gebäude – wir managen es!

1 Störungsmeldungen › KB: D1a

a Ordnen Sie den Bildern die Wörter im Schüttelkasten zu. Notieren Sie sie mit dem Artikel.

Fenster | ~~Garagentor~~ | Kaffeeautomat | Klimaanlage | Leuchte

1

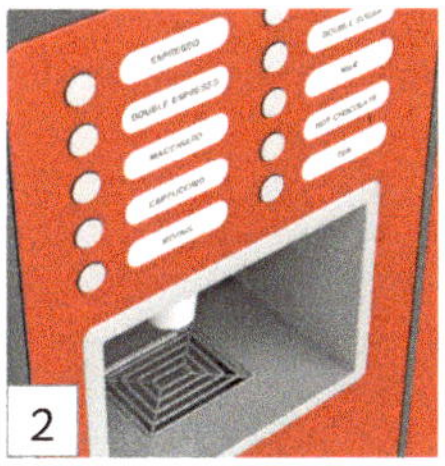
2

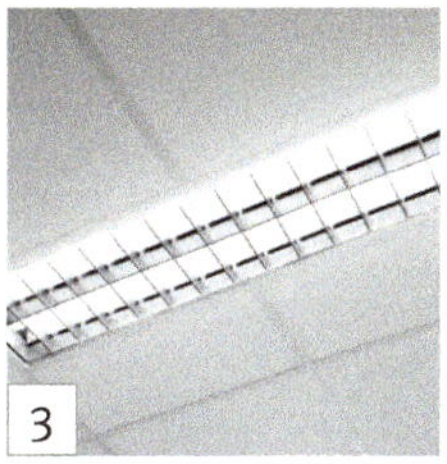
3

4

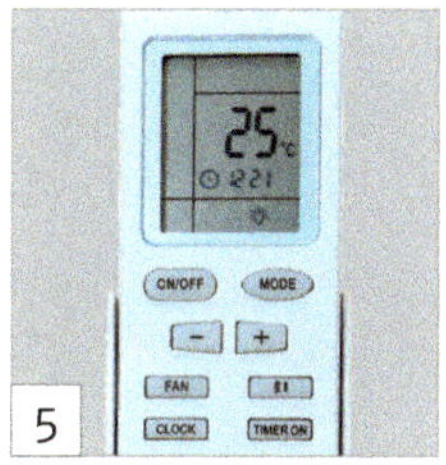
5

1. *das Garagentor*
2. ____________
3. ____________
4. ____________
5. ____________

b Lesen Sie die Sätze und ergänzen Sie die Wörter aus 1a.

1. Gib mal dem Hausmeister Bescheid: *Der Kaffeeautomat* ist schon seit gestern defekt.
2. Im Erdgeschoss ist ____________ geöffnet.
3. Es ist sehr kalt in den Büros, weil ____________ eine Störung hat.
4. Der Firmeneingang blieb dunkel, weil ____________ beschädigt war.
5. Die Mitarbeiter wollten in die Garage fahren, aber sie konnten ____________ nicht öffnen, denn es war defekt.

2 Kurzprotokoll schreiben › KB: D1c

Am Ende schreibt der Hausmeister ein kurzes Protokoll. Lesen Sie die Punkte und ergänzen Sie das Partizip Perfekt.

1. defekter Kaffeeautomat → habe neuen Automaten *bestellt* (bestellen)
2. geöffnetes Fenster → habe Fenster ____________ (schließen)
3. gestörte Klimaanlage → habe Störung in Klimaanlage ____________ (beheben)
4. beschädigte Leuchte → habe Leuchte ____________ (auswechseln)
5. defektes Garagentor → habe Garagentor nicht ____________ (reparieren)

TIPP

Ein Partizip Perfekt kann man wie ein Adjektiv verwenden. Vor dem Nomen hat es die gleiche Endung wie das Adjektiv, z. B. ein geöffnet**es** Fenster

3 Der Haustechniker hat den ganzen Tag viel zu tun › KB: D2a › G: 6.1

a Ergänzen Sie die Zeitangaben aus dem Schüttelkasten.

als Erstes | ~~danach~~ | diese Woche | gestern | heute Abend | zum Schluss

1. zuerst, dann, *danach*, schließlich
2. ____________, heute, morgen, übermorgen
3. zu Beginn, ____________
4. heute Morgen, heute Mittag, ____________
5. letzte Woche, ____________, nächste Woche
6. ____________, als Nächstes, als Letztes

b **Formulieren Sie die Aufgaben zu 1b und verwenden Sie die Wörter in dem Schüttelkasten. Es gibt manchmal mehrere Lösungen.**

~~zuerst~~ | danach | als Nächstes | dann | schließlich

1. (bestellen) *Zuerst kommt der Kaffeeautomat. Er muss ihn bestellen.*
2. (schließen) *Dann ...*
3. (Störung beheben) ______
4. (auswechseln) ______
5. (reparieren) ______

Z 4 Zeitangaben im Akkusativ › KB: D2a

Notieren Sie die Endungen im Akkusativ.

1. Das Handy hat den ganz*en*___ Morgen geklingelt.
2. Die Tür stand die ganz______ Nacht offen.
3. Ich habe den halb______ Tag gewartet.
4. Ich schicke den Bericht nächst______ Montag ab.
5. Ich habe die ganz______ Woche viel zu tun.
6. Das Garagentor habe ich letzt______ Monat repariert.

Rechtschreibung

1 Diphthonge und Umlaute

a **Wörter-Quiz. Kennen Sie das Wort?**

1. (sauber) Wie heißt das Verb? *säubern*
2. (Haus) Wie heißt der Plural? ______
3. (gebaut) Wie heißt das Nomen? ______
4. (Baum) Wie heißt der Plural? ______

b **„eu“ oder „äu“? Ergänzen Sie.**

1. L*äu*__fer
2. Kaufl______te
3. N______bau
4. Abstellr______me
5. technische Abl______fe
6. aufr______en
7. Betr______ung
8. Bel______chtung
9. Hochh______ser
10. Kr______zung
11. Fr______nd
12. K______fer

c **Ergänzen Sie die Vokale „a“, „o“, „u“ und notieren Sie das Adjektiv auf „-lich“. Achten Sie auf den Umlaut.**

1. der T*a*__g *täglich*
2. die W______che ______
3. das J______hr ______
4. die St______nde ______
5. die Min______te ______
6. der P______nkt ______
7. der Gr______nd ______
8. der ______rt ______
9. der M______nn ______
10. die Nat______r ______

Grammatik im Überblick

1 Verben in reflexiver Form › G: 3.5

Reflexivpronomen Akkusativ				Reflexivpronomen Dativ			
Ich	ärgere	mich		Ich	wünsche	mir	
Du	ärgerst	dich		Du	wünschst	dir	
Er / Sie / Es	ärgert	sich		Er / Sie / Es	wünscht	sich	
Wir	ärgern	uns	oft.	Wir	wünschen	uns	eine andere Arbeit.
Ihr	ärgert	euch		Ihr	wünscht	euch	
Sie	ärgern	sich		Sie	wünschen	sich	
Sie (Sg. + Pl.)	ärgern	sich		Sie (Sg. + Pl.)	wünschen	sich	

- Die reflexive Form von einem Verb zeigt, dass der Sprecher sich selbst meint. Dann hat das Verb ein Reflexivpronomen.
- Das Reflexivpronomen und das Personalpronomen sind in Akkusativ und Dativ gleich. Ausnahmen sind die dritte Person Singular und Plural und die Höflichkeitsform „Sie“. Dort heißt das Pronomen „sich“.

2 Adjektive nach unbestimmtem Artikel, Negativ- und Possessivartikel › G: 5.1

1. „ein“ (unbestimmter Artikel), „kein“ (Negativartikel) und „mein“ / „dein“ / … (Possessivartikel) haben **keine Endung → Signalbuchstabe am Adjektiv**, z. B. der Partner → ein guter Partner
   Diese Regel gilt auch für den Nullartikel im Plural, z. B. die Büros → (Ø) saubere Büros
2. „ein-“ (unbestimmter Artikel), „kein-“ (Negativartikel) und „mein-“ / „dein-“ / … (Possessivartikel) haben **eine Endung → Adjektiv hat Endung „-en“**, z. B. mit einem guten Partner
   Ausnahme: Feminine Nomen Singular: im Nominativ und Akkusativ → **Adjektiv hat Endung „-e“**.
   z. B. eine große Reparatur

	Maskulinum (M)		Neutrum (N)		Femininum (F)		Plural (M, N, F)	
Nom.	ein kein mein	guter Partner	ein kein mein	nettes Team	eine keine meine	große Firma	Ø neue keine neuen meine neuen	Aufträge
Akk.	einen keinen meinen	guten Partner	ein kein mein	nettes Team	eine keine meine	große Firma	Ø neue keine neuen meine neuen	Aufträge
Dat.	mit einem mit keinem mit meinem	guten Partner	mit einem mit keinem mit meinem	netten Team	bei einer bei keiner bei meiner	großen Firma	mit Ø neuen mit keinen neuen mit meinen neuen	Aufträgen

3 Adjektive nach bestimmtem Artikel › G: 5.1

	Maskulinum (M)	Neutrum (N)	Femininum (F)	Plural (M, N, F)
Nom.	der alte Glascontainer	das farbige Symbol	die blaue Tonne	die grauen Tonnen
Akk.	den alten Glascontainer	das farbige Symbol	in die blaue Tonne	die grauen Tonnen
Dat.	in dem alten Glascontainer	mit dem farbigen Symbol	zu der blauen Tonne	zu den grauen Tonnen

4 Zeitangaben › G: 6.1

Zeitpunkt	Reihenfolge
heute Morgen, heute Mittag, heute Abend	als Erstes, als Zweites, als Drittes
um 11:00 Uhr, um 14:00 Uhr	als Erstes, als Nächstes, als Letztes
vorgestern, gestern, morgen, übermorgen	zu Beginn, zum Schluss
letzte Woche, diese Woche, nächste Woche	zuerst, dann, danach

A Auf Geschäftsreise

1 Im Hotel › KB: A1b

a Finden Sie noch zehn Wörter im Buchstabenrätsel und notieren Sie sie mit dem Artikel.

A	W	E	L	O	B	B	Y	E	T	E	L	P	X
Z	A	B	N	A	O	S	P	I	B	A	O	Ä	O
I	N	E	N	T	S	P	A	N	N	U	N	G	I
M	A	L	L	M	D	O	P	Z	P	S	W	D	H
M	J	K	P	O	Z	B	E	E	W	S	B	R	E
A	M	R	A	S	J	K	E	L	L	T	R	E	M
P	A	R	K	P	L	A	T	Z	F	A	O	Z	O
A	B	H	E	H	S	E	K	I	O	T	T	P	E
Ü	B	R	A	Ä	N	A	C	M	T	T	U	T	G
A	B	H	B	R	I	K	L	M	U	U	P	I	N
S	A	N	R	E	I	S	E	E	R	N	G	O	Ö
H	O	T	E	L	B	A	R	R	A	G	E	N	H
A	B	H	I	A	W	E	X	L	N	N	H	A	W
L	P	X	S	C	H	W	I	M	M	B	A	D	L
S	E	K	E	A	D	E	G	H	S	A	U	N	A

1. *die Atmosphäre*
2. *die Entspannung*
3.
4.
5.
6.
7.
8.
9.
10.
11.
12.

b Lesen Sie die Aufgabe 1b im Kursbuch 16A noch einmal. Wie heißen die sechs Komposita?

~~die Ausstattung~~ | der Bereich | das Buffet | das Frühstück | ~~das Hotel~~ | das Hotel | der Nichtraucher | das Restaurant | der Service | die Wäscherei | die Wellness | das Zimmer

1. *das Hotel + die Ausstattung = die Hotelausstattung*
2.
3.
4.
5.
6.

TIPP

Manche Komposita haben ein Fugen-s, z. B. Frühstückstisch

Z 2 Zimmerreservierung › KB: A2b

Welche Verben passen zu den Nomen? Ordnen Sie zu.

1. ein Hotelzimmer
2. ein Einzelzimmer
3. den Namen
4. das Reisedatum
5. eine Buchung
6. eine Buchungsbestätigung

A. nennen
B. angeben
C. erhalten
D. bestätigen
E. buchen
F. reservieren

1. *E*
2. ___
3. ___
4. ___
5. ___
6. ___

Z 3 Eine Buchungsbestätigung schreiben › KB: A3b

Sie arbeiten an der Rezeption in einem Hotel. Sie bekommen eine Zimmerreservierung von Frau Regina Kroll. Schreiben Sie ihr die Buchungsbestätigung. Vergessen Sie nicht Anrede und Gruß.

- Anreise: 03.12...
- Abreise: 06.12...
- Doppelzimmer (Nichtraucher)
- mit Frühstück
- WLAN im Zimmer
- Parkplätze in Tiefgarage (5 Euro pro Tag)

Sehr geehrte Frau Kroll,
vielen Dank für Ihre Reservierung. Hiermit bestätigen wir folgende Buchung ...

B Auf dem Weg nach Hamburg

1 Wie ist das Wetter in Norddeutschland? › KB: B1b

a Lesen Sie den Wetterbericht und ergänzen Sie ihn.

bedeckt | neblig | regnerisch | heiter | ~~stürmisch~~ | windig

1. Sylt: *Es sind 6 °C und es ist stürmisch.*
2. Flensburg: ____________
3. Kiel: ____________
4. Lübeck: ____________
5. Hamburg: ____________
6. Cuxhaven: ____________

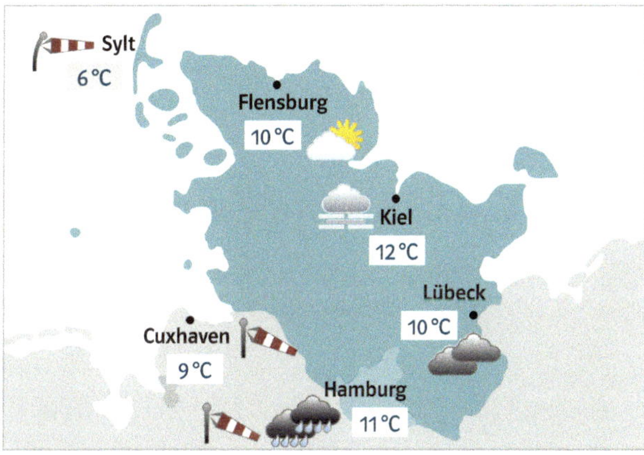

b Notieren Sie die Nomen zu den Wetter-Adjektiven in 1a. Zu zwei Adjektiven in 1a gibt es keine passenden Nomen.

1. *der Sturm, ¨-e*
2. ____________
3. ____________
4. ____________

2 Durchsagen am Flughafen und im Flugzeug › KB: B1b

Was passt zusammen? Ordnen Sie zu.

1. Wir bitten Fluggast Manuel Möller,
2. Ich fliege Sie heute zusammen mit
3. Wir heißen Sie herzlich
4. Unsere Flugzeit beträgt
5. Wir befinden uns gerade über
6. Wir hoffen,
7. Das Wetter in Rom ist sehr gut:
8. Die Wettervorhersage sagt,
9. Wir landen

A. 1 Stunde und 35 Minuten.
B. Die Sonne scheint, die Temperatur beträgt 25 °C.
C. Sie haben einen angenehmen Flug.
D. München.
E. dass es in den nächsten Tagen so schön bleibt.
F. meinem Co-Piloten, Jo Nau, nach Rom.
G. pünktlich in Rom.
H. bei uns an Bord willkommen.
I. gebucht auf den Flug C576 nach Rom, umgehend zum Flugsteig B19.

1. *I*
2. ___
3. ___
4. ___
5. ___
6. ___
7. ___
8. ___
9. ___

3 Über den Wolken – das Wortfeld „Flughafen" › KB: B2

Lesen Sie den Tipp und notieren Sie den Wortschatz zum Thema „Flughafen" auf der Doppelseite 16B im Kursbuch.

1. Ort: *der Flughafen, ...*
2. Person / Organisation: *der Fluggast, ...*
3. Aktivität: *die Durchsage, fliegen, ...*

TIPP

Sie können den Wortschatz zu einem Thema in Wortfeldern lernen. Notieren Sie so viele Wörter wie nötig zu einem Wortfeld.

4 Die praktische Taxi-App – Temporale Nebensätze mit „wenn" (Gegenwart) › KB: B3 › G: 4.2

a Lesen Sie die Sätze und verbinden Sie sie mit „wenn".

1. Installieren Sie die Taxi-App auf Ihrem Smartphone. Sie kommen am Flughafen an.
   Installieren Sie die Taxi-App auf Ihrem Smartphone, wenn Sie am Flughafen ankommen.
2. Bestellen Sie ein Taxi über die App. Sie haben wenig Zeit.
3. Gehen Sie sofort zum Taxistand. Sie kommen aus dem Flughafengebäude.
4. Ihr Taxi steht schon da. Sie kommen zum Taxistand.
5. Grüßen Sie den Fahrer. Sie gehen zum Taxi.
6. Zeigen Sie Ihre App und nennen Sie Ihr Fahrziel. Sie steigen ins Taxi ein.

b Schreiben Sie die Sätze aus 4a in die Tabelle und beginnen Sie nun mit dem „wenn-Satz".

Nebensatz			Hauptsatz	
1. *Wenn*	*Sie am Flughafen*	*ankommen,*	*installieren*	*Sie die Taxi-App auf Ihrem Smartphone.*
2.				
3.				
4.				
5.				
6.				

5 So viele Apps – Was passiert, wenn Sie die App öffnen? › KB: B3 › G: 4.2

Wählen Sie eine App, und schreiben Sie Erklärungen mit „wenn".

1. Sie – diese App öffnen / Sie – Ihr Essen – auswählen und bestellen können
   Wenn Sie diese App öffnen, können Sie Ihr Essen auswählen und bestellen. /
   Sie können Ihr Essen auswählen und bestellen, ...
2. Du – Bahn-App öffnen müssen / du – aktuellen Zugfahrplan – sehen wollen
   Wenn du den aktuellen ...
   ____

CHEFKOCH.DE

3. Diese App – viele gute Rezepte bieten / Sie – Festessen – kochen müssen
   ____
   ____
4. Ich – Taschenlampen-App – benutzen / ich – brauchen – unterwegs – Licht
   ____
   ____

Z 6 Herr Reinhardt hat viele Termine – Zeitangaben in Gegenwart und Zukunft › KB: B3

a Herr Reinhardt denkt an seine Termine. Lesen Sie seine Gedanken und ergänzen Sie die Zeitangaben. › G: 6.1

bald | Morgen Vormittag | ~~halben Stunde~~ | nächste Woche | morgen Abend | heute Nachmittag | nächsten Jahr | übermorgen

In einer [1] *halben Stunde* holt mich Frau Elvert von der Firma Holstein ab. Weil es dort viel Arbeit gibt, habe ich schon [2] __________ um 14:00 Uhr eine lange Besprechung. [3] __________ gibt es einen Rundgang durch die Firma und [4] __________ treffe ich mich mit Geschäftspartnern zum Abendessen. Aber [5] __________ habe ich nach der Arbeit Zeit für einen Einkaufsbummel. Donnerstag habe ich noch eine Besprechung. Wenn ich am Freitag wieder in Wien gelandet bin, muss ich noch schnell ins Büro, denn am Montag [6] __________ fliege ich schon wieder nach Budapest. Dort installiere ich eine Anlage. Nächsten Monat fliege ich noch einmal nach Ungarn und dann erst wieder [7] im __________. Aber [8] __________ ist zum Glück endlich Urlaub!

b Herr Reinhardt hat Stress. Formulieren Sie Nebensätze mit „wenn". › G: 4.2

1. *Wenn er morgen Zeit hat,* __________,
   sieht er sich die Stadt an. (er – morgen – Zeit haben)
2. __________,
   geht er in eine Bar. (er – morgen Abend – frei haben)
3. __________,
   trifft er ungarische Kollegen. (er – in einem Monat – in Budapest sein)
4. __________,
   übernachtet er wieder im Hotel. (er – nächste Woche – Messe besuchen)

7 An der Hotelrezeption – indirekte Fragen › KB: B5 › G: 4.2

a Welche sind direkte (d) Fragen, welche sind indirekte (i) Fragen? Kreuzen Sie an.

	d	i
1. Wie funktioniert die Schließkarte vom Zimmer?	☒	☐
2. Können Sie mir sagen, wann das Hotelrestaurant geöffnet hat?	☐	☐
3. Wird das Wetter in den nächsten Tagen besser?	☐	☐
4. Wo kann ich einen Stadtplan bekommen?	☐	☐
5. Wissen Sie, ob man vom Hotel zu Fuß ins Stadtzentrum gehen kann?	☐	☐
6. Gibt es im Stadtzentrum schöne Cafés?	☐	☐
7. Ich möchte gern wissen, wie viele Menschen in Hamburg leben.	☐	☐
8. Kannst du im Internet nachsehen, ob es heute Abend ein interessantes Konzert gibt?	☐	☐

b Formulieren Sie die indirekten Fragen aus 7a in direkte Fragen um.

2. Wann hat das Hotelrestaurant geöffnet?

c Formulieren Sie die direkten Fragen aus 7a in indirekte Fragen um. Die Satzanfänge im Schüttelkasten helfen. Es gibt mehrere Lösungen.

Können Sie mir sagen, … | Wissen Sie, … | Ich möchte gerne wissen, … | ~~Können Sie mir erklären,~~ …

1. Können Sie mir erklären, wie die Schließkarte vom Zimmer funktioniert?

C Unterwegs in der Stadt

1 Wortfamilien › KB: C1a

a Lesen Sie den Tipp. Welche Wörter gehören nicht in die Wortfamilie „Reisen"? Streichen Sie sie.

~~Berge~~ | Abreise | anreisen | Zug | besichtigen | Flugzeug | Gast | buchen | Reisebüro | Dienstreise | Ferien | Flughafen | Geschäftsreise | Reiseführer | Hotel | Koffer | Meer | reisen | Natur | Reisebericht | Flugreise | Reisekosten | reiselustig | Urlaub | Rezeption | Reiseziel | Rundfahrt | Sehenswürdigkeiten | verreisen

TIPP

Wortfamilie: alles, was man aus einem Wortstamm + Endungen, Vorsilben und Zusammensetzungen etc. neu bilden kann, z. B. die Wortfamilie von „Sonne": sonnig, sich sonnen, der Sonntag, die Mittagssonne

b Arbeiten Sie mit dem Wörterbuch und notieren Sie eine Wortfamilie mit acht Wörtern.

Freund: *die Freundin, …*

2 Rauf auf den Turm und schnell wieder runter › KB: C1b › G: 6.2

a „rauf", „runter", „rein" und „raus". Lesen Sie die Sätze: Welche sagen das gleiche? Ordnen Sie zu.

1. Ich gehe rauf.	A. Ich gehe hinunter.	1. B
2. Ich gehe raus.	B. Ich gehe hinauf.	2. ___
3. Ich gehe runter.	C. Ich gehe hinein.	3. ___
4. Ich gehe rein.	D. Ich gehe hinaus.	4. ___

TIPP

Umgangssprachlich:
rauf – runter, rein – raus
Standardsprachlich:
hinauf – hinunter,
hinein – hinaus

b Ordnen Sie die Sätze aus 2a den Bildern zu.

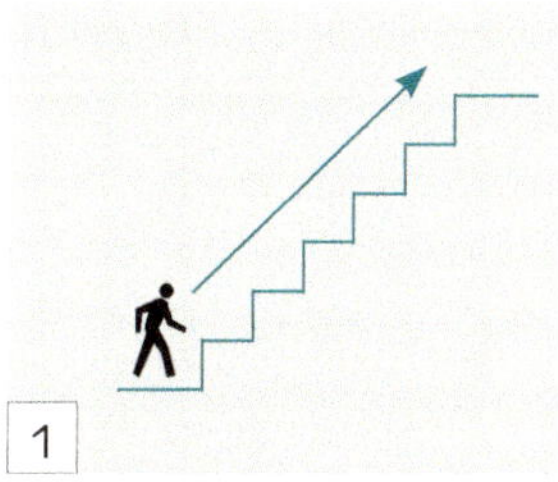
1

Ich gehe hinauf. / Ich gehe rauf.

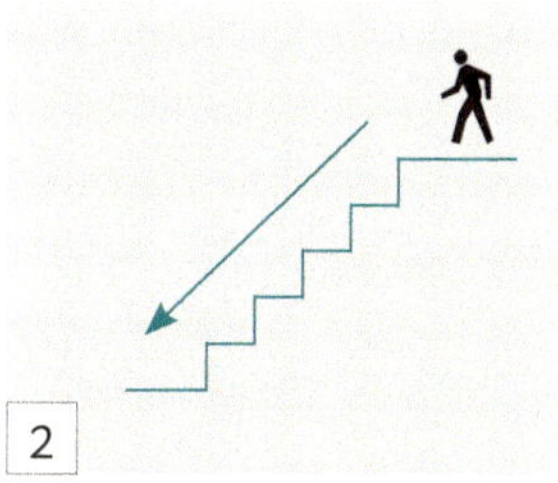
2

___

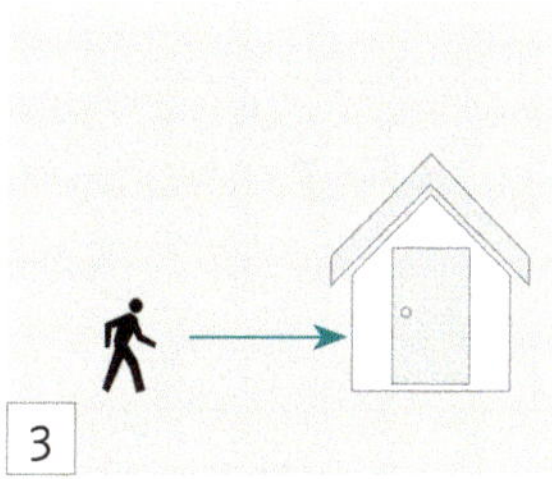
3

___

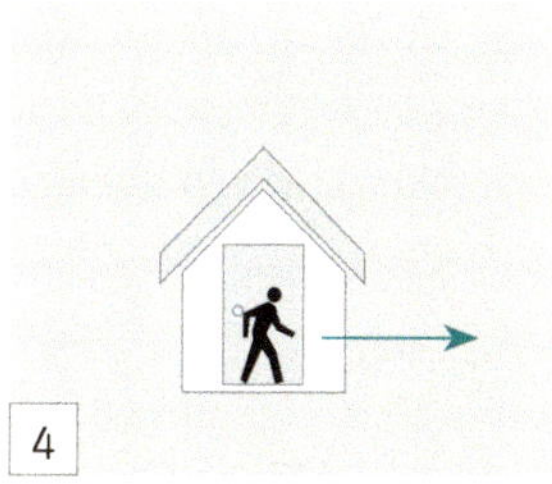
4

___

3 Hamburg im Regen – Temporale Nebensätze mit „als" und „wenn" › KB: C2b › G: 4.2

a Lesen Sie Herrn Reinhardts Aussagen in seinem Blog. Wann und wie oft ist das Ereignis passiert: einmal in der Vergangenheit (1), jedes Mal in der Vergangenheit (2), einmal oder jedes Mal in der Gegenwart oder Zukunft (3)? Tragen Sie die passende Nummer ein.

1. Immer wenn ich auf Geschäftsreisen bin, habe ich viele Termine. 3
2. Aber als ich in Hamburg war, hatte ich Zeit für Sehenswürdigkeiten. ___
3. Jedes Mal, wenn ich ein Foto machen wollte, liefen mir Leute ins Bild. ___
4. Immer wenn ich auf einen Turm möchte, regnet es und die Aussicht ist schlecht! ___
5. Jedes Mal, wenn ich bei Regen Besichtigungen gemacht habe, bin ich total nass geworden. ___
6. Als der Regen nicht aufhörte, kaufte ich mir einen Friesennerz. ___

b Im Gewürzmuseum. Lesen Sie Herrn Reinhardts Bericht. Ergänzen Sie „wenn" oder „als".

Immer [1] wenn ich im Reiseführer vom Gewürzmuseum gelesen habe, wollte ich es in der Speicherstadt besuchen. Aber jedes Mal, [2] ___ ich in Hamburg war, hatte ich keine Zeit. Dieses Mal hat es geklappt. Ich bekam kein Ticket, [3] ___ ich den Eintritt bezahlte, sondern ein Tütchen mit Pfeffer. Jedes Mal [4] ___ man in das kleine Museum geht, kann man neue Ausstellungsstücke aus 5 Jahrhunderten sehen. [5] ___ man die Waren noch in der Speicherstadt gelagert hat, konnte man dort Gewürze kaufen. Ich durfte viele Gewürze riechen, schmecken und fühlen, [6] ___ ich die Ausstellung besuchte. Das war interessant. Denn jedes Mal [7] ___ wir zu alten Verarbeitungsmaschinen kamen, hat die Museumsführerin den Weg der Gewürze vom Anbau bis zum Fertigprodukt erklärt. [8] ___ man die Webseite des Museums öffnet, kann man neue Rezepte mit interessanten Gewürzen entdecken. Und [9] ___ ich im Museum war, fand dort ein Kochkurs mit exotischen Gewürzen statt. Das Gewürzmuseum ist also ein echtes Erlebnismuseum!

c Eine Geschäftsreise mit Problemen. Verbinden Sie die Sätze mit „als" oder „wenn".

1. (als) Ich wollte ein Hotelzimmer buchen. Das Hotel hatte ein Server-Problem.
   Als ich ein Hotelzimmer buchen wollte, hatte das Hotel ein Server-Problem.
2. (immer wenn) Ich habe im Hotel angerufen. Die Leitung war besetzt.
   ______
3. (als) Ich bin in Hamburg angekommen. Es hat stark geregnet.
   ______
4. (jedes Mal wenn) Ich rief ein Taxi. Ich musste lange warten.
   ______

TIPP

Nebensatz „immer / jedes Mal": Wenn der Satz mit „wenn" hinten steht, dann stehen die Angaben „immer" / „jedes Mal" vorne im Hauptsatz:
Immer wenn ich Zeit habe, fahre ich nach Hamburg. → Ich fahre immer nach Hamburg, wenn ich Zeit habe.

d Lesen Sie den Tipp oben. Formulieren Sie die Sätze und beginnen Sie mit dem Hauptsatz.

1. Jedes Mal wenn ich in Hamburg bin, besuche ich die Landungsbrücken.
   Ich besuche jedes Mal die Landungsbrücken, wenn ich in Hamburg bin.
2. Immer wenn ich die Landungsbrücken besuche, esse ich Fischbrötchen.
   ______
3. Jedes Mal wenn ich durch die Stadt gehe, regnet es.
   ______

D An der Hotelrezeption

Z 1 Auschecken › KB: D1a

Bilden Sie Sätze und ändern Sie die Wortstellung wie im Beispiel. Markieren Sie das Subjekt.

1. das Hotel: Gast gefallen *Das Hotel gefällt dem Gast. / Dem Gast gefällt das Hotel.*
2. der Hotelchef: Beschwerden lesen ______
3. Herr Reinhardt: Frühstück zahlen ______

Rechtschreibung

1 Wie kann man den „s"-Laut schreiben?

▶ 4 | 49 Ein besonderes Kleidungsstück. Hören Sie die Geschichte und ergänzen Sie „s", „ss" oder „ß".

Herr Reinhardt hat aus Hamburg ein besonderes [1] *S*__ouvenir mitgebracht. Er fand, [2] da___ es in [3] ___ einen Kleiderschrank [4] pa___t: Ein echter [5] Frie___ennerz. Er ist [6] wa___erdicht und funktional. Leider war er zu [7] gro___ für seinen Koffer. So [8] mu___te er ihn mit der Post schicken. Als der gelbe Regenmantel [9] schlie___lich bei ihm war, überlegte er, wo er ihn aufhängen [10] ___ollte. Der Mantel kam direkt ins [11] Erdgescho___ neben die [12] Hau___tür. Jetzt fehlen nur noch [13] Gummi___tiefel gegen [14] na___e [15] Fü___e! Dann kann der [16] Herb___t auch in Wien kommen!

Grammatik im Überblick

1 Temporale Nebensätze mit „wenn" – Gegenwart oder Zukunft › G: 4.2

Temporale Nebensätze mit „wenn" benennen ein Ereignis, das einmal oder jedes Mal in der Gegenwart oder Zukunft passiert.

z. B. Wenn ich heute Mittag gelandet bin, fahre ich mit dem Taxi direkt zum Hotel.
(Immer / Jedes Mal) Wenn ich aus dem Terminal komme, wähle ich das Taxi mit meiner Nummer.

Satzstellung bei „immer wenn" / „jedes Mal wenn": Wenn der „wenn-Satz" hinten steht, dann steht „immer" / „jedes Mal" vorne im Hauptsatz.

z. B. Ich wähle (immer / jedes Mal) das Taxi mit meiner Nummer, wenn ich aus dem Terminal komme.

2 Temporale Nebensätze mit „als" – Vergangenheit › G: 4.2

Temporale Nebensätze mit „als" benennen ein Ereignis, das einmal in der Vergangenheit passiert ist.

z. B. Als ich oben auf dem Turm war, war die Sicht total schlecht.
Ich war nass und der Schirm kaputt, als ich an den Landungsbrücken ankam.

3 Temporale Nebensätze mit „wenn" – Vergangenheit › G: 4.2

Temporale Nebensätze mit „wenn" benennen ein Ereignis, das immer in der Vergangenheit passiert ist.

z. B. (Immer / Jedes Mal) wenn ich früher in Hamburg war, hatte ich keine Zeit für Besichtigungen.
Ich hatte (immer / jedes Mal) keine Zeit für Besichtigungen, wenn ich früher in Hamburg war.

4 Indirekte Fragesätze › G: 4.2

Indirekte Fragen sind Nebensätze. Das Verb steht am Ende des Nebensatzes. Wenn man höflich sein will, stellt man oft keine direkten Fragen, sondern indirekte. In dem Fall beginnt man die Frage mit Ausdrücken wie „Ich möchte wissen, …" oder „Können Sie mir sagen, …?"

Wenn die direkte Frage eine **Ja- / Nein-Frage** ist, beginnt die indirekte Frage mit „**ob**",

z. B. Habe ich im Zimmer WLAN? → Ich möchte gern wissen, ob ich WLAN im Zimmer habe.
Gibt es eine Minibar im Zimmer? → Können Sie mir sagen, ob es eine Minibar im Zimmer gibt?

Wenn die direkte Frage mit einem **Fragewort** beginnt, beginnt die indirekte Frage mit dem gleichen Fragewort,

z. B. Wann gibt es Frühstück? → Können Sie mir sagen, wann es Frühstück gibt?
Wo befindet sich die Innenstadt? → Ich möchte gern wissen, wo sich die Innenstadt befindet.

5 Lokale Angaben: Eine Richtung angeben › G: 6.2

Er geht hinauf / rauf.

Er geht hinunter / runter.

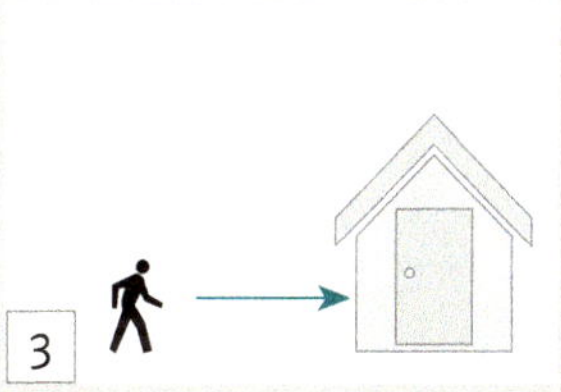

Er geht hinein / rein.

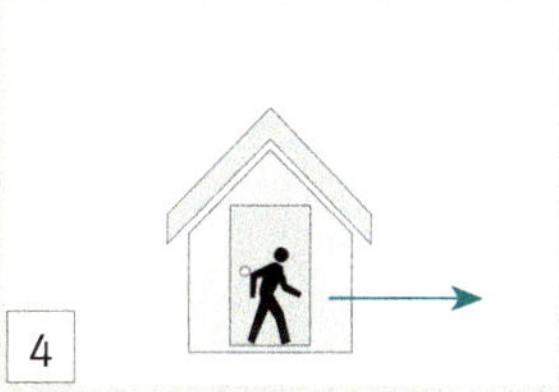

Er geht hinaus / raus.

Lokale Angaben stehen beim Verb und benennen eine Richtung.

z. B. Er kommt den Berg hinunter. Er fährt in die Garage hinein.

- Standardsprache: „hinauf / hinunter"; „hinein / hinaus"
- Umgangssprache: „rauf / runter"; „rein / raus"

A Werbeartikel, aber welche?

1 Was kann man mit den Werbegeschenken machen? › KB: A1a

Setzen Sie die Wortteile zusammen und notieren Sie die Wörter mit dem Artikel.

~~Anhänger~~ | Bildschirm | Haft | Hülle | Kugel | Notizen | Reiniger | ~~Schlüssel~~ | Schreiber | Smartphone | Stick | USB-

1. an den Haustürschlüssel hängen der Schlüsselanhänger
2. das Handy schützen ______
3. schreiben ______
4. das Handy sauber machen ______
5. Notizen machen ______
6. digitale Daten speichern ______

2 Produkte für viele Gelegenheiten › KB: A2a

Welche Wörter passen? Kreuzen Sie an.

1. a. ☒ Farbe b. ☒ Sonderform c. ☐ Stückzahl d. ☒ Größe
2. a. ☐ Kugelschreiber b. ☐ Computer c. ☐ Lineal d. ☐ Haftnotizen
3. a. ☐ Werbeabteilung b. ☐ Marketing c. ☐ Produktion d. ☐ Messe
4. a. ☐ teuer b. ☐ preiswert c. ☐ billig d. ☐ günstig
5. a. ☐ Give-aways b. ☐ Gutschein c. ☐ Werbeartikel d. ☐ Werbegeschenke

3 Über Produkte sprechen › KB: A2e

Schreiben Sie die passenden Fragen zu den grau markierten Wörtern.

1. Für wen ist das Produkt interessant? — Das Produkt ist für junge Kunden interessant.
2. ______ — Man braucht es oft im Alltag.
3. ______ — Es kostet 2,19 €.
4. ______ — Sein Vorteil: Es ist sehr nützlich.
5. ______ — Man kann mit ihm das Display reinigen.

B Zusammen entscheiden

1 Aufgaben in der Firma Haffner: Was muss passieren? › KB: B1a

Lesen Sie noch einmal die E-Mail im Kursbuch 17B, Aufgabe 1a. Ordnen Sie dann die Verben den Nomen zu.

1. eine Information	A. treffen	1. B
2. eine Firma	B. bekommen	2. __
3. eine Entscheidung	C. haben	3. __
4. einen Termin	D. geben	4. __
5. eine Besprechung	E. präsentieren	5. __
6. Bescheid	F. vorschlagen	6. __

2 Vergleiche › G: 5.2

a Vergleichen Sie die Firmen. Verwenden Sie die Formen „(genau)so … wie" und „nicht so … wie". › KB: B3b

Firma Adler • Strategieberatung

Gründungsjahr: 2006
Mitarbeiterzahl: 200
Mitarbeiter – Alter: meist 25–38 Jahre
Umsatz im letzten Jahr: 180 Millionen €
Standorte: 5
in Deutschland bekannt

Firma Bauer
Sicherheitssysteme

Gründungsjahr: 1975
Mitarbeiterzahl: 200
Mitarbeiter – Alter: meist 40–55 Jahre
Umsatz im letzten Jahr: 250 Millionen €
Standorte: 5
weltweit bekannt

1. Wie alt sind die Firmen? *Die Firma Adler ist nicht so alt wie die Firma Bauer.*
2. Wie viele Mitarbeiter? Die Firma Bauer hat *genauso viele Mitarbeiter wie die Firma Adler.*
3. Wie alt sind die Mitarbeiter? Die Mitarbeiter von Adler sind ______.
4. Wie hoch ist der Umsatz? Der Umsatz von Adler ist ______.
5. Wie groß ist sie? Die Firma Bauer ist ______.
6. Wie bekannt ist sie? Die Firma Adler ist ______.

b Lesen Sie die Regeln und ergänzen Sie die Tabelle. Markieren Sie dann die Besonderheiten. › KB: B3d

	Grundform	Komparativ: … -er	Superlativ: am …-(e)sten	Besonderheit
1.	billig klein schön	billiger *kleiner* schöner	*am billigsten* am kleinsten *am schönsten*	regelmäßig
2.	lang jung stark	 jünger 	am längsten am stärksten	regelmäßig mit Umlaut
3.	teuer dunkel	teurer 	 am dunkelsten	Adjektive auf „-er", „-el": verlieren im Komparativ das „e":
4.	beliebt rund preiswert	beliebter preiswerter	 am rundesten 	Adjektive auf „-d", „-t": Superlativ auf „-est"
5.	hübsch kurz groß praktisch	hübscher 	 am kürzesten am größten am praktischsten	Adjektive auf „-s", „-ß", „-sch", „-z": Superlativ auf „-est" (Ausnahme: groß, Adjektive auf „-isch")
6.	nah hoch gut gern viel	näher lieber 	 am höchsten am besten am meisten	Sonderformen

c **Ergänzen Sie in dem Interview aus der WirtschaftsZeitung den Komparativ (K) und den Superlativ (S).** › KB: B3d

WirtschaftsZeitung: Herr Schulz, Ihr Unternehmen ist seit 5 Jahren international sehr erfolgreich.
Herr Schulz: Ja. Die letzten Jahre waren [1] *am erfolgreichsten* (erfolgreich/S). Unser weltweiter Umsatz war im letzten Jahr [2] ______________ (stark/S). Die Zahl unserer Mitarbeiter war im letzten Jahr auch [3] ______________ (hoch/S)
WZ: In den letzten Jahren waren auch die Investitionen in die Firma [4] ______________ (hoch/K) als früher, oder?
Herr Schulz: Ja, das war wichtig. Wir mussten [5] ______________ (modern/K) werden. Der Vergleich mit anderen Unternehmen zeigt: Unser Maschinenpark ist heute [6] ______________ (modern/S), denn unsere Maschinen sind [7] ______________ (neu/K), und die Produktion ist [8] ______________ (flexibel/K). Außerdem tun wir für etwas die Umwelt. Unsere Produktion ist viel [9] ______________ (sauber/K) und unsere Produkte sind [10] ______________ (umweltfreundlich/K) als vor 10 Jahren.
WZ: Eine gute Entwicklung! Und was freut Sie [11] ______________ (viel/S)?
Herr Schulz: Unsere Ideen sind heute [12] ______________ (gut/K) als früher und unsere Mitarbeiter sind [13] ______________ (motiviert/K) und [14] ______________ (zufrieden/K). Arbeiten bei uns macht einfach Spaß!

d **Was ist richtig: „als“ oder „wie“? Kreuzen Sie an.** › KB: B3d

1. Unsere Werbeartikel sind leider nicht so witzig ☐ als ☒ wie die von der Firma Adler.
2. Aber unsere Give-aways sind praktischer ☐ als ☐ wie die von Adler.
3. Adler hat auch einen Schlüsselanhänger. Der ist schöner ☐ als ☐ wie unser Anhänger.
4. Der ist aber sicher nicht so preiswert ☐ als ☐ wie der von uns.
5. Ich finde, das Marketing bei Adler ist genauso gut ☐ als ☐ wie bei uns.
6. Aber die Firma Adler ist nicht erfolgreicher ☐ als ☐ wie wir!

Z 3 Vergleiche › KB: B3d › G: 5.2

Lesen Sie die Sätze und ergänzen Sie „als“, „am“ „nicht ... so wie“, „genauso ... wie“.

1. Ist Ihr PC im Büro schneller *als* Ihr PC zu Hause? – Nein, er ist *genauso* schnell.
2. Mein altes Notebook war sehr groß. Zum Glück ist das neue ________ ________ schwer ________ das alte.
3. Unser Chef kommt ________ ________ früh zur Arbeit ________ wir. Er beginnt immer später ________ wir.
4. Diese Maschine ist sehr laut! – Wirklich? Aber sie ist von allen ________ leisesten!
5. Die gelbe Smartphonehülle ist ________ schön ________ die grüne. Aber die rote ist ________ schönsten.
6. Liegt deine neue Wohnung weit weg von der Firma? – Nein, sie liegt sogar näher ________ die alte.
7. Schade! Das Angebot von Promo-Effekt ist leider ________ ________ preiswert ________ die anderen Angebote.
8. Dieses Softwareprogramm ist von allen unseren Programmen ________ schnellsten!

C Wie ist Ihr Angebot?

1 Eine formelle Anfrage schreiben › KB: C1b

a Welche sechs Wörter aus der Anfrage in 1b im Kursbuch 17C können Sie hier finden? Notieren Sie sie mit dem Artikel.

nanunanlagerdnglapreisangabezbedunkangebotularaanfragelnanschlussettimrauansprechpartnerinar

die Anlage, ______

b Ergänzen Sie die Wörter aus 1a.

1. In der *Anlage* ______ finden Sie die Preisliste.
2. Wir entscheiden uns für die Firma Emrich, denn sie hat uns ein günstiges ______ gemacht.
3. Im ______ an den Kurs gibt es ein gemeinsames Abendessen.
4. Der Katalog zeigt nicht, wie viel der Artikel kostet, er hat keine ______.
5. Wir schreiben jetzt eine ______, denn wir brauchen genaue Informationen zu dem Produkt.
6. Bei Problemen fragen Sie bitte Frau Gruner, sie ist Ihre ______.

2 Verben im Konjunktiv II für höfliche Fragen oder Bitten › KB: C3b › G: 1.8

a Ergänzen Sie die richtigen Verbformen von „werden" im Konjunktiv II.

1. Ich *würde* ______ dir eine hohe Stückzahl empfehlen.
2. *Würden* ______ Sie ein Produktmuster herstellen?
3. ______ du uns ein Muster zeigen?
4. ______ ihr mir bitte ein Angebot machen?
5. Wir ______ gerne 1.000 Stück bestellen.
6. Herr Pilner ______ uns einen Rabatt geben.

b Schreiben Sie die Sätze aus 2a in die Tabellen und ergänzen Sie die Regeln.

Satzklammer (Position 2 – Satzende)

Position 1	Position 2		Satzende
1. Ich	*würde*	*dir eine hohe Stückzahl*	*empfehlen.*

Satzklammer (Position 1 – Satzende)

Position 1	Position 2		Satzende
2. Würden	*Sie*	*ein Produktmuster*	*herstellen?*

G

„würde" + Infinitiv hat die gleiche Wortstellung wie die Modalverben:
1. Im Aussagesatz steht „würde" auf ______. Der Infinitiv steht am ______.
2. In Ja-/Nein-Fragen steht „würde" auf ______. Der Infinitiv steht am ______.

c **Markieren Sie die richtigen Konjunktiv-Formen von „können", „dürfen", „haben" und „sein".**

1. Wir hättet / hätten / hättest gern eine Sonderform.
2. Wäre / Wärt / Wären Sie und Ihr Kollege heute für uns da?
3. Hätten / Hättet / Hättest ihr einen Vorschlag?
4. Dürftet / Dürfte / Dürftet ich diesen Artikel bitte genauer ansehen?
5. Könntest / Könnten / Könnte du bitte mehr zu diesem Artikel sagen?
6. Wär / Wäre / Wären es ein Problem, wenn wir noch mehr Artikel bestellen?

d **Schreiben Sie Fragen mit den Elementen. Wie viele verschiedene Fragen sind möglich?**

Würden Könnten Dürfte Hätten	Sie ich	einen Moment Zeit mir bitte Bescheid mir bitte ein Angebot bitte die Anfrage um eine Preisliste	machen? bitten? für mich? geben? beantworten?

1. Hätten Sie einen Moment Zeit für mich?; ...

TIPP

Bei dem Verb „haben" im Konj. II für höfliche Fragen braucht man keinen Infinitiv, z. B. Hätten Sie vielleicht einen Katalog für mich? Für höfliche Wünsche nimmt man oft „haben" im Konj. II + „gern", z. B. Ich hätte gern einen Katalog.

e **Formulieren Sie die Sätze noch höflicher. Verwenden Sie den Konjunktiv II.**

1. Welches Modell empfehlen Sie uns? *Welches Modell würden Sie uns empfehlen?*
2. Darf ich Sie um die Preisliste bitten? ______
3. Ist es möglich, dass Sie in 5 Tagen liefern? ______
4. Kannst du mir bitte helfen? ______
5. Haben Sie einen Lösungsvorschlag für das Problem? ______
6. Ich möchte gern einen Termin haben. ______

3 Eine Anfrage mit Lücken › KB: C3c

T P **Welche Wörter passen: a, b oder c? Kreuzen Sie an.**

Sehr geehrte Frau Konzelmann,

im Anschluss an unser Messegespräch haben wir Interesse an [1] *Ihrem* ______ Produktangebot. [2] ______ Sie uns bitte zu den Produkten unten die Preise mitteilen? Besonders [3] ______ sind für uns auch die Lieferzeiten. Wäre es [4] ______, dass Sie alles schon in einer Woche nach der Bestellung liefern? Geht das auch bei [5] ______ Stückzahl?

Mit freundlichen Grüßen, Bert Meier

1. a. ☐ unserem b. ☐ eurem c. ☒ Ihrem
2. a. ☐ Möchten b. ☐ Könnten c. ☐ Wollen
3. a. ☐ wichtig b. ☐ gut c. ☐ praktisch
4. a. ☐ günstig b. ☐ möglich c. ☐ nützlich
5. a. ☐ vielen b. ☐ wenigen c. ☐ hoher

D Das Angebot kommt

1 Rund um den Auftrag › KB: D1

Was bedeuten die Wörter? Ordnen Sie zu.

1. der Auftrag	A. An diesem Ort liegen die Waren.	1. G
2. die Lieferung	B. Dokument mit den Kosten	2. ___
3. der Kunde	C. Diese Firma / Person möchte etwas verkaufen.	3. ___
4. das Lager	D. Der Anbieter sagt, dass er den Auftrag bekommen hat.	4. ___
5. der Anbieter	E. Die Ware kommt.	5. ___
6. die Rechnung	F. Diese Person / Firma kauft etwas.	6. ___
7. die Auftragsbestätigung	G. Man bestellt etwas schriftlich.	7. ___

2 Wohin muss die Bestellung? – Lokale Präpositionen mit Akkusativ › KB: D1 › G: 6.2

a Kreuzen Sie an: „in" oder „an"?

1. Firma Haffner hat eine Bestellung	☒ an	☐ in	die Firma Promo-Effekt geschickt.
2. Könnten Sie bitte	☐ ans	☐ ins	Lager gehen und das Dokument abgeben?
3. Bitte liefern Sie die Ware	☐ an	☐ in	die Firma Haffner: an diese Adresse.
4. Wir haben alles	☐ an	☐ in	die Warenannahme gebracht.

b Ergänzen Sie „in" oder „an" und den bestimmten Artikel. Einmal gibt es zwei Lösungen.

Ein Anbieter bekommt eine Bestellung. Dann schickt er eine Auftragsbestätigung [1] an den Kunden und gibt die Daten für die Bestellung [2] ________ Lager. Was passiert dann? Eine Spedition liefert die Ware [3] ________ Kunden. Manche Firmen haben eine Abteilung nur für neue Waren, die „Warenannahme". Der Lieferant bringt die Ware [4] ________ Abteilung. Zur gleichen Zeit schickt der Anbieter die Rechnung [5] ________ Kunden.

TIPP

„Wohin?" – an / in + Akkusativ
„schicken" / „liefern"
„an" + Firma / Person.
„in" = in ein Gebäude hinein.
Man verwendet diese Präposition auch bei Ländern mit bestimmtem Artikel und bei Regionen, z. B. Ich fahre in die Schweiz / in den Schwarzwald.

Z 3 Die Mehrwertsteuer › KB: D2b

a Lesen Sie den Informationstext. Was ist richtig (r), was ist falsch (f)? Kreuzen Sie an.

Die Mehrwertsteuer (= MwSt.) ist eine Steuer auf den Umsatz. Der Mehrwert ist der Unterschied zwischen den Kosten für die Herstellung von einem Produkt (oder für eine Dienstleistung) und dem Preis, wenn man es verkauft. In der Europäischen Union muss man die Mehrwertsteuer auf die Rechnung schreiben. In Deutschland beträgt die normale Mehrwertsteuer 19 %, in Österreich 20 %, in der Schweiz 8 %. Bei wichtigen Dingen und Dienstleistungen (z. B. Hotel) für das tägliche Leben ist sie nicht so hoch: In Deutschland 7 %, Österreich 10 %, Schweiz 2,5 % („ermäßigter Steuersatz"). Das ist in Deutschland bei vielen Lebensmitteln (nicht im Restaurant), Büchern und Zeitungen so, aber auch bei Kino, Konzerten und Theater.

	r	f
1. Der Mehrwert ist der Preis für ein Produkt.	☐	☒
2. Nicht nur in Deutschland steht die Mehrwertsteuer auf der Rechnung.	☐	☐
3. Die normale Mehrwertsteuer beträgt in Österreich 10 %.	☐	☐
4. Die Steuer auf Lebensmittel und andere wichtige Produkte ist niedriger.	☐	☐

b **Haben diese Produkte in Deutschland 7% oder 19% Mehrwertsteuer? Notieren Sie den Produktnamen und die Prozentzahl. Sie können auch im Internet Informationen suchen.**

1. Brot: 7 % ______

2. ______

3. ______

4. ______

5. ______

6. ______

7. ______

8. ______

9. ______

10. ______

11. ______

12. ______

Rechtschreibung

1 Internationale Wörter mit „ü"-Laut

4|50 **Bei vielen internationalen Wörtern spricht man ein „ü", aber man schreibt ein „ü" oder „y". Ergänzen Sie: „ü" oder „y"? Hören Sie die Wörter zur Kontrolle.**

1. anon_y_m
2. S___mbol
3. Firmenbrosch___re
4. Kost___m
5. t___pisch
6. Ps___chologe
7. B___ro
8. Marktanal___se
9. Betriebss___stem
10. Rh___thmus

2 „ü" und „u": kurz oder lang?

4|51 **Welche Wörter spricht man kurz? Hören und markieren Sie sie.**

„ü": Kühlschrank – Küchenschrank – müde – jünger – dünn – Züge

„u": Blume – Umzug – Muster – Kugelschreiber – Kurs – Kundenservice

Grammatik im Überblick

1 Vergleiche › G: 5.2

Man möchte sagen, dass etwas gleich oder nicht gleich ist: „(genau)so … / nicht so … wie",

z. B.	Das Lineal ist	(genau)so	billig	wie der Kugelschreiber.
	Die Haftnotizen sind	nicht so	billig	wie der Kugelschreiber.

Komparativ und Superlativ

Man möchte einen Unterschied zeigen: Komparativ mit Endung „-er", Superlativ mit Endung „-(e)sten".

Grundform	Komparativ: …-er	Superlativ: am …-(e)sten	Besonderheit
billig klein	billiger kleiner	am billigsten am kleinsten	regelmäßig
lang jung	länger jünger	am längsten am jüngsten	regelmäßig mit Umlaut
teuer dunkel	teurer dunkler	am teuersten am dunkelsten	Adjektive auf „-er", „-el": verlieren im Komparativ das „e".
rund preiswert	runder preiswerter	am rundesten am preiswertesten	Adjektive auf „-d", „-t": Superlativ auf „-est"
hübsch kurz groß praktisch	hübscher kürzer größer praktischer	am hübschesten am kürzesten am größten am praktischsten	Adjektive auf „-s", „-ß", „-sch", „-z": Superlativ auf „-est" (Ausnahme: groß, Adjektive auf „-isch")
nah hoch gut gern viel	näher höher besser lieber mehr	am nächsten am höchsten am besten am liebsten am meisten	Sonderformen

Vergleiche mit dem Komparativ: Der Kugelschreiber ist **billiger als** die Haftnotizen.
Vergleiche mit dem Superlativ: Die Haftnotizen sind **am teuersten**.

2 Konjunktiv II bei höflichen Wünschen und Fragen › G: 1.8

	können	dürfen	werden	haben	sein
ich	könnte	dürfte	würde	hätte	wäre
du	könntest	dürftest	würdest	hättest	wär(e)st
er / sie / es	könnte	dürfte	würde	hätte	wäre
wir	könnten	dürften	würden	hätten	wären
ihr	könntet	dürftet	würdet	hättet	wär(e)t
sie / Sie	könnten	dürften	würden	hätten	wären

Die Modalverben im Konjunktiv II + Infinitiv und „würde" + Infinitiv haben die gleiche Wortstellung.

Satzklammer (Position 2 – Satzende)

Position 1	Position 2		Satzende
Du	könntest	mir ein Muster	zeigen.
Ich	würde	dir eine hohe Stückzahl	empfehlen.

Satzklammer (Position 1 – Satzende)

Position 1	Position 2		Satzende
Könntet	ihr	mir	helfen?
Würden	Sie	bitte ein Produktmuster	herstellen?

A Berufskleidung

1 Berufe, Berufsgruppen, Berufsbekleidung

a Ordnen Sie die Berufe den Berufsgruppen zu. › KB: A1a

~~Anwältin~~ | Altenpfleger | Ärztin | Bankkaufmann | Elektriker | Kellner | Mechanikerin | Busfahrerin | Gärtner | Makler | Elektronikerin | medizinische Fachkraft | Journalist | Köchin | Krankenschwester

Medizin / Pflege	Handwerk	Kochen / Gastronomie	Dienstleistungen
			Anwältin, …

b Welche Wörter sind das? Schreiben Sie sie unter die Bilder. › KB: A1b

~~knodrupfck~~ | stozockll | melär | lussverreißsch | verlettklusssch

1

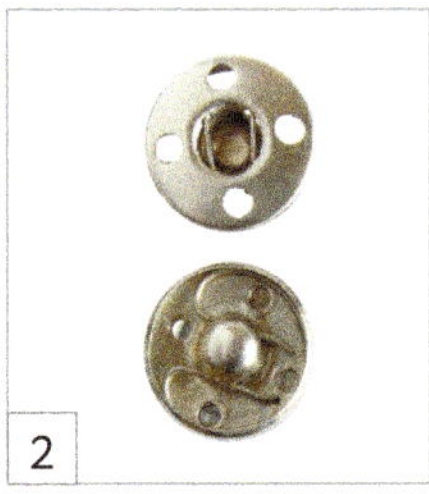
2

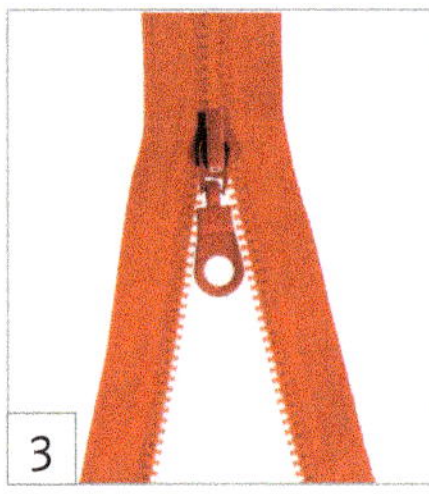
3

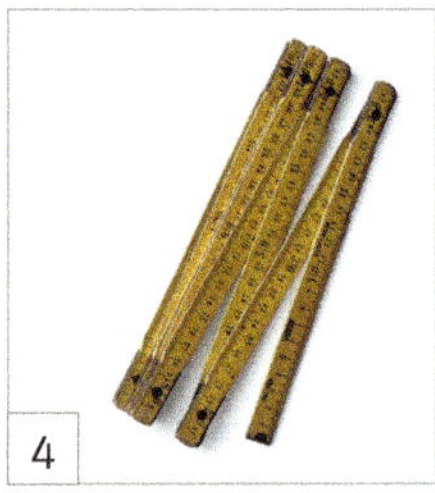
4

5

der ______ der *Druckknopf* der ______ der ______ der ______

2 Zusammensetzungen: Berufsbekleidung und ihre Ausstattung › KB: A3a

Verbinden Sie Bestimmungswort und Grundwort zu zusammengesetzten Nomen wie in den Beispielen. Benutzen Sie, wenn nötig, ein Wörterbuch.

Bestimmungswort:
außen | Bäcker (3x) | Brust | drücken | Gesäß | Handy (2x) | Knie | kochen (4x) | Latz | ~~reißen~~ | ~~Schutz~~ | Seite | stehen | Stifte (2x)

Grundwort:
Fach (2x) | Hose (3x) | Jacke (2x) | Knopf | Kragen | Mütze (2x) | ~~Schuhe~~ | Schürze | Tasche (7x) | ~~Verschluss~~

reißen + der Verschluss = der Reißverschluss, ¨-e; der Schutz + die Schuhe = die Schutzschuhe, -; …

TIPP

Zusammengesetzte Nomen:
Verb + Nomen: Infinitivendung „-en" fällt weg, z. B. koch~~en~~ + die Hose → die Kochhose

B Eine Reklamation

1 Die Lieferung ist angekommen, aber leider … › KB: B1c

a **Lesen Sie die Erklärungen und achten Sie auf die Unterstreichungen. Welche Ausdrücke aus der E-Mail im Kursbuch 18B, 1b, sind das? Notieren Sie. Lesen Sie die E-Mail, wenn nötig, noch einmal.**

1. Ich konnte nicht per Telefon mit Ihnen sprechen. – Ich konnte *Sie telefonisch nicht erreichen.*
2. In der Lieferung sind alle Kleidungsstücke. – Die Lieferung ________________ alle Kleidungsstücke.
3. Die Einzelbestellung ist nicht richtig. – Die Einzelbestellung ist nicht ________________.
4. Sie haben die Änderungen nicht gemacht. – Die Änderungen sind ________________.
5. Bitte machen Sie so schnell wie möglich einen Vorschlag. – Bitte machen Sie ________________ einen Vorschlag.
6. Wir haben unseren Kunden eine schnelle Lieferung versprochen. – Wir haben unseren Kunden eine schnelle Lieferung ________________.

b **Die Firma „Job-Profi-Bekleidung" hat auch eine falsche Lieferung erhalten und reklamiert. Ordnen Sie die folgenden E-Mail-Teile den Strukturpunkten von einer Reklamation zu.**

A. ~~Anrede~~
B. Problembeschreibung
C. Begründung für Dringlichkeit
D. Vorschlag / Forderung
E. Schlusssatz / Grußformel

1. Wir hoffen, dass Sie mit unserem Vorschlag einverstanden sind.
Mit freundlichen Grüßen — 1. ___
2. Wir schlagen folgende Lösung vor: Sie schicken uns die richtige Ware morgen, wieder per Express, und wir schicken Ihnen, auch morgen, die falsche Ware zurück. Die Kosten für die Sendung zahlen Sie. — 2. ___
3. Sie wissen, dass wir die Ware dringend brauchen, weil wir neue Mitarbeiter eingestellt haben, die übermorgen mit einem neuen Projekt beginnen. — 3. ___
4. die Express-Lieferung Nr. 56378 ist heute angekommen. Vielen Dank. Leider gibt es Probleme: — 4. ___
   1. Herrenkittel: Sie haben die Kittel ohne Firmenlogo auf der Brusttasche geschickt.
   2. Die Arbeitsjacken sind nicht braun-beige, sondern grau-schwarz. Außerdem schließen sie mit Klettverschluss, wir haben sie aber mit Reißverschluss bestellt.
5. Sehr geehrte Frau Simons, — 5. *A*

2 Entschuldigen Sie bitte die Umstände › KB: B1d

Welcher Ausdruck hat die gleiche Bedeutung: a oder b? Kreuzen Sie an.

1. Herr Renz macht gerade Urlaub.
   a. ☒ Er ist im Urlaub. b. ☐ Er macht Urlaubspläne.
2. Frau Mahler macht in der Zeit seine Arbeit.
   a. ☐ Frau Mahler vertritt ihn. b. ☐ Sie arbeitet die ganze Zeit.
3. Der Fehler tut uns leid.
   a. ☐ Wir verbessern den Fehler. b. ☐ Wir bedauern den Fehler.
4. Sie bekommen die Ware so schnell wie möglich.
   a. ☐ Sie erhalten die Ware umgehend. b. ☐ Sie erhalten die Ware bald.
5. Entschuldigen Sie bitte die Mühe.
   a. ☐ Entschuldigen Sie bitte unseren Fehler. b. ☐ Entschuldigen Sie bitte die Umstände.

3 Relativsätze: Das ist die Lieferung, die … › KB: B2d › G: 4.2

a **Schauen Sie sich die Regeln 2, 3 und 4 im Kursbuch 18B, 2d, noch einmal an. Welche grafische Darstellung gehört zu welcher Regel?**

1. Der Kollege aus dem Vertrieb, der noch in Urlaub ist, kommt nächste Woche wieder. Die Kollegin, die ihn vertritt, heißt Renate Mahler.

   Das Gespräch mit dem Kunden, das nicht leicht war, hat geholfen.

   Die Probleme mit dem Computersystem, die schon eine Woche dauern, sind hoffentlich bald vorbei.

   Regel: ______________

2. Der Kunde, mit dem wir telefoniert haben, war sehr unzufrieden.

   Regeln: ______________

b **Lesen Sie die Sätze und überlegen Sie, ob das markierte Nomen im Nominativ, Akkusativ oder Dativ steht. Notieren Sie N, A oder D.**

1. Das ist der Kittel. Der Kittel hat die falsche Farbe. N
   Das ist der Kittel, der die falsche Farbe hat.
2. Da liegt die Rechnung. Die Rechnung ist nicht korrekt. ___
   Da liegt die Rechnung, ______ nicht korrekt ist.
3. Das sind die Jacken. Die Jacken sind mangelhaft. ___
   Das sind die Jacken, ______ mangelhaft sind.
4. Der Overall ist nicht da. Wir haben den Overall bestellt. ___
   Der Overall, ______ wir bestellt haben, ist nicht da.
5. Die Kundin wollte das T-Shirt in Weiß. Es gab das T-Shirt nur in Blau. ___
   Das T-Shirt, ______ die Kundin in Weiß wollte, gab es nur in Blau.
6. Wir haben der Kundin die Ware geschickt. Die Kundin hat sie reklamiert. ___
   Die Kundin, ______ wir die Ware geschickt haben, hat sie reklamiert.
7. Die Kundin hat den Mitarbeitern das Problem erklärt. Die Mitarbeiter haben es nicht verstanden. ___
   Die Mitarbeiter, ______ sie das Problem erklärt hat, haben es nicht verstanden.
8. Der Verkäufer war sehr freundlich. Mit dem Verkäufer konnte sie am Ende das Problem lösen. ___
   Der Verkäufer, mit ______ sie am Ende das Problem lösen konnte, war sehr freundlich.

c **Ergänzen Sie die Relativpronomen im Schüttelkasten in den Sätzen in 3b.**

das | ~~der~~ | der | dem | den | denen | die | die

d **Verben mit Präpositionen und Relativsätze: Verbinden Sie die Sätze. Streichen Sie im zweiten Satz das Nomen, das auch im ersten Satz steht, und machen Sie aus dem zweiten Satz einen Relativsatz.**

1. Die Änderungen sind nicht erfolgt. Wir haben über die ~~Änderungen~~ gesprochen.
   Die Änderungen, über die wir gesprochen haben, sind nicht erfolgt.
2. Die Ware ist endlich angekommen. Wir haben auf die Ware gewartet.
   ____
3. Wir bedauern die Umstände. Wir möchten uns für die Umstände entschuldigen.
   ____
4. Die Firma Mertens ist eine Großhandelsfirma. Herr Renz arbeitet schon lange für die Firma Mertens.
   ____
5. Frau Mahler ist erst seit zwei Jahren bei Mertens. Die Reklamation geht an Frau Mahler.
   ____

C Richtig angezogen im Beruf

1 Körperteile und Kleidung › KB: C1c

Zu welchen Kleidungsstücken passen welche Körperteile: a, b oder c? Kreuzen Sie an.

1. die Clogs:	a. ☐ der Bauch	b. ☒ der Fuß	c. ☐ der Oberschenkel
2. der Handschuh:	a. ☐ die Finger	b. ☐ das Knie	c. ☐ der Unterarm
3. die Haube:	a. ☐ die Schulter	b. ☐ der Hals	c. ☐ der Kopf
4. die Hose:	a. ☐ der Fuß	b. ☐ das Bein	c. ☐ die Brust
5. der Mantel:	a. ☐ die Zehe	b. ☐ der Rücken	c. ☐ die Hand
6. das T-Shirt:	a. ☐ der Bauch	b. ☐ die Hand	c. ☐ der Unterschenkel
7. das Paar Socken:	a. ☐ der Arm	b. ☐ der Kopf	c. ☐ die Zehe

TIPP

Bedeutung von ein paar / ein Paar:
ein paar (einige) → ein paar Minuten = einige Minuten
ein Paar (zwei) → ein Paar Socken = zwei Socken

2 Empfehlungen und höfliche Fragen › KB: C2 › G: 1.8

a **Sollte ich ...? – Ja, Sie sollten ... Ergänzen Sie die Formen von „sollen“ in den Sätzen.**

1. ▶ *Sollte* die Kundin das T-Shirt anprobieren? ▶ Ja, das __________ sie machen.
2. ▶ __________ ich auch zu „Krüger Berufsbekleidung“ gehen? ▶ Ja, da __________ du hingehen.
3. ▶ __________ wir die Ware reklamieren? ▶ Ja, ihr __________ schnell reklamieren.
4. ▶ Sie __________ sich schriftlich beschweren. ▶ Ja, das __________ ich vielleicht tun.

b **Lesen Sie die Sätze. Welche sind eine höfliche Bitte / Frage (B), welche eine Empfehlung / Bitte um eine Empfehlung (E)? Kreuzen Sie an.**

	B	E
1. Könnte ich den Mantel in Größe 40 anprobieren?	☒	☐
2. Sie sollten das blaue T-Shirt nehmen, das passt besser.	☐	☐
3. Würden Sie mir bitte noch die Hauben zeigen?	☐	☐
4. Dürfte ich mir noch Ihre Blusen ansehen?	☐	☐
5. Das T-Shirt ist etwas eng, sollte ich es nicht größer nehmen?	☐	☐
6. Könnten Sie die Clogs in Hellrot bestellen?	☐	☐

Ⓩ **c Bilden Sie höfliche Fragen mit „können" bzw. Empfehlungen mit „sollen" im Konjunktiv II.**

1. Sie – mir – Hose in Größe 38 – geben – ? *Könnten Sie mir die Hose in Größe 38 geben?*
2. ich – die Jacke – lieber – in Grün – nehmen – . ______
3. ich – die Ware – auf Bestellschein – kaufen – ? ______
4. Sie – die Clogs – in Weiß – nehmen – . ______
5. Sie – die Rechnung – an die Praxis – schicken – ? ______

B Ⓟ

3 Eine komplizierte Anprobe › KB: C3

Welches Wort fehlt in den Lücken? Ergänzen Sie.

Könnten Sie [1] *mir* ______ kurz helfen? Ich finde, der Mantel [2] ______ nicht richtig. Er ist zu [3] ______. Haben Sie ihn nicht enger – vielleicht in [4] ______ 40? Und die Hose ist zu [5] ______, das halbe Bein schaut raus. Ich sollte sie [6] ______ Extralang probieren. Kann ich das T-Shirt waschen oder [7a] ______ es beim Waschen [7b] ______? Wenn das passiert, ist es zu klein. Haben Sie die Clogs auch [8] ______ Hellrot? Wenn nicht, [9] ______ ich weiße Clogs.

4 „brauchen nicht/kein- … zu …" und „brauchen nur … zu …" › KB: C4 › G: 1.7

a Formulieren Sie Sätze mit „brauchen nicht … zu …" und „brauchen kein- … zu …".

1. Kundin – lange suchen *Die Kundin braucht nicht lange zu suchen.*
2. sie – Kleidung bestellen ______
3. Verkäuferin – im Lager nachschauen ______
4. sie – Einzelbestellung eingeben ______
5. Kundin – bezahlen ______

b Sie brauchen nur zu „Krüger" zu gehen. Formulieren Sie Sätze mit „brauchen nur … zu …".

1. Wenn man Berufskleidung sucht, muss nur zu „Krüger" gehen.
   Wenn man Berufskleidung sucht, braucht man nur zu „Krüger" zu gehen.
2. Der Kunde muss die Kleidung nur bestellen, denn die Rechnung bezahlt die Firma.
   ______
3. Der Kunde muss die Jacke nur anprobieren, denn die Firma nimmt immer das gleiche Modell.
   ______
4. Das Geschäft hat die Hose in Extralang im Lager. Die Verkäuferin muss die Hose nur holen.
   ______
5. Der Großhandel hat den Mantel auch in Grün. Die Verkäuferin muss den Mantel nur bestellen.
   ______
6. Der Kunde muss nur noch einmal wiederkommen.
   ______

TIPP

„brauchen nur … zu …" – Bedeutung:
Etwas ist einfach: Man muss nichts anderes als das machen, z. B. Sie brauchen nur zu fragen, dann helfen wir.

5 Auf Lieferschein kaufen – Wie funktioniert das?

a Was macht der Kassierer (Ka), was der Kunde (Ku)? Kreuzen Sie an. Einmal passen beide. › KB: C5a

	Ka	Ku
A. Original an die Firma schicken	☒	☐
B. Ware eingeben	☐	☐
C. Lieferschein unterschreiben	☐	☐
D. Ware zur Kasse bringen	☐	☐
E. Lieferschein ausdrucken	☐	☐
F. Kopie behalten	☐	☐

b Ordnen Sie die Schritte in der richtigen Reihenfolge. › KB: C5a

1. D 2. ___ 3. ___ 4. ___ 5. ___ 6. ___

Z **c Berufsbekleidung: Wer zahlt? Lesen Sie den Informationstext für Arbeitnehmer. Was ist richtig (r), was ist falsch (f)? Kreuzen Sie an.** › KB: C5b

Wer bezahlt die Berufsbekleidung?

Mit dieser Frage gibt es in der Praxis immer wieder Probleme. Hier einige kurze Informationen:

Wichtig: Wenn Sie Schutzkleidung tragen **müssen**, z. B. Schutzschuhe, Schutzbrille, Helm etc., zahlt der Arbeitgeber. Es gibt Gesetze, die das für bestimmte Tätigkeiten regeln. Sie müssen dann diese Kleidung tragen. Wenn Sie das nicht tun, haben Sie keinen Versicherungsschutz oder der Arbeitgeber kann Ihnen kündigen.

Wenn Ihr Arbeitgeber nur den Wunsch hat, dass Sie eine bestimmte Kleidung tragen, z. B. bestimmte Farben, Firmenlogo etc., kann der Arbeitgeber die Kleidung zahlen, aber es kann auch sein, dass Sie die Kosten oder einen Teil von den Kosten tragen müssen. **Achtung:** Das muss aber im Arbeitsvertrag stehen, oder es muss eine schriftliche Vereinbarung geben, die Arbeitgeber und Arbeitnehmer unterschrieben haben. Sehr wichtig: Wenn Sie nur wenig verdienen, z. B. 800 Euro im Monat, müssen Sie die Kleidung nicht bezahlen.

	r	f
1. Viele Leute können die Frage „Wer bezahlt die Berufskleidung?" nicht klar beantworten.	☒	☐
2. Der Arbeitgeber zahlt für die Schutzkleidung, wenn der Arbeitnehmer sie tragen muss.	☐	☐
3. Der Arbeitnehmer kann entscheiden, ob er Schutzkleidung trägt oder nicht.	☐	☐
4. Wenn der Arbeitgeber wünscht, dass man eine bestimmte Kleidung trägt, muss er sie bezahlen.	☐	☐
5. Sie müssen die Arbeitskleidung bezahlen, wenn Sie und der Arbeitgeber das vereinbart haben.	☐	☐
6. Wenn Sie wenig verdienen, brauchen Sie die Kleidung nicht zu bezahlen.	☐	☐

Z 6 Kleidung kaufen › KB: C5c

Wie heißen die Redemittel? Ordnen Sie zu.

1. Guten Tag, ich suche einen	A. in Blau oder in Beige?	1. C
2. Ich habe	B. mit EC-Karte.	2. ___
3. Haben Sie die Hose auch	C. Kittel und eine Haube.	3. ___
4. Wo kann ich	D. Kleidergröße 40.	4. ___
5. Die Bluse ist schön. Sie	E. die Sachen anprobieren?	5. ___
6. Ich zahle	F. gefällt mir gut.	6. ___

D Die Ware ist mangelhaft!

T P 1 Eine Reklamation › KB: D1c

Lesen Sie den Briefauszug. Welches Wort passt: a, b oder c? Kreuzen Sie an.

Ich war gestern [1] *mit* einer Reklamation bei Ihnen. [2] ______ Ihre Mitarbeiter mir nicht helfen wollten, wende ich mich direkt an [3] ______. Ich habe keinen Fehler gemacht, sondern die Ware ist mangelhaft. Bitte überweisen Sie den Betrag von € 150,55 umgehend auf mein Konto Nr. 45678 bei [4] ______ Stadtsparkasse. Ich hoffe auf eine [5] ______ Lösung von diesem Problem.

1.	2.	3.	4.	5.
a. ☐ auf	a. ☐ Dass	a. ☐ euch	a. ☐ der	a. ☐ schnell
b. ☐ für	b. ☐ Weil	b. ☐ Ihnen	b. ☐ dem	b. ☐ schnelle
c. ☒ mit	c. ☐ Wenn	c. ☐ Sie	c. ☐ die	c. ☐ schneller

2 Verben, Ausdrücke mit Präpositionen › KB: D2b

a Welche Präposition passt zu welchem Verb? Notieren Sie wie im Beispiel.

~~an~~ | an | auf | auf | auf | auf | für | in | zu | zu

1. sich wenden *an + A* ______
2. gehören ______
3. sich freuen ______
4. überweisen ______
5. hoffen ______
6. geeignet sein ______
7. sich konzentrieren ______
8. einladen ______
9. liefern ______
10. bestellen (Größe, Farbe) ______

TIPP

Präpositionen – Bedeutung:
auf: bezieht sich oft auf die Zukunft, z. B. Ich warte auf die Bestellung (die später kommt).
über: bezieht sich oft auf etwas in der Gegenwart oder Vergangenheit, z. B. Ich freue mich über deinen Besuch. Ich habe mich über den Besuch gefreut.

b Schreiben Sie mit jedem Verb in 2a einen Satz in Ihr Heft.

Ich wende mich an den Geschäftsführer.

Rechtschreibung

1 Wörter mit „ö", „o" und „e"

a ▶ 4 | 52 Hören Sie die Wörter und notieren Sie sie.

1. *können*	5. ______	9. ______
2. ______	6. ______	10. ______
3. ______	7. ______	11. ______
4. ______	8. ______	12. ______

b Hören Sie die Wörter in 1a noch einmal und markieren Sie den Akzentvokal: _ = lang, . = kurz.

c Wie ist der Akzentvokal vor zwei Konsonanten? Kreuzen Sie an.

a. ☐ kurz   b. ☐ lang

Grammatik im Überblick

1 Relativpronomen und Relativsätze › G: 4.2

Relativpronomen:
Im Nominativ, Akkusativ und Dativ Singular und im Nominativ und Akkusativ Plural sind die Relativpronomen wie der bestimmte Artikel. Der Dativ Plural heißt „denen".

	Maskulinum (M)	Neutrum (N)	Femininum (F)	Plural (M, N, F)
Nominativ	der	das	die	die
Akkusativ	den	das	die	die
Dativ	dem	dem	der	denen

Relativsätze:
Relativsätze sind Nebensätze. Sie beschreiben ein Nomen im Hauptsatz genauer.
- Das Relativpronomen bezieht sich auf ein Nomen. Das Genus (der, das, die) und der Numerus (Singular, Plural) vom Relativpronomen richten sich immer nach diesem Nomen.
- Der Kasus (Nominativ, Akkusativ, Dativ) richtet sich nach dem Verb im Relativsatz (z. B. „bestellen" + Akkusativ oder „zusagen" + Dativ) oder nach der Präposition (z. B. „Probleme haben mit" + Dativ).
  z. B. Der Kittel, den ich in Grau bestellt habe, ist in Blau gekommen.
  Unsere Kunden, denen wir eine schnelle Lieferung zugesagt haben, warten schon.
  Wir haben ein neues Computersystem, mit dem wir leider gerade viele Probleme haben.

Der Relativsatz steht meist direkt hinter dem Wort oder Ausdruck, zu dem er gehört. Dann kann er den Hauptsatz teilen, z. B. Der Kittel, den ich in Grau bestellt habe, ist in Blau gekommen.

2 Empfehlungen mit „sollen" im Konjunktiv II › G: 1.8

Mit „sollen" im Konjunktiv II kann man eine Empfehlung oder die Bitte um eine Empfehlung ausdrücken.
z. B. Sie sollten den Mantel in 40 probieren. (Das empfiehlt die Verkäuferin.)
Sollte ich das T-Shirt nicht größer nehmen? (Hier bittet die Kundin die Verkäuferin um eine Empfehlung.)
Ich sollte die Clogs in Weiß nehmen. (Diese Empfehlung spricht die Käuferin für sich selbst aus.)

Die Formen vom Konjunktiv II und vom Präteritum sind gleich.

ich	du	er / sie / es	wir	ihr	sie	Sie (Sg. + Pl.)
sollte	solltest	sollte	sollten	solltet	sollten	sollten

3 „brauchen nicht / kein- ... zu ..." / „brauchen nur ... zu ..." › G: 1.7

Mit **„brauchen nicht / kein- ... zu ..."** drückt man aus, dass man etwas nicht machen / haben / ... muss.
z. B. Die Kundin braucht keine Angst zu haben. = Sie muss keine Angst haben. Das ist nicht nötig.

Position 1	Position 2: „brauchen"	Satzklammer	Satzende: „zu" + Verb (Infinitiv)
Die Kundin	braucht	keine Angst	zu haben.
Die Verkäuferin	braucht	nicht im Lager	nachzuschauen.
Sie	braucht	die Clogs nicht in Hellrot	zu bestellen.
Man	braucht	nur zu „Krüger Berufsbekleidung"	zu gehen.

- „brauchen" steht auf Position 2, „zu" mit dem Infinitiv vom Verb am Satzende.
- Bei trennbaren Verben steht „zu" zwischen der Vorsilbe und dem Infinitiv vom Verb, z. B. nachzuschauen.
- Bei Nomen verwendet man „brauchen kein- ... zu", z. B. die Kundin braucht keine Angst zu haben.

„brauchen nur ... zu ..." bedeutet, dass etwas einfach bzw. nicht besonders schwierig ist. Man muss nichts anderes als das tun, z. B. Wenn man Berufskleidung sucht, braucht man nur zu „Krüger" zu gehen.

A Interne Fortbildung EDV

1 Die Hardware: Wie heißt das? › KB: A1b

a Ordnen Sie die Wörter aus dem Schüttelkasten zu. Arbeiten Sie, wenn nötig, mit einem Wörterbuch. Schreiben Sie die Wörter mit Artikel und Plural.

Drucker | Festplatte | Headset | ~~Laptop~~ | Maus | Monitor | Speicherkarte | Tastatur | Touchscreen | USB-Stick

1. *der Laptop, -s*

2. ____________

3. ____________

4. ____________

5. ____________

6. ____________

7. ____________

8. ____________

9. ____________

10. ____________

b Wozu braucht man das? Ergänzen Sie die Begriffe aus 1a.

1. Ein Synonym für Notebook ist *Laptop*.
2. Mit einer ____________ lassen sich z. B. Fotos von einer Digitalkamera sichern.
3. Wenn man Texte auf dem Computer schreiben möchte, braucht man eine ____________.
4. Ein ____________ ist ein sehr kleiner Datenspeicher für unterwegs.
5. Die ____________ ist der Speicher von dem Computer.
6. Mit einem ____________ kann man einen Tabletcomputer oder ein Smartphone mit dem Finger bedienen.

2 Was man in einer EDV-Schulung lernt › KB: A1b

a Lesen Sie die Schulungsprogramme im Kursbuch 19A,1a, noch einmal. Welches Verb passt? Kreuzen Sie an.

1. ein sicheres Passwort	☒ wählen	☐ öffnen
2. den Arbeitsplatz automatisch	☐ anordnen	☐ sperren
3. eine Sperrung	☐ einrichten	☐ schließen
4. die Firmendaten	☐ durchführen	☐ sichern
5. ein Backup	☐ anhängen	☐ durchführen
6. Dateianhänge	☐ öffnen	☐ einrichten
7. Fenster logisch	☐ ziehen	☐ anordnen
8. die Benutzeroberfläche	☐ einrichten	☐ befehlen
9. Dateien auf den Desktop	☐ sparen	☐ ziehen
10. eine Ordnerstruktur	☐ anlegen	☐ scannen

Z b Welche Verben passen zu den Nomen? Kreuzen Sie an.

1. ein Passwort	a. ☒ wählen	b. ☐ strukturieren	c. ☒ einrichten	d. ☒ erstellen
2. den PC-Arbeitsplatz	a. ☐ wiederfinden	b. ☐ sperren	c. ☐ organisieren	d. ☐ sichern
3. eine Sperrung	a. ☐ einrichten	b. ☐ deaktivieren	c. ☐ sperren	d. ☐ aktivieren
4. die Firmendaten	a. ☐ schützen	b. ☐ sichern	c. ☐ speichern	d. ☐ durchführen
5. Dateien und Ordner	a. ☐ anlegen	b. ☐ deaktivieren	c. ☐ verschieben	d. ☐ löschen
6. verlorene Dateien	a. ☐ suchen	b. ☐ wiederfinden	c. ☐ wiederherstellen	d. ☐ sperren

3 Eine Weiterbildung für Frau Bär › KB: A2b

a Was bedeuten die Wörter aus dem Fortbildungsangebot? Ordnen Sie zu.

1. Datensicherheit:	A. Nutzer machen eine Kopie ihrer Daten auf einem Speichermedium.	1. D
2. interne Fortbildung:	B. Basis-Wissen über EDV	2. ___
3. EDV:	C. Weiterbildung oder Fortbildung in der Firma oder im Betrieb	3. ___
4. Suchfunktion:	D. Nutzer wollen die Daten vor Viren oder unerlaubtem Zugriff schützen.	4. ___
5. Firmendaten:	E. elektronische Datenverarbeitung	5. ___
6. EDV-Grundkenntnisse:	F. auf dem Computer gespeicherte Mails, Bestellungen und Verträge usw. von Kunden und Geschäftspartnern	6. ___
7. Datensicherung:	G. die Benutzeroberfläche	7. ___
8. Desktop:	H. Mit einem Computerbefehl können Nutzer ihre verlorenen Dateien auf der Festplatte wiederfinden.	8. ___

T P **b Frau Bär möchte Büroleiterin werden. Sie sucht eine EDV-Weiterbildung. Welche Anzeige passt? Kreuzen Sie an.**

Probleme mit dem Büromanagement?

Vermittlung von qualifiziertem Personal im Bereich

- **Office-Management:** Sekretär/in, Office-Fachkräfte im Bereich Vertrieb, Einkauf und Marketing, Büroleiter/in
- **Finanzen / Buchhaltung** Buchhalter/in im Rechnungswesen

Personal & Co-Kompetenz
Ruven-Melzer-Allee 101-103
79407 Freiburg
www.percoko.de

1 ☐

EDV ganz leicht gemacht!

- EDV-Grundlagen: Windows, Mac
- EDV für Fortgeschrittene und Profis
- Web-Seiten-Pflege / Web-Design
- Computerkurse für Kinder
- Programmieren für Jugendliche
- Ausbildung zur Office-Assistenz
- Berufliche EDV-Weiterbildung zur Office-Manager/in / Büroleitung

Berufsakademie in Bad Hausen
Sibylle-Lotte-Platz 64
Tel. 27 12 19 64
www.akademie-badhausen.de

2 ☐

Die Computerakademie

Wir suchen **Büroleiter** (m/w) für unsere EDV-Akademie. Wir sind seit 25 Jahren erfolgreich im Bereich der **EDV-Schulung** tätig. Wir bieten Betrieben spezielle EDV-Weiterbildungen, die Sie organisieren sollen.

Wir erwarten:
- sicherer Umgang mit data*, data*plan, data+security und Office
- Erfahrung im Office-Management

Bewerbungsformular unter:
www.data-edv.de

3 ☐

4 Wessen Weiterbildung? – Der Genitiv › KB: A3b › G: 2.3

a Lesen Sie die Aussagen und schreiben Sie die richtige Form des Genitivs.

1. Der Anschluss d*er*_____ Kamera *–*_____, d*es*_____ Monitor*s*_____ und d_____ Tablet_____.
2. Der Anschluss d_____ Tastatur_____, d_____ Headset_____ und d_____ Stick_____.
3. Die Anschlüsse d_____ Telefone, d_____ Drucker und d_____ Lampen.

b Wessen ...? Schreiben Sie den Genitiv mit unbestimmtem Artikel. Einmal müssen Sie „von" + Dativ verwenden.

1. Schulung / Industriekaufmann: *die Schulung eines Industriekaufmanns / Industriekaufmannes*
2. Vortrag / Fachreferenten: _____
3. Unterlagen / EDV-Dozentin: _____
4. Büro / Projektteam: _____
5. Frage / Kollege: _____
6. Kosten / Computerkurs: _____
7. Sicherheit / WLAN-Netz: _____
8. Probleme / Teilnehmer (Pl.): _____

c Lesen Sie den Bericht über eine Computerfortbildung zum Thema „Datensicherheit" und ergänzen Sie den Genitiv.

Die Mitarbeiter erfahren etwas über die Sicherheit [1] e*ines* Passwort*(e)s*. Die Dozentin findet die Einrichtung [2] e_____ Sperrung_____ [3] d_____ Arbeitsplatz_____ wichtig. Sie spricht auch über die Sicherung [4] d_____ Firmendaten_____. Auf dem Laptop zeigt sie die Durchführung [5] e_____ Backup_____. Außerdem erklärt sie die Arbeit [6] d_____ Virenscanner_____. Bei der Nutzung [7] e_____ öffentlich_____ Netz_____ auf einer Dienstreise muss jeder Mitarbeiter für die Sicherheit [8] d_____ Firmendaten_____ sorgen. Gerne beantwortet die Dozentin dann auch noch die Fragen [9] e_____ Kollege_____. Er möchte etwas über die Verwendung [10] e_____ Virenschutzprogramm_____ wissen. Zum Schluss empfiehlt sie dem Kollegen den Besuch [11] e_____ Computerkurs_____.

Z **d Wessen Notebook ist das? Lesen Sie den Tipp und schreiben Sie den Genitiv bei Namen.**

1. das Notebook von Peter → *Peters Notebook*
2. der Computer von Herrn Mair → _____
3. die Notizen von Lars → _____
4. die Schulung von Frau Sanz → _____
5. die Chefin von Katja Ruge → _____
6. die Dienstreise von Max → _____

TIPP

Der PC von Peter oder Peters PC?
In der gesprochenen Sprache oft „von" + Name z. B. das Notebook von Peter.
Häufig verwendet man Genitiv: Namen + s, z. B.:
Frau Bärs Schulung = die Schulung von Frau Bär.
Bei Namen mit „s", „ß", „x" oder „z" am Ende:
Name + Apostroph, z. B.
Klaus' CD = die CD von Klaus
Franz' Auto = das Auto von Franz

B Die EDV-Schulung

1 Aus einem Computerglossar – Definitionen › KB: B1

Welche Wörter passen zu den Nomen? Kreuzen Sie an.

	a.	b.	c.
1. das Benutzerkonto	a. ☒ die Zugangserlaubnis	b. ☒ das Passwort	c. ☐ der Ordner
2. der Ordner	a. ☐ das Passwort	b. ☐ das Dateiformat	c. ☐ die Dateien
3. der Dateianhang	a. ☐ die E-Mail	b. ☐ das Dateiformat	c. ☐ das Attachement
4. die Datensicherung	a. ☐ das Speichermedium	b. ☐ das Backup	c. ☐ das Benutzerkonto
5. die Verknüpfung	a. ☐ das Programm	b. ☐ die E-Mail	c. ☐ das Pfeilsymbol
6. die Sperrung des PCs	a. ☐ das Speichermedium	b. ☐ die Sicherheit	c. ☐ die Inaktivität

2 Fragen aus einer Ratgeber-Community – Kurzbefehle für Computer › KB: B3a

a Lesen Sie die Fragen aus dem Forum und ergänzen Sie die Tabelle unten.

Frage von **Nadine1991**
Hallo, wer kann mir helfen? Ich bin von einem Windows-Computer auf einen Mac umgestiegen. Welche Tastaturbefehle sind hier anders?

uploader @Nadine1991
Zu diesem Thema gibt's nicht sehr viel zu sagen: In der Regel brauchst du nur die Strg-Taste unter Windows durch die cmd (= command) oder Apfel-Taste zu ersetzen. Die Buchstaben bleiben die gleichen. Kopieren, Ausschneiden und Einfügen zum Beispiel, bei Windows Strg + C, Strg + X und Strg + V, bei Mac OS X ist es cmd + C, cmd + X und cmd + V.

Professorin @Nadine1991
Hier mal nur das Wichtigste: Dein neuer Mac ist abgestürzt. Du willst alle Anwendungen schließen. Für diese Funktion nimmst du bei Mac OS X cmd + alt + esc. Mit diesem Tastaturbefehl kannst du den Taskmanager öffnen. Wenn du Hilfe brauchst, bei Mac OS X ist das cmd + ⇧ + ? Du hast einen Ordner oder eine Datei verloren, die Lösung dieses Problems ist bei deinem Mac cmd + F. Schau doch mal unter www.pc-professorin.de/tastaturkuerzel. Auf dieser Webseite findest du eine Liste mit noch mehr Befehlen.

flieger @Nadine1991
Super! Diese Befehle sparen echt viel Zeit! Hier noch zwei: Wenn du eine Datei oder einen Ordner umbenennen willst, unter Mac OS X ist das cmd + enter. Löschen ist cmd + backspace.

Tastenkombinationen für Computerbefehle	Windows	Mac OS X
1. Den Taskmanager öffnen und alle Programme beenden, wenn der PC nicht mehr reagiert.	Strg + Alt + Entf	cmd+alt+esc
2. Nach einem Ordner oder einer Datei suchen.	F3	
3. Eine Datei oder einen Ordner umbenennen.	F2	
4. Löschen eines Elements und in den Papierkorb verschieben.	Strg + D	
5. Eine Datei oder einen Ordner kopieren.	Strg + C	
6. Einen Ordner oder eine Datei ausschneiden.	Strg + X	
7. Einen Ordner oder eine Datei einfügen.	Strg + V	
8. Hilfe	F1	

Z b Was bedeuten die englischen Wörter aus der Computersprache? Ordnen Sie zu.

1. das Keybord — A. das Benutzerkonto — 1. F
2. der User Account — B. ein Programm, das andere Programme anzeigt und verwaltet — 2. ___
3. das Attachement — C. die Datensicherung — 3. ___
4. der Desktop — D. der Anhang in einer E-Mail — 4. ___
5. der Taskmanager — E. ein Zentralcomputer, der eine Verbindung zu anderen PCs hat — 5. ___
6. der Server — F. die Computertastatur — 6. ___
7. das Backup — G. die Benutzeroberfläche — 7. ___

3 In einem Computergeschäft – Demonstrativartikel und -pronomen › KB: B4b › G: 3.3

a Lesen Sie nur die Fragen der Kundin. Ergänzen Sie die Demonstrativartikel „dies-"

1. **Kundin:** Ich suche ein preiswertes Notebook. Wieviel kostet dieses Notebook?
   Verkäufer: Für dieses hier zahlen Sie 299 Euro.
2. **Kundin:** Ich brauche einen guten Virenscanner. Ist dies___ Virenscanner gut?
   Verkäufer: Ja, dieser hat die besten Testurteile.
3. **Kundin:** Für meine Eltern suche ich ein Handy für Senioren. Können Sie dies___ Handy empfehlen?
   Verkäufer: Auf jeden Fall. Dieses hier hat Tasten, die sehr groß sind, und das Display ist auch größer.
4. **Kundin:** Ich hätte gerne ein Tablet mit externer Tastatur wie bei dies___ Tabletcomputer hier.
   Verkäufer: Bei diesem ist die Tastatur inklusive.
5. **Kundin:** Ich möchte ein Notebook mit großem Monitor. Wie groß ist dies___ Monitor hier?
   Verkäufer: Dieser hier hat 21 Zoll.
6. **Kundin:** Haben Sie auf dies___ PC ein vorinstalliertes Schreibprogramm?
   Verkäufer: Nein, auf diesem ist das Office-Paket leider noch nicht installiert.

b Lesen Sie nun das ganze Gespräch in 3a noch einmal und markieren Sie die Demonstrativartikel und -pronomen in verschieden Farben. Kreuzen Sie dann in der Regel an.

G

Demonstrativartikel und Demonstrativpronomen sind a. ☐ immer gleich. b. ☐ nicht gleich.

c Lesen Sie das Gespräch zwischen dem Verkäufer und einer unzufriedenen Kundin und ergänzen Sie die Demonstrativartikel und -pronomen.

1. **Kundin:** Ich habe dieses Notebook bei Ihnen gekauft. Mit dies___ habe ich nur Probleme.
2. **Verkäufer:** Ich habe Ihnen dies___ Produkt empfohlen und mit dies___ nur gute Erfahrungen gemacht.
3. **Kundin:** Ich möchte dies___ Computer zurückgeben und dafür dies___ hier mitnehmen. Geht das?
4. **Verkäufer:** Dies___ hier ist aber ein Tabletcomputer und viel teurer als Ihr Laptop. Sie müssen für dies___ hier noch 350 Euro mehr zahlen.
5. **Kundin:** Mm, das ist aber wirklich teuer. Vielleicht nehme ich doch einen Laptop. Was kostet dies___ da?
6. **Verkäufer:** Dies___ Modell kostet 429 Euro.
7. **Kundin:** Dies___ hier ist ja noch teurer als mein Notebook! Mm, ich glaube, dann behalte ich es doch.

d **Ergänzen Sie in den Fragen der Kunden „dies-" oder den bestimmten Artikel als Pronomen.**

1. Welches Tablet ist günstiger? *Dieses* hier oder *das* da?
2. Welche Tastatur kann man an ein Tablet anschließen? ______ hier oder ______ da?
3. Welchen Monitor können Sie empfehlen? ______ hier oder ______ da?
4. Welche Maus braucht kein Kabel? ______ hier oder ______ da?
5. Welches Notebook hat mehr Speicherplatz? ______ hier oder ______ da?
6. Bei welchen Druckern fehlt der USB-Anschluss? Bei ______ hier oder bei ______ da?

TIPP

Bestimmter Artikel und Pronomen sind gleich, außer im Dativ Plural → denen, z. B.
Arbeitest du mit **den neuen Programmen**? – Ja, ich arbeite schon lange mit **denen**.

C Die Evaluierung

1 Die interne Schulung: Welche Schulungsthemen interessieren Sie? › KB: C2 › G: 3.6

Ergänzen Sie das Fragewort „welch-" in der richtigen Form.

1. Für welch*e* ______ Firma arbeiten Sie?
2. In welch______ Abteilung sind Sie beschäftigt?
3. Welch______ EDV-Fortbildungen haben Sie schon besucht?
4. Aus welch______ Gründen haben Sie diesen EDV-Kurs besucht?
5. Mit welch______ Inhalt waren Sie besonders zufrieden?
6. Zu welch______ Thema möchten Sie wieder eine Weiterbildung machen?
7. In welch______ Kalenderwoche passt Ihnen eine innerbetriebliche Schulung am besten?

2 Was für eine Weiterbildung machst du? › KB: C5b › G: 3.6

a **Ergänzen Sie das Fragewort „was für ..." in der richtigen Form.**

1. *Was für eine* Weiterbildung machst du? – Ich mache eine zweitägige EDV-Schulung im Betrieb.
2. ______ Computer benutzt du privat? – Ich benutze einen von Techtick mit Touchscreen.
3. ______ Netzwerk baut eure Abteilung auf? – Wir bauen ein neues lokales Netzwerk auf.
4. ______ Dozenten hattet ihr? – Wir hatten sehr gute und sehr motivierte Dozenten.
5. ______ Zertifikat hast du bekommen? – Ich habe ein qualifiziertes IHK-Zeugnis bekommen.
6. Mit ______ Übungsmaterial habt ihr gearbeitet? – Mit einem sehr gutem vom Dozenten.

Z **b** **Nach Eigenschaft fragen: Was für ein Team ist das? – Ein super Team. Schreiben Sie mit den Vorgaben in Klammern Fragen mit „Was für ..." zu den Antworten.**

1. *Was für eine Schulung ist das?* (das – eine Schulung sein) – Eine interne Schulung.
2. ______? (Sie – Virenscanner benutzen) – Einen kostenlosen.
3. ______? (man – Passwort eingeben) – Ein langes.
4. ______? (Dozentin – Kurs leiten) – Eine kompetente.
5. ______? (Kollegen – Schulung besuchen) – Sehr nette.

D Mobile Arbeit

1 Mobile Arbeit – Wortfamilie zu „Arbeit“ › KB: D1b

a **Lesen Sie den Artikel im Kursbuch 19D, 1b, noch einmal und schreiben alle Wörter aus der Wortfamilie „Arbeit“ in die Tabelle in 1b. Notieren Sie auch die Artikel und den Plural.**

b **Bilden Sie aus den Elementen im Schüttelkasten Nomen, Verben und Adjektive zu „arbeiten“ und ergänzen Sie die Tabelle. Bitte denken Sie auch an das Fugen-s.**

~~ab-~~ | ~~Anweisung~~ | Bau | be- | Bereich | Computer | Ergebnis | fähig | Gruppen | Klima | mit- | nach- | Platz | reich | ver- | vor- | Zeit | zusammen-

Verben: *arbeiten, abarbeiten, …* ______________________________

____

____

(zusammengesetzte) Nomen: *die Arbeitsanweisung, -en; …* ______________________________

____

____

Adjektive: *arbeitsfähig, …* ______________________________

____

Rechtschreibung

1 Wörter mit „ä“ – Wörter mit „a“

a ▶ 4 | 53 **Lesen Sie den Tipp. Welcher Buchstabe fehlt? Hören Sie die Wörter zur Kontrolle.**

1. die Oberfl*ä*che – fl*a*ch
2. anh___ngen – der Dateianh___ng
3. der EDV-Anf___nger – anf___ngen
4. ein Programm w___hlen – die Programmw___hl
5. die Vertr___ge – der Vertr___g
6. ein Programm erkl___ren – kl___r
7. die S___tze – der S___tz
8. eine eint___gige Schulung – ein T___g

TIPP

Wann schreibt man „ä“, wann „e“? Wenn man das Wort von einem anderen mit „a“ ableiten kann, schreibt man es mit „ä“. Wenn man das Wort nicht ableiten kann, schreibt man es meistens mit „e“, z. B. Arbeitsplätze → Arbeitsplatz, Hände → Hand, **aber** Ende mit „e“, denn es kommt von enden mit „e“.

b **„ä“ oder „e“? Notieren Sie den passenden Vokal. Arbeiten Sie ggf. mit einem Wörterbuch.**

1. das Gespr*ä*ch
2. s___nden
3. besch___ftigen
4. rückg___ngig
5. die Sp___rrung
6. die K___nntnisse
7. das Ger___t
8. das WLAN-N___tz
9. die T___chnik
10. die Qualit___t
11. der Str___ss
12. erg___nzen

Grammatik im Überblick

1 Der Genitiv › G: 2.3

	Maskulinum (M)	Neutrum (N)	Femininum (F)	Plural (M, N, F)
bestimmter Artikel	des Platz**es**	des Passwort**(e)s**	der Oberfläche	der Ordner / Fenster / Dateien
unbestimmter Artikel	eines Ordner**s**	eines Backup**s**	einer Datei	Ø Ordner / Fenster / Dateien

- Im Genitiv erhalten die Nomen im Maskulinum und Neutrum die Endung „-s" oder „-es", außer die Nomen der n-Deklination, z. B. der Kollege, des Kollegen.
- Im Femininum und Plural haben die Nomen im Genitiv keine Endung.
- Den Genitiv Plural von Nomen ohne Artikel umschreibt man oft mit „von" + Dativ.
  z. B. Wessen Computeranlagen wartet Herr Bayer? – Herr Bayer wartet die Computeranlagen von Logistikfirmen.

2 Demonstrativartikel und Demonstrativpronomen › G: 3.3

	Maskulinum (M)	Neutrum (N)	Femininum (F)	Plural (M, N, F)
Nom.	dieser (Befehl)	dieses (Problem)	diese (Schulung)	diese (Tastenkombinationen)
Akk.	diesen (Befehl)	dieses (Problem)	diese (Schulung)	diese (Tastenkombinationen)
Dat.	mit diesem (Befehl)	zu diesem (Problem)	in dieser (Schulung)	mit diesen (Tastenkombinationen)
Gen.	dieses (Befehl**s**)	dieses (Problem**s**)	dieser (Schulung)	dieser (Tastenkombinationen)

- Die Demonstrativartikel „dies-" hat immer die gleichen Endungen wie der bestimmte Artikel (der / das / die).
- Die Formen der Demonstrativartikel und Demonstrativpronomen sind gleich.
  z. B. Ich möchte diesen Computer zurückgeben und dafür diesen hier mitnehmen.

3 Das Fragewort „welch-" › G: 3.6

- „Welch-…" fragt nach einer Person oder Sache aus einer Auswahl.
  z. B. Welche EDV-Schulung machst du, die für Fortgeschrittene oder die für Anfänger? – Die für Anfänger.
  Welche Dozentin fandest du besser? Frau Bär oder Frau Lang? – Frau Lang fand ich besser.

	Maskulinum (M)	Neutrum (N)	Femininum (F)	Plural (M, N, F)
Nom.	Welcher (Inhalt)?	Welches (Thema)?	Welche (Dozentin)?	Welche (Gründe)?
Akk.	Welchen (Inhalt)?	Welches (Thema)?	Welche (Dozentin)?	Welche (Gründe)?
Dat.	Mit welchem (Inhalt)?	Zu welchem (Thema)?	Bei welcher (Dozentin)?	Aus welchen (Gründen)?

- Das Fragewort „welch- " hat immer die gleiche Endung wie der bestimmte Artikel. Es kann als Artikelwort vor einem Nomen stehen.
  z. B. Von welchem Thema sprichst du?
- Es kann aber auch alleine stehen.
  z. B. Von welchem sprichst du?

4 „Was für …?" › G: 3.6

- „Was für ein …?" fragt nach Eigenschaften.
  z. B. Was für eine Schulung machst du? – Eine teure, aber gute Schulung.

	Maskulinum (M)	Neutrum (N)	Femininum (F)	Plural (M, N, F)
Nom.	Was für ein Computer?	Was für ein Team?	Was für eine Schulung?	Was für Computer?
Akk.	Was für einen Computer?	Was für ein Team?	Was für eine Schulung?	Was für Computer?
Dat.	Mit was für einem Computer?	In was für einem Team?	In was für einer Schulung?	Mit was für Computer**n**?

A Zeit für ein Meeting?

1 Die Mitarbeiter kommen zusammen › KB: A1a

a **Konferenz, Meeting, … Welche Wörter fehlen in den Sätzen? Ergänzen Sie das Rätsel.**

1. Wir laden Sie herzlich zur … unserer Vertriebsmitarbeiter ein.
2. Heute habe ich Zeit für ein …
3. In der Personalabteilung beginnt die Woche mit einer …
4. Kommst du auch zu unserem Deutschkurs-… von der Sprachenschule?
5. Das Planungsteam trifft sich zu einer ersten … am 23. März.
6. Die … hat das Thema „Gesundheit im Betrieb".

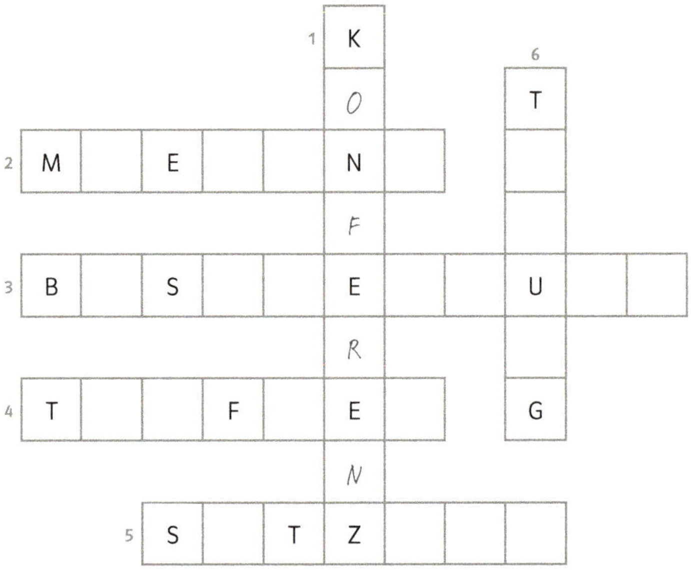

b **„sprechen" oder „besprechen"? Ergänzen Sie das fehlende Wort in der richtigen Form. Kreuzen Sie dann in der Regel an.**

1. Die Einzelheiten *besprechen* wir am besten im kleinen Kreis.
2. Was habt ihr gestern bei der Teamsitzung ____________________?
3. Über Punkt 3 haben wir lange und ausführlich ____________________.
4. Wollen wir nicht noch kurz über die Aufgaben von morgen ____________________?
5. Wann ____________________ wir denn, wie es weitergeht?
6. ____________________ doch bitte noch einmal mit deinen Kollegen!

1. a. ☐ besprechen b. ☐ sprechen mit + Dativ / über + Akkusativ
2. a. ☐ besprechen b. ☐ sprechen + Akkusativ

2 Hier mein kurzer Bericht … › KB: A2

Lesen Sie die Erklärungen und achten Sie auf die Markierungen. Welche Verben aus der E-Mail von Tim Lohse in Aufgabe 2, im Kursbuch 20A, sind das? Notieren Sie.

1. etwas kurz erzählen – von etwas *berichten*
2. jdn. mit einer Alternative bekannt machen – jdm. eine Alternative ____________________
3. Es gibt nicht mehr so viel Interesse – das Interesse hat ____________________
4. das Kursprogramm in den Arbeitstag einbauen – das Kursprogramm in den Arbeitstag ____________________
5. die Idee gut finden – viel von der Idee ____________________

3 Fit und gesund am Arbeitsplatz – Nebensätze mit „damit" › KB: A3 › G: 4.2

a Lesen Sie die Vorschläge für gesundes Arbeiten. Was ist der Zweck?

Vorschlag:	Zweck:	
1. Ihren Bürostuhl richtig einstellen	A. Die Beine haben genug Platz.	1. D
2. immer wieder die Sitzposition wechseln	B. Der Hals bleibt entspannt.	2. ___
3. bei heller Beleuchtung arbeiten	C. Sie bekommen keine Rückenprobleme.	3. ___
4. den Monitor auf die richtige Höhe einstellen	D. Sie sitzen gut.	4. ___
5. die richtige Tischhöhe wählen	E. Sie sehen besser.	5. ___

b Schreiben Sie die Vorschläge aus 3a in die Tabelle. Verbinden Sie die Satzteile mit „damit".

Hauptsatz	Nebensatz		
1. Stellen Sie Ihren Bürostuhl richtig ein,	damit	Sie gut	sitzen.
2.			
3.			
4.			
5.			

c Tim Lohse will eine Firma mit einem Sportprogramm besuchen. Formulieren Sie den Zweck seiner Reise und verbinden Sie die Sätze mit „damit".

1. Firma Schroth – Tim Lohse einladen → er – Sportprogramm sich ansehen
   Firma Schroth lädt Tim Lohse ein, damit er sich das Sportprogramm ansieht.
2. Er – Termin mit der Personalchefin haben → sie – ihn über Programm informieren
   ______
3. Die Personalchefin – ihm Sporträume zeigen → er – aktive Mitarbeiter kennenlernen
   ______
4. Die Teamleiter – mit Mitarbeitern sprechen sollen → sie – von ihren Erfahrungen berichten
   ______
5. Er – ein Protokoll schreiben → er – keine wichtigen Informationen vergessen
   ______

d Schreiben Sie die Sätze aus 3c in die Tabelle und beginnen Sie mit dem Nebensatz mit „damit".

Nebensatz			Hauptsatz	
1. Damit	er sich das Sportprogramm	ansieht,	lädt	Firma Schroth Tim Lohse ein.
2.				
3.				
4.				
5.				

Z 4 Tim Lohse plant seine Reise › KB: A3

Formulieren Sie die Sätze wie im Beispiel.

1. Tim Lose bestellt ein Taxi, *damit er pünktlich am Bahnhof sein kann.*
   (am Bahnhof – pünktlich – sein können)
2. Er wählt eine direkte Zugverbindung aus, ______________________.
   (nicht – umsteigen müssen)
3. Er reserviert einen Sitzplatz, ______________________.
   (unterwegs – noch etwas – arbeiten können)
4. Er packt sein Notebook ein, ______________________.
   (wichtige E-Mails – im Zug – beantworten können)
5. Er notiert die Adresse des Tagungshotels, ______________________.
   (mit Suchen – keine Zeit – verlieren müssen)

B Organisation ist alles

1 Einladung zur Besprechung › KB: B1

Schreiben Sie mit den Vorgaben eine Einladung an Frau Wenzel in Ihr Heft. Lesen Sie die Sätze im Kursbuch 20B, 1, noch einmal. Sie können Ihnen helfen. Vergessen Sie auch nicht Anrede und Gruß.

~~Wir … Mitarbeiterschulung zum Thema „Zeitmanagement".~~ | Ich würde mich freuen, … | Aus diesem Grund … Besprechung einladen. | Das Treffen … am 20.04., Beginn: 9:30 Uhr – Ende: ca. 15:00 Uhr | Ort: Raum 307, Gebäude A, 3. Etage | Die Tagesordnung … Anhang.

Liebe Frau Wenzel,
wir planen eine Mitarbeiterschulung zum Thema „Zeitmanagement". …

2 Die Pronomen „ein-" / „welch-" und „kein-" › KB: B4b › G: 3.4

a Lesen Sie das Gespräch zwischen dem Mitarbeiter der Raumorganisation und der Assistentin. Ergänzen Sie das Pronomen „ein-" in der richtigen Form.

▶ Wie groß soll der Raum sein?

▶ Wir brauchen [1] *einen* ______ für 15 Personen.

▶ Ich sehe, Raum 206 ist frei. Da steht aber nur eine Pinnwand.

▶ Hm, [2] nur ______? Wir brauchen zwei. Gibt es dort auch einen Beamer?

▶ Moment mal, ich glaube [3] ______ war defekt. Aber nein, der in Raum 206 funktioniert.

▶ Da haben wir ja Glück. Wenn nicht, kann ich [4] ______ aus der Abteilung mitbringen.

▶ Das ist nicht nötig. Aber ein Notebook müssen Sie bitte selbst mitbringen.

▶ Ja, ich habe schon [5] ______ von meinem Chef bekommen.

▶ Dann ist ja alles klar. Unterschreiben Sie bitte das Bestellformular hier unten.

▶ Oh, ich habe keinen Stift bei mir. Können Sie mir [6] ______ leihen?

▶ Hier, bitte schön!

▶ Danke.

b **Lesen Sie den Tipp und markieren Sie in den Sätzen die Nomen und Pronomen. Welche Aussagen gehören zusammen?**

1. Ich brauche noch Tassen!	A. Haben Sie denn keine bekommen?	1. *B*
2. Wir haben kein Papier mehr!	B. Im Schrank stehen noch welche.	2. ___
3. Möchten Sie Zucker zum Kaffee?	C. Eins mit Tomaten oder mit Salami?	3. ___
4. Schicken Sie mir eine Einladung!	D. Gut, ich bringe welches mit.	4. ___
5. Haben Sie etwas Kleingeld?	E. Können Sie mir auch welche geben?	5. ___
6. Ah, hier liegen die Servietten!	F. Danke, ich nehme keinen.	6. ___
7. Ich nehme ein Stück Pizza.	G. Brauchen Sie einen großen oder kleinen?	7. ___
8. Bringen Sie mir einen Notizblock mit?	H. Leider habe ich auch keins.	8. ___

TIPP

Ist das Nomen zählbar?
z. B. Tasse, Stift
→ Sing.: „ein-"/„kein-"
→ Pl.: „welche"/„keine"
Ist das Nomen nicht zählbar?
z. B. Geld, Papier
→ „welch-"/„kein-" (nur Sing.)

3 Possessivpronomen › KB: B4b › G: 3.2

Welches Pronomen ist richtig: a oder b? Kreuzen Sie an.

1. Mein Auto steht im Parkhaus. Wo haben Sie a. ☒ Ihres b. ☐ Ihrer geparkt?
2. Dieser Regenschirm gehört mir nicht. a. ☐ Meinem b. ☐ Meiner ist schwarz.
3. Ich habe mein Handy vergessen. Kann ich kurz mit a. ☐ deins b. ☐ deinem anrufen?
4. Auf dem Tisch liegen noch Unterlagen. Sind das a. ☐ Ihre? b. ☐ Ihren?
5. Wir brauchen keine Namensschilder. Wir haben a. ☐ unseren b. ☐ unsere eigenen dabei.

TIPP

Lernen Sie die Genus-Kasus-Signale.
Nom.: r / s / e // e
Akk.: n / s / e // e
Dat.: m / m / r // n

C Die Besprechung

1 Auf der Tagesordnung steht ... › KB: C1a

a **Wie heißen die Nomen? Notieren Sie auch die Artikel.**

1. erstellen: *die Erstellung*
2. beschließen: ______________
3. bilden: ______________
4. diskutieren: ______________
5. präsentieren: ______________
6. begrüßen: ______________

b **Ergänzen Sie die Tagesordnung mit den Nomen aus 1a.**

TOP 1	*Begrüßung*	der Teilnehmer
TOP 2	______________	des Projekts
TOP 3	______________	der Projektideen
TOP 4	______________	zur Durchführung
TOP 5	______________	eines Projektplans
TOP 6	______________	der Projektteams

TIPP

In Listen notiert man Aktivitäten als Nomen:
Begrüßung der Teilnehmer
→ Die Leitung begrüßt die Teilnehmer.
Achtung:
brauchen → der Bedarf

c **Welche Präposition(en) hat das Verb? Ordnen Sie zu.**

1. stimmen
2. sich einigen
3. einen Termin finden
4. seine Meinung sagen
5. sich organisieren
6. sich beschäftigen
7. gehen
8. stattfinden

A. am + Dat. / um + Akk.
B. in + Akk.
C. mit + Dat.
D. auf + Akk.
E. zu + Dat.
F. für + Akk.
G. für / gegen + Akk.
H. um + Akk.

1. G
2. ___
3. ___
4. ___
5. ___
6. ___
7. ___
8. ___

2 Die Struktur einer Besprechung › KB: C2

a **Was kann in einer Besprechung passieren? Welches Nomen passt: a oder b? Kreuzen Sie an.**

1. a. ☐ Besprechung b. ☒ Begrüßung der Teilnehmer
2. a. ☐ Klärung b. ☐ Beschluss der organisatorischen Fragen
3. a. ☐ Einladung b. ☐ Wahl des Protokollanten
4. a. ☐ Besprechung b. ☐ Abstimmung der einzelnen Punkte
5. a. ☐ Klärung b. ☐ Zusammenfassung der Ergebnisse
6. a. ☐ Verteilung b. ☐ Wahl der Aufgaben
7. a. ☐ Einladung b. ☐ Verabschiedung der Teilnehmer

b **Was machen die Sitzungsteilnehmer und die Sitzungsleitung?**

1. Die Sitzungsleitung *begrüßt die Teilnehmer.*
2. Die Teilnehmer ______________________________.
3. Die Leitung ______________________________.
4. Man ______________________________.
5. Die Sitzungsleitung ______________________________.
6. Sie ______________________________.
7. Und sie ______________________________.

3 Ich eröffne die Diskussion … – Redemittel in einer Besprechung › KB: C3c

▶ 4 | 33–34 **Lesen Sie die Redemittel. Wer verwendet sie in der Besprechung? Kreuzen Sie an: Sitzungsleiterin (S) oder Teilnehmer (T)? Hören Sie die Besprechung im Kursbuch 20C, 3b, zur Kontrolle noch einmal.**

	S	T
1. Ich danke Ihnen für Ihren interessanten Vortrag.	☒	☐
2. Wer möchte etwas zu dem Projekt sagen?	☐	☐
3. Für mich ist aber noch nicht klar, ob …	☐	☐
4. Da stimme ich Ihnen zu. Ich sehe da auch ein Problem.	☐	☐
5. Da fällt mir gerade etwas ein. …	☐	☐
6. Das ist eine sehr gute Idee von Ihnen, Frau …	☐	☐
7. Ja, also, ich würde gerne wissen, …	☐	☐
8. Gibt es sonst noch Fragen?	☐	☐

D Das halten wir fest

1 Das nehmen wir ins Protokoll auf – Verbindungen von Nomen und Verb › KB: D1

a Lesen Sie das Protokoll im Kursbuch 20D, 1, noch einmal. Welches Verb bildet mit dem Nomen einen festen Ausdruck? Notieren Sie.

1. etw. ins Protokoll *aufnehmen*
2. die Änderung ______
3. eine Umfrage ______
4. sich mit jdm. in Verbindung ______
5. ein Angebot ______
6. einen Plan ______

b Schreiben Sie die Sätze im Perfekt mit den Vorgaben und den festen Ausdrücken aus 1a.

1. Herr Rössner – den Vorschlag – ins Protokoll …
   Herr Rössner hat den Vorschlag ins Protokoll aufgenommen.
2. Die Teilnehmer – die Tagesordnung – die Änderung …
   ______
3. Unsere Abteilung – zum Bedarf an Sportangeboten – eine Umfrage …
   ______
4. Frau Kliem – mit der Geschäftsführung – sich – in Verbindung …
   ______
5. Herr Wolf – für Fitnessgeräte – verschiedene Angebote …
   ______
6. Die Projektleitung – für – nächste halbe Jahr – einen Zeitplan …
   ______

2 Und wie finden Sie das Projekt? – Meinungen ausdrücken und begründen › KB: D3a

Schreiben Sie Sätze und verwenden Sie die Redemittel unten und die Aussagen aus dem Gespräch der Mitarbeiter im Kursbuch 20D, 3a.

1. Meine Meinung ist: *Die Mittagspause ist für ein Training zu kurz.*
   (Mittagspause – für ein Training zu kurz sein)
2. Ich glaube nicht, dass ______
   (man – zeigen müssen, wie fit man ist)
3. Ich bin überzeugt, dass ______
   (Firma – mit Sportangeboten attraktiver sein)
4. Für mich ist die Sache klar: ______
   (ich – bestimmt mitmachen)
5. Ich finde, dass ______
   (Projekt – für unsere Firma sehr wichtig sein)
6. Ich glaube auch, dass ______
   (Projekt – gut für das Betriebsklima sein)

Z 3 Eine Umfrage in der Firma zum Thema „aktive Mittagspause“ › KB: D3a

a Lesen Sie die Aussagen der Mitarbeiter. Welcher Konnektor passt? Kreuzen Sie an.

1.	Man hat mehr Kraft für die Arbeit,	a. ☐ dass	b. ☒ wenn	man in der Mittagspause Sport macht.
2.	Der Fitnesstrainer findet,	a. ☐ dass	b. ☐ damit	Sport Spaß machen soll.
3.	Sport in der Mittagspause ist gut,	a. ☐ wenn	b. ☐ weil	sich die Kollegen besser kennenlernen.
4.	Es gibt Sportangebote in der Firma,	a. ☐ damit	b. ☐ dass	die Mitarbeiter gesund und fit bleiben.
5.	Die Personalleitung glaubt,	a. ☐ weil	b. ☐ dass	aktive Mitarbeiter weniger krank sind.
6.	Die Firma muss viel organisieren,	a. ☐ damit	b. ☐ wenn	sie Sportangebote machen kann.
7.	Bewerber finden eine Firma gut,	a. ☐ wenn	b. ☐ damit	sie Sportmöglichkeiten anbietet.
8.	Einige finden die aktive Mittagspause nicht gut,	a. ☐ dass	b. ☐ da	die Mittagspause für ein Training zu kurz ist.

b Verbinden Sie die Sätze mit dem Konnektor. Beginnen Sie einmal mit dem Hauptsatz, einmal mit dem Nebensatz.

1. Die Firma stellt einen Trainer ein. Sie möchte Sportkurse anbieten. (weil)
   Die Firma stellt einen Trainer ein, weil sie Sportkurse anbieten möchte. / Weil die Firma Sportkurse anbieten möchte, stellt sie einen Trainer ein.
2. Sie hat ein neues Fitnessstudio eingerichtet. Das Training macht den Mitarbeitern Spaß. (damit)
   ____
3. Das Betriebsklima wird besser. Die Kollegen besuchen gemeinsam Sportkurse. (wenn)
   ____
4. Einige Kollegen denken das. Man ist nach dem Training nicht pünktlich am Arbeitsplatz. (dass)
   ____
5. Sport in der Mittagspause ist sinnvoll. Man hat mehr Energie als nach einem Kantinenessen. (da)
   ____

Rechtschreibung

1 „Schwa” oder vokalisches „r“? – Wörter mit „-e“ oder „-er“ im Auslaut schreiben

a ▶ 4 | 54 Sie hören jeweils zwei Wörter. Sind sie gleich oder nicht gleich? Kreuzen Sie an.

	gleich	nicht gleich		gleich	nicht gleich
1.	☒	☐	6.	☐	☐
2.	☐	☐	7.	☐	☐
3.	☐	☐	8.	☐	☐
4.	☐	☐	9.	☐	☐
5.	☐	☐	10.	☐	☐

TIPP

Das vokalische „r“:
Man spricht im Deutschen in vielen Wörtern den Buchstaben „r“ nicht wie einen Konsonaten aus, sondern wie ein leichtes „a“, z. B. Mutter, Pfleger, Wort.

b ▶ 4 | 55 Hören Sie die Wörter noch einmal und sprechen Sie nach.

c ▶ 4 | 56 Hören Sie vier Wörter und schreiben Sie sie in die richtige Schreibzeile.

„Schwa“ [ə]: ______________________

vokalisches „r“ [ɐ]: ______________________

Grammatik im Überblick

1 Nebensätze mit „damit" › G: 4.2

Hauptsatz	Nebensatz		
Ich rufe Sie morgen an,	damit	wir die Probleme	besprechen können.
Die Firma bietet ein Sportprogramm an,	damit	die Mitarbeiter sportlich aktiv	sind.

Nebensatz			Hauptsatz	
Damit	wir die Probleme	besprechen können,	rufe	ich Sie morgen an.
Damit	die Mitarbeiter sportlich aktiv	sind,	bietet	die Firma ein Sportprogramm an.

Mit Nebensätzen mit „damit" kann man ein Ziel oder einen Zweck ausdrücken. Man sagt also, was man möchte oder will. Manchmal unterstreicht man in dem „damit-Satz", dass etwas **möglich** ist. Dann ergänzt man die Modalverben „können" oder „nicht müssen".

Der Nebensatz mit „damit" kann vor oder nach dem Hauptsatz stehen.

2 Die Pronomen „ein-", „kein-", „mein-/dein-/..." › G: 3.2, 3.4

	unbestimmtes und Negativ-Pronomen			Possessivpronomen		
	Maskulinum	Neutrum	Femininum	Maskulinum	Neutrum	Femininum
Nominativ	(k)einer	(k)eins	(k)eine	meiner	meins	meine
Akkusativ	(k)einen	(k)eins	(k)eine	meinen	meins	meine
Dativ	(k)einem	(k)einem	(k)einer	meinem	meinem	meiner
Plural (N.+ A.)	welche (keine)			meine		
Plural (D.)	welchen (keinen)			meinen		

- Das unbestimmte Pronomen, das negative Pronomen und das Possessivpronomen haben im Singular die gleiche Endung wie der bestimmte Artikel. z. B. der → einer / keiner / meiner / seiner / ihrer / unserer.
  Bei dem Plural von „mein- / dein-" und „kein-" ist das auch so: die → meine / deine / ihre / seine / keine
- Der Plural des Pronomens „ein-" heißt „welch-",
  z. B. Hast du Stifte? – Ja, ich habe welche.
- Das Pronomen für unzählbare Nomen im Singular (z. B. Saft, Papier, Sahne) heißt „welch-",
  z. B. Saft? – Ich kaufe welchen.
  Papier? – Ich hole welches.
  Sahne? – Ich nehme welche.

Lektion 1

1A Herzlich willkommen!

1 **Gespräch 1:** Guten Tag, mein Name ist George Peters. • Woher kommen Sie? • Ich komme aus England. Und woher kommen Sie? • Ich komme aus Frankreich.
Gespräch 2: Guten Tag. Mein Name ist Axel Berg. Und wie heißen Sie? • Ich heiße Paula Arias. Ich komme aus Peru. • Und ich komme aus Österreich, aus Wien.

2a/b 1. Ich komme aus Polen. • 2. Wie heißen Sie? • Mein Name ist Jan Nowak. • 3. Wer sind Sie? • Ich bin Olga Iwanowa aus Russland.

2c

	Position 1	Position 2	
2. a.	Wer	sind	Sie?
b.			Paula Arias aus Peru.
3. a.	Wie	heißen	Sie?
b.			George Peters.

3a Ich komme aus dem Irak. • Ich komme aus dem Iran. • Ich komme aus den Niederlanden. • Ich komme aus Peru. • Ich komme aus Spanien. • Ich komme aus Südafrika. • Ich komme aus der Türkei. • Ich komme aus den USA.

3b 1. Nordamerika • 2. Südamerika • 3. Europa • 5. Asien • 6. Australien

3c **Asien:** Japan • **Australien:** alles falsch • **Europa:** Griechenland • **Nordamerika:** Kanada • **Europa:** Tschechien

1B Guten Tag, das ist …

1a 2b • 3a • 4b • 5b • 6a • 7b

1b **kommen:** du kommst • er/sie kommt • Sie (Sg. + Pl.) kommen • **heißen:** ich heiße • du heißt • er/sie heißt • Sie (Sg. + Pl.) heißen • **sein:** ich bin • du bist • er/sie ist • Sie (Sg. + Pl.) sind

1c 2. kommst • 3. komme • 4. heißt • 5. ist • 6. bist • 7. bin • 8. heißt • 9. heißt

2a Ä: Ärger • B: Berta • C: Cäsar • D: Dora • E: Emil • F: Friedrich • G: Gustav • H: Heinrich • I: Ida • J: Julius • K: Kaufmann • L: Ludwig • M: Marta • N: Nordpol • O: Otto • Ö: Ökonom • P: Paula • Qu: Quelle • R: Richard • S: Siegfried/Samuel • T: Theodor • U: Ulrich • Ü: Übermut • V: Viktor • W: Wilhelm • X: Xanthippe • Y: Ypsilon • Z: Zeppelin/Zacharias

2b Ägypten • Alphabet • Amerika • Anton • Antwort • Argentinien • Asien • Australien

1C Kommen Sie aus …?

1a 2b • 3a • 4b

1b 2. Kommen Sie aus Japan? • 3. Nein. Ich komme aus China. • 4. Woher kommst du? • 5. Sind Sie der Praktikant aus Polen? • 6. Ja. Ich bin aus Polen. • 7. Elena kommt aus Griechenland.

1c 3. Woher kommen Sie? • 4. Kommst du aus der Türkei? • 5. Wie heißen Sie? • 6. Wie heißt du? • 7. Wie heißen Sie? • 8. Wer sind Sie?

2a 2. die Ärztin • 3. der Bankkaufmann • 4. die Hotelfachfrau • 5. der Ingenieur • 6. die Journalistin • 7. der Koch • 8. der Lehrer • 9. die Sekretärin • 10. der Maler

2b 2. Gärtner/Gärtnerin • 3. Informatiker/Informatikerin • 4. Krankenpfleger/Krankenschwester • 5. Designer/Designerin • 6. Anwalt/Anwältin • 7. Altenpfleger/Altenpflegerin • 8. Techniker/Technikerin

1D Mein Name ist …

1 2. zwei • 3. sechs • 4. drei • 5. acht • 6. neun • 7. fünf • 8. null

2 2E • 3H • 4J • 5A • 6G • 7K • 8F • 9C • 10I • 11L • 12D

Rechtschreibung

1a 2. Ich heiße Olivia Miller. • 3. Woher kommst du? • 4. Er kommt aus Russland. • 5. Wie schreibt man das? • 6. Was machen Sie beruflich? • 7. Ich bin Informatiker von Beruf. • 8. Bist du aus dem Iran? • 9. Mein Name ist Paula Arias.

1b 2. Axel Berg ist Personalreferent von Beruf. • 3. Bist du die Praktikantin aus Linz? • 4. Was macht Herr Dahm beruflich? • 5. Auf Wiedersehen, Frau Fischer. • 6. Ich komme aus den Niederlanden, aus Amsterdam.

Kurssprache

1a 2. Lesen Sie. • 3. Hören Sie. • 4. Schreiben Sie.

1b 2A • 3F • 4I • 5H • 6G • 7B • 8D • 9C

1c 2. Text hören • 3. Zusatzaufgabe • 4. Ausspracheregel • 5. Film sehen

Lektion 2

2A Neu in der Firma

1a **Singular Maskulinum: der:** der Ingenieur • der Koch • der Kurs • der Mann • der Name • der Partner • der Titel • **Singular Femininum: die:** die Ärztin • die Frau • die Nummer • die Praktikantin • die Stadt • die Straße • **Singular Neutrum: das:** das Büro • das Café • das Foto • das Gespräch • das Hotel • das Land • das Wort

1b **–:** der Partner – die Partner • der Titel – die Titel • **-e:** der Ingenieur – die Ingenieure • der Kurs – die Kurse • das Gespräch – die Gespräche • **-̈e:** der Koch – die Köche • die Stadt – die Städte • **-̈er:** der Mann – die Männer • das Land – die Länder • das Wort – die Wörter • **-n:** der Name – die Namen • die Nummer – die Nummern • die Straße – die Straßen • **-en:** die Frau – die Frauen • **-nen:** die Ärztin – die Ärztinnen • die Praktikantin – die Praktikantinnen • **-s:** das Büro – die Büros • das Café – die Cafés • das Foto – die Fotos • das Hotel – die Hotels

1c **Pl. Maskulinum (♂♂):** -er • **Sg. Femininum (♀):** -in • **Pl. Femininum (♀♀):** -innen

2a Finanzchefin • Finanzmanager • Marketingabteilung • Marketingchefin • Marketingmanager • Personalabteilung • Personalchefin • Personalmanager

2b 3. Bestimmungswort: das Marketing + Grundwort: die Assistentin • 4. Bestimmungswort: das Personal + Grundwort: die Assistentin • 5. Bestimmungswort: das Personal + Grundwort: das Büro • 6. Bestimmungswort: der Ingenieur + Grundwort: das Büro

2c b

2d 2. das Personal + die Abteilung: die Personalabteilung • 3. die E-Mail + die Adresse: die E-Mail-Adresse • 4. die Familie + der Name: der Familienname • 5. das Geschäft + die Führerin: die Geschäftsführerin • 6. das Haus + die Nummer: die Hausnummer • 7. das Telefon + die Nummer: die Telefonnummer • 8. das Telefon + das Gespräch: das Telefongespräch • 9. das Büro + der Leiter: der Büroleiter

3 2. Guten Tag! • 3. Guten Abend! • 4. Gute Nacht!

2B Im Personalbüro

1 3. Wie ist der Vorname von Frau Seidel? • 4. Wo wohnt Eva? • 5. Woher kommt Eva? • 6. Wer ist Herr Asamoah? • 7. Was ist falsch?

2a 2I • 3A • 4F • 5C • 6H • 7B • 8D • 9G

2b 2. einhundertsechs • 3. vierundsechzig • 4. sechshundert • 5. sechzehn • 6. sechsundvierzig • 7. sechshundertsechs • 8. sechsundsechzig

2c 2. 100 • 3. 1000 • 4. 100 000 • 5. 11 • 6. 1 000 000 • 7. 1 000 000 000 • 8. 10 000 • 9. 1 000 000 000 000

3 2. 0711/59 2 83 • 3. 0 165/72 44 12 • 4. 089/45 54 0 86 • 5. 0 170/21 23 78 • 6. 0221/14 39 13

4a 3. ich • 4. ihr • 5. er • 6. sie • 7. Sie • 8. sie • 9. du

4b 2. Gloria und José • 3. Frau Song und Herr Wirtz • 4. Frau Roth • 5. Herr Heller

4c 2. Wo wohnt ihr? • 3. Wo arbeiten Sie? • 4. Wer bist du?

5a **wohnen:** du wohnst • er/sie/es wohnt • wir wohnen • ihr wohnt • sie wohnen • **leben:** ich lebe • du lebst • er/sie/es lebt • wir leben • ihr lebt • Sie (Sg. + Pl.) leben • **machen:** ich mache • du machst • er/sie/es macht • ihr macht • sie machen • Sie (Sg. + Pl.) machen • **heißen:** ich heiße • du heißt • er/sie/es heißt • wir heißen • sie heißen • Sie (Sg. + Pl.) heißen • **arbeiten:** ich arbeite • du arbeitest • wir arbeiten • ihr arbeitet • sie arbeiten • Sie (Sg. + Pl.) arbeiten • **reden:** ich rede • er/sie/es redet • wir reden • ihr redet • sie reden • Sie (Sg. + Pl.) reden

5b 2. heißt • 3. Kommt • 4. wohnen • 5. leben • 6. machen • 7. arbeitet • 8. zeichnet • 9. notiere • 10. rechnest

5c 2. Sind • 3. bin • 4. bin • 5. sind • 6. seid • 7. sind • 8. ist • 9. bist • 10. sind

5d 2. bin • 3. ist • 4. kommt/ist • 5. kommen/sind • 6. kommt/ist • 7. wohnen • 8. sind • 9. machst • 10. Arbeitest • 11. Wohnst

6 2. belgisch • 3. Brasilien • 4. Deutschland • Deutsch • 5. finnisch • 6. Neuseeland • Englisch • 7. Österreich • Deutsch • 8. schweizerisch • 9. tunesisch • 10. Englisch

7 2. Gerald. • 3. Marketingleiter. • 4. Bei Erler & Co. • 5. Deutsch, Englisch, Finnisch und Akan. • 6. Finnisch. • 7. In Esslingen. • 8. Die Adresse ist Blumenstraße 98a, 73728 Esslingen. • 9. Die Telefonnummer ist 0711/65434. • 10. g.asamoah@xpu.de.

2C Das Team

1 2b • 3b • 4a • 5b • 6a

2a 2a • 3a • 4b • **Gespräch 2:** Foto 1 • **Gespräch 3:** Foto 4 • **Gespräch 4:** Foto 2

2b 2. A • 3. A • 4. CH • 5. D • 6. A • 7. D • 8. D • 9. CH • 10. D • 11. CH • 12. A

2c **formell begrüßen:** Grüezi • Grüß Gott • Guten Tag • **formell verabschieden:** Auf Wiederschau'n • Auf Wiedersehen • **informell begrüßen:** Hoi • Servus • Hallo • **informell verabschieden:** Tschau • Servus • Tschüss

2D Arbeiten hier und dort

1 **Englisch:** 2. percent • 3. number • 4. colleague • 5. team • 6. international

2 2. Bei Erler & Co. ist Eva glücklich./Eva ist bei Erler & Co. glücklich. • 3. Hier sagen wir „du“./Wir sagen hier „du“. • 4. Aus Spanien kommen zwei Kollegen./Zwei Kollegen kommen aus Spanien. • 5. Aus Europa sind 68 %./68 % sind aus Europa.

Rechtschreibung

1 2. sechzehn • 3. null • 4. dreißig • 5. Million • 6. zwanzig • 7. fünfundsiebzig • 8. zwei • 9. achtzig • 10. einhundert • 11. Milliarde • 12. dreiundneunzig • 13. vierzig • 14. siebentausend • 15. achtzehn • 16. zwölf

Lektion 3

3A Arbeitsalltag

1 2. der • die Computer • 3. die • die Mäuse • 4. der • die Notizblöcke • 5. der • die Schreibtische • 6. die • die Tastaturen • 7. der • die Stifte • 8. der • die Drucker • 9. das • die Mauspads • 10. der • die Bürostühle • 11. der • die Kalender • 12. die • die Lampen

2 **Maskulinum (M):** der Notizblock • der Schreibtisch • der Stift • der Drucker • der Bürostuhl • der Kalender • **Neutrum (N):** das Mauspad • **Femininum (F):** die Tastatur • die Lampe

3 2. eine • Die • 3. ein • Das • 4. – • Die

4 2. grün • 3. blau • 4. rot • 5. weiß • 6. gelb

3B Ich habe ein Problem

1 **haben:** du hast • er/sie/es hat • Sie haben (Sg.) • wir haben • ihr habt • sie haben • Sie haben (Pl.)

2 2a • 3b • 4b • 5a • 6b • 7b • 8a

3a/b **Neutrum (unbestimmter Artikel):** ein • ein • **Femininum (bestimmter Artikel):** die • die • **Femininum (unbestimmter Artikel):** eine • eine • **Plural (bestimmter Artikel):** die • die • **Plural (unbestimmter Artikel):** – • –

3c 2. Der Computer ist kaputt. • 3. Herr Mindt braucht den Computer. • 4. Er fragt die Technikerin. • 5. Die Technikerin kennt den Fehler. • 6. Die Reparatur klappt nicht. • 7. Herr Mindt schreibt einen Auftrag. • 8. Die Technikerin bestellt die Geräte.

3d 3. Der Computer. • 4. Den Computer. • 5. Die Technikerin. • 6. Die Technikerin. • 7. Die Reparatur. • 8. Einen Auftrag. • 9. Die Geräte.

3e 2. ein • 3. die • 4. das • 5. Der • 6. Die • den • 7. den • 8. Die • 9. die • 10. Die • eine

4a 2C • 3A • 4F • 5B • 6D

4b **Betreff:** Bestellung • **E-Mail:**
Lieber Herr Mindt,
ich habe eine Information: Der Computer ist da. Antworten Sie bitte kurz. Vielen Dank.
Viele Grüße – I. Ley

3C Alles neu im Büro

1a Im Uhrzeigersinn: das Notebook, -s • der Schreibtisch, -e • der Rollcontainer, – • der Schreibtischstuhl, ¨-e • der Besucherstuhl, ¨-e • der Besprechungstisch, -e • das Flipchart, -s • das Regal, -e

1b *Mögliche Lösungen:* **Stifte:** der Kugelschreiber, – • der Marker, – • **Papier:** der Notizblock, -e • **Ordnung:** die Büroklammer, -n • die Heftmaschine, -n • der Ordner, ¨ • **Sonstiges:** der Locher, – • der Radiergummi, -s • der Spitzer, –

1c 3. der Notebookbildschirm • 4. das Flipchartpapier • 5. das Notizpapier • 6. der Computerbildschirm • der Computertisch, -e • 7. der Papierkorb • 8. die Schreibtischlampe

2a 2. Regel 3 • 3. Regel 1 • 4. Regel 2

2b 2. ein • 3. einen • 4. einen • 5. ein • 6. – • 7. einen • 8. – • 9. einen • 10. – • 11. –

3 2. genug • 3. zu • 4. nicht • 5. zu

3D Viele Grüße aus ...

1 2. sehr alt • 3. sehr schön, groß und hell • 4. kaputt • 5. sehr zufrieden

2a 2. Welches Büro ist leer? – Das Büro von Herrn Mindt. • 3. Welche Maus ist kaputt? – Die Maus von Herrn Mindt. • 4. Welche Kollegen sind nett? – Die Kollegen von Herrn Mindt.

Regel: bestimmter

2b 2. Welche • Die Ordner • 3. Welches • Das Regal • 4. Welcher • Der Marker • 5. Welche • Die Lampe

3a 2. Saarland • 3. sehr • 4. Ich habe • 5. Liebe Grüße

3b *Mögliche Lösung:* ... jetzt in DD bei W. Kollegen u. Chef sind s. nett. Hab schon eine Whg. Maria u. d. Kinder kommen bald. LG Marvin

4a 2. Unternehmensgründung • 3. Tätigkeit • 4. Standort • 5. Geschäftsführer • 6. Mitarbeiterzahl • 7. Geschäftsbereiche

4b 2. Standort • 3. Geschäftsführer • 4. Unternehmensgründung • 5. Mitarbeiterzahl • 6. Tätigkeit • 7. Geschäftsbereiche

Rechtschreibung

1a 2. Drucker • druckt • 3. Kugelschreiber • bestelle • 4. Bürostuhl • Bürostühle • alt • 5. Kundenservice • braucht • 6. Schrank • leer • 7. Notebook • repariert • 8. Fehler • kennt • 9. Hotline • funktioniert • 10. Bestellliste • dringend

Lektion 4

4A Termine wann und wo?

1a 2c • 3c • 4a • 5b • 6b • 7a • 8b

1b 2. Dienstag • 3. Mittwoch • 4. Donnerstag • 5. Freitag • 6. Samstag • 7. Sonntag

1c 2. Freitag, 18:45 Uhr • 3. Mittwoch, 9:22 Uhr • 4. Samstag, 11:00 Uhr • 5. Donnerstag, 14:04 Uhr • 6. Montag, 13:39 Uhr

1d 2. um • 3. um • 4. Am • um • 5. Am • um • 6. um

2 2. 16:00 Uhr • nachmittags • Guten Tag! • 3. 19:00 Uhr • abends • Guten Abend! • 4. 00:30 Uhr • nachts • Gute Nacht! • 5. 11:00 Uhr • vormittags • Guten Tag! • 6. 07:45 Uhr • morgens • Guten Morgen!

4B Hast du Zeit?

1a 2. eine Dreiviertelstunde • 3. eine Minute • 4. eine halbe Stunde • 5. fünfzig Minuten • 6. zwanzig Minuten • 7. eine Stunde • 8. vierzig Minuten • 9. zehn Minuten • 10. eine Viertelstunde

1b 2A • 3E • 4B • 5C • 6G • 7D

1c 2. zehn Uhr dreißig • halb elf • 3. dreizehn Uhr zehn • zehn nach eins • 4. fünfzehn Uhr vierzig • zwanzig vor vier • 5. sechzehn Uhr fünfundvierzig • Viertel vor fünf • 6. zwanzig Uhr fünf • fünf nach acht • 7. dreiundzwanzig Uhr fünfunddreißig • fünf nach halb zwölf • 8. null Uhr fünfzehn • Viertel nach zwölf

2 2. Um wie viel Uhr ist die Teambesprechung? • 3. Von wann bis wann geht die Teambesprechung? • 4. Wann kommt Frau Dr. Amos? • 5. Von wann bis wann kommt Herr Bauer?

3a 2. Am Wochenende kann ich nicht. • 3. Die Präsentation ist nicht gut. • 4. Frau Schmidt hat nicht viele Termine. • 5. Abends arbeitet Barbara nicht.

3b 2. kein • 3. keine • 4. keine • 5. kein • 6. kein • 7. keine • 8. keinen

3c 2. kein • 3. nicht • 4. nicht • 5. keine • 6. nicht

3d 2. Nein, ich arbeite nicht lang. • 3. Nein, ich habe kein Treffen mit Frau Ogashi. • 4. Nein, ich schreibe keine E-Mail. • 5. Nein, ich komme am Sonntag nicht. • 6. Nein, ich mache keine Präsentation. • 7. Nein, ich arbeite nicht gern.

4C Arbeit und Urlaub

1 **Frühling:** März • Mai • **Sommer:** Juni • Juli • **Herbst:** Oktober • November • **Winter:** Dezember • Januar

2a 2a • 3b • 4b • 5b • 6a

2b **Februar:** … zum zweiten Zweiten • **März:** vierzehnte Kalenderwoche, am einunddreißigsten Dritten • **Juni:** dreiundzwanzigste Kalenderwoche, vom vierten bis zum sechsten Sechsten • **August:** dreiunddreißigste Kalenderwoche, am fünfzehnten Achten • **Oktober:** zweiundvierzigste Kalenderwoche, am zwölften Zehnten • **November:** sechsundvierzigste Kalenderwoche, vom neunten bis zum elften Elften • **Dezember:** zweiundfünfzigste und dreiundfünfzigste KW, vom siebenundzwanzigsten bis zum neunundzwanzigsten Zwölften

2c 1. Kalenderwoche: 19 • Termin: 15. bis 20.04. • 2. Datum: 02.07. • Wochentag: Dienstag • Uhrzeit: 07:30 Uhr • 3. Datum: 02. bis 04.02. • Anreise bis: 22:00 Uhr • Frühstück wann: von 7:00 bis 10:30 Uhr

2d 2. Kino, am Mittwoch, den / dem zwölften Juni • 3. Restaurant, am Sonntag, den / dem achtzehnten Ersten • 4. Meeting, am Freitag, den / dem neunundzwanzigsten Fünften

3 2. 1908 • 3. 1718 • 4. 2011

4 2. von … bis • 3. Von … bis • 4. Am … um • 5. In der … bis • 6. im … im

5 2. a • c • 3. b • c • 4. a • b

4D Ich grüße dich!

1a 2. Wer plant den Messeaufbau? (N) • 3. Was macht Herr Bastian? (A) • 4. Wer macht viel Arbeit? (N) • 5. Wen kontrolliert der Chef oft? (A)

1b 2b • 3a • 4b • 5a • 6b

1c 2. du • 3. Ich • 4. ihn • 5. er • 6. Wir • 7. ihr • 8. Wir • 9. du • 10. er • 11. ihn • 12. uns

2a 2a • 3b • 4b • 5a

2b/c

1. Hauptsatz / Satzteil	Position 0	2. Hauptsatz / Satzteil
2. Du arbeitest schnell und viel,	aber	du machst viele Fehler.
3. Im April komme ich nach Frankfurt,	denn	ich besuche die Frühjahrsmesse.
4. Kommt der Techniker heute	oder	morgen?
5. Firma Klotz produziert in Deutschland	und	in Japan.
6. Frau Schmidt kennt die Modemesse in Berlin,	aber	nicht die Bildungsmesse in Zürich.
7. Herr Bastian macht den Messeaufbau	und	Frau Schmidt organisiert den Messeabbau.
8. Machen wir eine Skype-Konferenz	oder	telefonieren wir?
9. Morgen arbeiten wir nicht,	denn	es ist Sonntag.

2d/e Die Wiederholungen sind grau markiert: 2. Frau Schmidt plant die Termine und sie organisiert die Messen. • 3. Frau Schmidt hat am Samstag keine Zeit, aber am Sonntag hat sie Zeit. • 4. Herr Bastian skypt mit Japan oder er telefoniert mit Japan. • 5. Die Skype-Konferenz mit Japan ist am Montag und sie ist am Mittwoch. • 6. Frau Schmidt besucht die Messe, denn sie macht den Messeaufbau. •
Kürzere Sätze ohne Wiederholung: 3. Frau Schmidt hat am Samstag keine Zeit, aber am Sonntag. • 4. Herr Bastian skypt oder telefoniert mit Japan. • 5. Die Skype-Konferenz mit Japan ist am Montag und am Mittwoch. • (Satz 6 mit „denn" kann man nicht kürzen.)

Rechtschreibung

1 2. Wann • Wochenende • 3. Der Wievielte • dritte Zweite • 4. Um wie viel Uhr • Viertel vor sechs • 5. Von wann bis wann • von drei bis vier Uhr • 6. Am Wievielten • am fünften Achten • 7. Wann • Juli • 8. Wie spät • zehn nach zwölf

Lektion 5

5A Das Werk

1 2. b • c • d • 3. a • b • d • 4. a • c • d • 5. b • c • d • 6. a • b • c

2a

Position 1	Position 2: Modalverb		Satzende: Verb (Infinitiv)
3. Der Journalist	will	einen Artikel für die „Thüringer Zeitung"	schreiben.
4. Wann	möchte	Herr Becker	kommen?
6. Wen	kann	er	interviewen?
7. Leider	kann	Frau Lahn nicht schnell	antworten.

Position 1: Modalverb		Satzende: Verb (Infinitiv)
5. Will	der Journalist drei Mitarbeiter	interviewen?

2b 2. Frau Wahner will auch kommen. • 3. Ein Mitarbeiter möchte die Produktion präsentieren. • 4. Frau Wahner kann das Unternehmen besichtigen. • 5. Wer kann die Mitarbeiter interviewen? • 6. Frau Wahner kann die Mitarbeiter fotografieren.

2c *Mögliche Lösungen:* Was möchten Sie am Abend machen? – Ich möchte ins Kino gehen. • Was möchten Sie im Urlaub machen? – Ich möchte eine Stadt besichtigen. • Was möchten Sie am Samstag machen? – Ich möchte Zeitung lesen. • Was möchten Sie um 13:00 Uhr machen? – Ich möchte Mittag essen. • Was möchten Sie heute Nachmittag machen? – Ich möchte eine E-Mail schreiben.

5B Die Werksbesichtigung

1 2a • 3a • 4b

2a 2. ihr • 3. ich • er / sie / es • 4. du • 5. ich • er / sie / es • 6. du • 7. wir • sie • Sie (Sg. + Pl.) • 8. wir • sie • Sie (Sg. + Pl.) • 9. ihr • 10. ich • er / sie / es • 11. du

2b 1. Herr Ziemer kann das Werk zeigen. • Herr Becker kann nicht mit der Geschäftsführung sprechen. • 3. Im Vertrieb muss man keinen Helm tragen. • 4. Die Praktikantin darf das Werk auch besichtigen. • Man darf die Maschine nicht berühren. • 5. Herr Becker will einen Artikel schreiben. • Herr Ziemer will die Personalabteilung nicht zeigen. • 6. Der Journalist möchte drei Mitarbeiter interviewen.

2c 2. Darf • 3. wollt • 4. Möchten • 5. musst • 6. Darf • 7. kann • 8. Möchtest • 9. wollen • 10. Muss

3 2. muss • 3. dürfen • 4. dürfen • 5. müssen • 6. darf • 7. kann / darf • 8. möchten / wollen • 9. möchte / will • 10. Möchtest / Willst

4 2b • 3b • 4a • 5a • 6a

5C Die Firmenstruktur

1a **die Verwaltung:** die Personalabteilung • die Buchhaltung • **der Einkauf:** – • **die Produktion:** die Entwicklung • die Fertigung • das Lager & die Logistik • **der Vertrieb:** der Außendienst • der Kundenservice • **das Marketing:** die PR-Abteilung • die Werbung • die Messen

1b die

1c 2E • 3H • 4B • 5G • 6A • 7F • 8D

2 2. sitzt • 3. tätig • 4. die Bereiche • 5. produziert • vertreibt

3a 2. im • 3. in der • 4. in den • 5. am • 6. am • 7. an der • 8. an den

3b 2. das • im • 3. die • in der • 4. die • in den • 5. der • am • 6. das • am • 7. die • an den

4 2. in der • 3. am • 4. am • 5. im • 6. im • 7. im • 8. am • 9. In der • 10. bei der

5 2. besichtigen • 3. besprechen • 4. besuchen • 5. drucken • 6. filmen • 7. interviewen • 8. kontrollieren • 9. leiten • 10. organisieren • 11. planen • 12. präsentieren • 13. produzieren • 14. reparieren • 15. vertreiben • 16. vorstellen

5D Wie war die Besichtigung?

1a **haben:** du hattest • er / sie / es hatte • wir hatten • ihr hattet • sie / Sie (Sg. + Pl.) hatten • **sein:** ich war • du warst • er / sie / es war • ihr wart • sie / Sie (Sg. + Pl.) waren

1b 2b • 3a • 4b • 5a • 6b • 7a • 8b

1c 2. ist • 3. hat • 4. war • 5. hatte • 6. war • 7. ist • 8. ist • 9. ist / war • 10. ist / war

2 … die Präsentation von Herrn Ziemer war sehr interessant. Wir waren in den Abteilungen Produktion, Vertrieb und Marketing. Auch die Interviews waren gut. Die Mitarbeiter waren sehr freundlich. Ich habe nun viele Informationen und kenne das Unternehmen „Compogroup" sehr gut. Ich schreibe jetzt den Artikel. Dann muss ich ihn noch korrigieren. Sie bekommen ihn bald.
Mit freundlichen Grüßen – Roland Becker

3 3. langweilig • 4. kurz • 5. schrecklich • 6. leise • 7. gut • 8. spannend

Rechtschreibung

1a 2. Werk • 3. Dienstreise • 4. Unternehmen • 5. Produkt • 6. Maschine • 7. Entwicklung • 8. Kontrolle • 9. Jahr • 10. Kantine • 11. Kundenservice • 12. Glück • 13. Vertrieb • 14. Innendienst

1b 2. k • 3. l • 4. l • 5. k • 6. l • 7. k • 8. k • 9. l • 10. l • 11. k • 12. k • 13. l • 14. k

1c **kurz:** 1. doppelter Konsonant, z. B. in „Kontrolle" • 2. zwei Konsonanten, wie z. B. in „Glück" • **lang:** 1. nur ein Konsonant nach dem Vokal, z. B. in „Kantine" • 2. Dehnungs-h oder „ie", z. B. in „Unternehmen" oder „Vertrieb"

1d 2. spannend • 3. berühren • 4. vorstellen • 5. präsentieren • 6. sehr • 7. passen • 8. früh • 9. schicken

Lektion 6

6A Ein Arbeitsessen

1 2. ein Gericht • einen Sauerbraten • eine Speise • 3. eine Feier • einen Großkunden • eine Kollegin • 4. einen Besprechungsraum • eine Reise • einen Tisch • 5. eine Idee • ein Problem • ein Thema

2a 2A • 3B • 4C • 5D

2b 2b • 3a • 4b • 5a • 6b

3 2. Das Essen dort war ja sehr gut. • 3. Nein, das geht nicht. Das ist ja nicht erlaubt. • 4. Bis Samstag haben wir ja noch Zeit. • 5. Das Datum können wir ja nicht ändern. • 6. Unser Treffen ist ja schon am Mittwoch.

4 2. Wie viele • 3. Um wie viel Uhr • 4. Wo • 5. Auf welchen • 6. Wie

5 *Mögliche Lösung:* … möchte für den 06.08. einen Tisch für 3 Personen reservieren. Ich möchte einen Tisch in der Ecke oder am Fenster. Der Tisch muss ruhig sein, denn wir haben eine Besprechung. Wir kommen um 12:30 Uhr. Herzlichen Dank im Voraus. Mit freundlichen Grüßen – …

6B Ein bisschen Small Talk

1 2. Es ist bewölkt. • 3. Es sind 25 Grad. • 4. Es regnet. • 5. Die Sonne scheint. • 6. Es ist kalt.

2 2. b • c • 3. b • d • 4. a • d • 5. a • c

3a **Nominativ:** Maskulinum (Sg.): mein • Neutrum (Sg.): mein • M / F / N (Pl.): meine • **Akkusativ:** Femininum (Sg.): meine • Neutrum (Sg.): mein • M / F / N (Pl.): meine

3b 2. deinen • 3. ihre • 4. unsere • 5. ihren • 6. Ihre • 7. seinen • 8. ihre • 9. euer • 10. seine • 11. mein

4 2. sein • 3. ihre • 4. seinen • seine • 5. ihre • 6. ihren • 7. seine • 8. Sein

5 2a • 3b • 4a • 5b • 6a • 7b • 8a

6 2. ihren • 3. Ihre • 4. deine • 5. unsere • 6. meinen • 7. unsere • 8. meine

6C Ich nehme …

1 Fischauflauf • Fischkloß • Fischsuppe • Fleischkloß • Fleischsalat • Fleischsuppe • Kartoffelauflauf • Kartoffelkloß • Kartoffelpüree • Kartoffelsalat • Kartoffelsuppe • Lammbraten • Lammfleisch • Nudelauflauf • Nudelsalat • Nudelsuppe • Reisauflauf • Reissalat • Reissuppe • Rinderbraten • Rindfleischsuppe • Schweinebraten • Schweinefleisch

2a 2. Magst • mag • 3. Mögt • mögen • 4. mag • 5. mögen • 6. mag • 7. Mögen • 8. mag

2b 2. a • d • 3. b • c

2c 2. Gemüse • kein Gemüse • Salat • 3. Kartoffeln • keine Kartoffeln • Reis • 4. Pizza • keine Pizza • Nudeln

3 2b • 3a • 4b • 5b • 6a

4 2E • 3F • 4C • 5G • 6D • 7A

5 Von oben nach unten: 6 • 3 • 9 • 1 • 8 • 2 • 7 • 5 • 4

6D Wir möchten zahlen!

1a **a → ä:** fahren • halten • raten • schlafen • **au → äu:** laufen • **e → i:** essen • nehmen • sprechen • **e → ie:** sehen

1b **arbeiten:** du arbeitest • er / sie / es arbeitet • **beenden:** ich beende • du beendest • er / sie / es beendet • **raten:** ich rate • du rätst • er / sie / es rät • **halten:** ich halte • du hältst • er / sie / es hält

1c 2. bestellst • oV • 3. isst • mV • 4. Glaubst • oV • 5. nennt • oV • 6. Fragst • oV • 7. fährst • mV • 8. Läufst • mV

2 **Kellner / Kellnerin:** Das macht … €. • Was hatten Sie denn? • Ja, gern, danke. • Vielen Dank. • **Gast:** Getrennt / Zusammen bitte. • Ich hatte … • Können Sie bitte auf … € herausgeben? • … €, stimmt so.

Rechtschreibung

1 2. Unternehmen • 3. leben • 4. Fehler • 5. lese • 6. Sehen • 7. Hafen • 8. schlafen • 9. Sahne • 10. zahlen • 11. mag • 12. tragen

Lektion 7

7A Wo finde ich Sie?

1 1B • 2C • 3A

2 3. links abbiegen • 4. geradeaus (weiter-)fahren • 5. rechts abbiegen • 6. abfahren

3 2. a • c • 3. a • b • 4. a • c • 5. a • b • c

4 2A • 3D • 4F • 5B • 6C

5a 2. Wir kommen her. • 3. Ich fahre weiter. • 4. Du fährst weg. • 5. Sie fahren ab. • 6. Ihr biegt ein. • 7. Sie richtet ein.

5b

	Position 2		Satzende
2. Frau Häuser	schickt	die E-Mail	ab.
3. Herr Jung	zeichnet	den Weg	ein.
4. Die Kollegen	fahren	in Hennef	ab.

5c 2. Wer schickt die E-Mail ab? • 3. Was zeichnet Herr Jung ein? • 4. Wo fahren die Kollegen ab?

5d 2. Schickt Frau Häuser die E-Mail ab? • 3. Zeichnet Herr Jung den Weg ein? • 4. Fahren die Kollegen in Hennef ab?

6 2. Sie fahren nicht ab. • 3. Herr Mahlberg kommt nicht her. • 4. Herr Jung biegt nicht ab.

7B Wenden Sie bitte!

1 2. Wenden Sie an der Kreuzung! • 3. Fahren Sie auf der Straße zurück! • 4. Biegen Sie die dritte Straße rechts ab! • 5. Verlassen Sie hier die Autobahn!

2 2. Svea möchte heute zurückkommen. • 3. Udo kann Svea nicht vom Flughafen abholen. • 4. Er muss bei Gerhards das Netzwerk einrichten. • 5. Ich darf heute schon wegfahren.

3 *Mögliche Lösungen:* abfahren • mitfahren • wegfahren • weiterfahren • zurückfahren • abholen • herkommen • weitermachen • mitnehmen • einrichten • abschicken • ansehen

7C Ziehen Sie um mit …

1a 2. der Transport, -e / das Transportieren, (kein Pl.) • 3. das Lager, – / das Lagern, (kein Pl.) • 4. die Montage, -n / das Montieren, (kein Pl.) • 5. die Organisation, -en / das Organisieren, (kein Pl.) • 6. das Einpacken, (kein Pl.) • 7. der Umzug, ¨-e / das Umziehen, (kein Pl.) • 8. der Verkauf, ¨-e / das Verkaufen, (kein Pl.)

1b 2a • 3b • 4b • 5a • 6b

2a 1b • 2b • 3a

2b 2. Milch • 3. Zucker • 4. Kohlensäure

3 2. Udo • 3. Udo • 4. Jens • 5. Susanne • 6. Jens • 7. Jens • 8. Susanne

4a 2. Warte! • 3. Öffne! • 4. Entschuldige! • 5. Nimm! • 6. Lauf! • 7. Schick ab! • 8. Lade ab!

4b 2. Wartet! • 3. Öffnet! • 4. Entschuldigt! • 5. Nehmt! • 6. Lauft! • 7. Schickt ab! • 8. Ladet ab!

4c 2. Fahren Sie! • Fahr! • Fahrt! • 3. Zeichnen Sie! • Zeichne! • Zeichnet! • 4. Arbeiten Sie! • Arbeite! • Arbeitet! • 5. Biegen Sie ab! • Bieg ab! • Biegt ab! • 6. Seien Sie! • Sei! • Seid! • 7. Lesen Sie! • Lies! • Lest! • 8. Sehen Sie an! • Sieh an! • Seht an!

5a 2. Hol die Sachen! • 3. Stör mich nicht! • 4. Geh zum Auto!

5b 2. Öffne doch mal das Fenster. • 3. Halte mal die Papiere. • 4. Starte bitte mal den Computer. • 5. Trink doch einen Kaffee.

7D Besuch mich mal!

1a **Verkehrsmittel:** der Bus, -se • die S-Bahn, -en • die Straßenbahn, -en • die Tram, -s • die U-Bahn, -en • der Zug, ¨-e • **Ort:** die Altstadt, ¨-e • die Ampel, -n • der Bahnhof, ¨-e • der Flughafen, ¨ • die Gasse, -n • die Kreuzung, -en • das Museum, Museen • der Parkplatz, ¨-e • der Platz, ¨-e • das Stadtzentrum, -zentren • die Straße, -n

1b 2. dem • 3. der • 4. dem • 5. dem • 6. zu

2a 2. Fahren Sie vom Parkplatz zum Bahnhof. • 3. Parken Sie beim Museum. • 4. Fahren Sie bis zur Kreuzung zurück.

2b 2. an der • 3. auf der • 4. in der • im • 5. auf die • 6. ins

3 2. aus • 3. in • in • 4. bei / in • 5. in • 6. von • nach

4 2. das Kino • 3. der Arzt • 4. der Bahnhof

Rechtschreibung

1a 2. Öffnet • 3. Lies • 4. Entschuldige • 5. Geht • 6. Nimm • 7. Warte • 8. Lauf • 9. Seid • 10. Legt

Lektion 8

8A Einladung zum Firmenjubiläum

1 2. begrüßen • 3. besichtigen • 4. einladen • 5. empfangen • 6. feiern • 7. präsentieren • 8. zusammenarbeiten

2 2C • 3A • 4E • 5B

3 *Mögliche Lösungen:* **Zusage:** … herzlichen Dank für die Einladung. Ich komme gern. Aber ich kann erst ab 15:00 Uhr kommen. Viele Grüße – Kirsten • **Absage:** … herzlichen Dank für die Einladung. Leider muss ich für den 1. September absagen. Für deine Feier wünsche ich viel Spaß. Viele Grüße – Kirsten

4 2a • 3a • 4b • 5c • 6c

5 2. die Finanz- und Marketingabteilung • 3. der Innen- und Außendienst • 4. die Fax- und Handynummer

6a 2a • 3b • 4b • 5a

6b 2. Dirk Schade ist seit 2003 Geschäftsführer. • Seit wann ist Dirk Schade Geschäftsführer? • 3. Man darf hier ab 14:00 Uhr parken. • Ab wann darf man hier parken? • 4. Frau Hecker arbeitet seit Mai im Vertrieb. • Seit wann arbeitet Frau Hecker im Vertrieb? • 5. Frau Ehlert hat ab morgen Urlaub. • Ab wann hat Frau Ehlert Urlaub?

8B Nur noch 14 Tage!

1a 2b • 3b • 4a • 5b • 6a

1b 2. viel • 3. viele • 4. viel • 5. viele • 6. viel • 7. wenig • 8. wenig

2 3. … die Einladungen am Montag abschicken? • 4. Wollen / Sollen wir noch andere Getränke anbieten? • 5. Soll ich die Vorschläge mit Herrn Schade besprechen? • 6. Wollen / Sollen wir nächste Woche telefonieren?

3 2. Bis wie viel Uhr soll das Fest dauern? • 3. Wie viel Personal sollen wir einplanen? • 4. Soll Herr Schäfer das Werk vorstellen? • 5. Wer soll Tische und Stühle aufstellen? • 6. Sollen wir Stehtische für den Sektempfang bestellen?

4a 1. Bild 2 • 2. Bild 1

4b 2. Laden Sie bitte eine Jazzband ein. • 3. Rufen Sie bitte Herrn Schade um 14:00 Uhr an. • 4. Mailen Sie bitte den Speiseplan für das Buffet zu.

4c 2. Wir sollen drei Hauptgerichte für das Buffet aussuchen. • 3. Wir sollen eine Gästeliste zuschicken. • 4. Ich soll Sie grüßen.

8C Das Fest

1a 2a • 3b • 4b • 5a

1b **regelmäßige Verben (schwache Verben):** starten • **unregelmäßige Verben (starke Verben):** fahren • kommen • wachsen

2 2a. ist • 2b. gewesen • 3a. bin • 3b. gefahren • 4a. seid • 4b. gewesen • 5a. sind • 5b. gewesen

3

	Position 2: Hilfsverb		Satzende: Partizip Perfekt
2. 2013	ist	er zur Realmeca	gegangen.
3. Im Mai	ist	Grit Dörr wieder nach Deutschland	gekommen.
4. Stefan Reber	ist	nur fünf Jahre bei Schade	geblieben.
5. 2010	sind	er und drei Kollegen in Rente	gegangen.
6. Tanja Streng	ist	zum Geschäftspartner nach Kanada	gereist.

4 2A • 3E • 4C • 5D

8D Sommer-Small-Talk

1a 1. surfen • 2. schwimmen • 3. wandern • 5. reiten • 6. segeln • **Lösungswort:** Small-Talk

1b 2. Ski fahren • 3. Mountainbike fahren • 4. Heißluftballon fahren

1c 1. … ich surfe gern. • … ich segle gern. • 2. … ich wandere gern. • … ich fahre gern Ski.

2 2. Ich bin mit Rolf im Mittelmeer gesegelt. • 3. Wir sind von Pforzheim nach Basel gewandert. • 4. Meine Familie ist in Norddeutschland geritten. • 5. Ich bin in den Alpen Gleitschirm geflogen. • 6. Wir sind am Meer gewesen und sind dort gesurft.

3 2. in den • 3. nach • 4. in die • 5. nach • 6. in die • 7. nach • 8. in die • 9. nach • 10. in die • 11. in den • 12. in die

Rechtschreibung

1 2. Broschüre • 3. Event • 4. Montage • 5. Investition • 6. Touristin • 7. Agentur • 8. Präzision • 9. Prinzip • 10. Buffet • 11. Theke • 12. Service • 13. Maschine • 14. Präsentation • 15. Industrie • 16. Ingenieur • 17. Notiz • 18. Qualität

Lektion 9

9A Der erste Tag bei Holzer

1a 1. einstellen • 2. entlassen • 4. prüfen • 5. bezahlen • 6. kontrollieren • 8. verhandeln • 9. bestellen • 11. konstruieren • 12. testen • 13. bauen • 14. annehmen • 16. lagern • 17. bereitstellen • 18. verpacken • 19. verschicken

1b 1B • 2C • 3A

1c Herr Siebert arbeitet in der Marketing-Abteilung. • Frau Voesgen arbeitet in der PR-Abteilung.

1d 2. die Entlassung • 3. bereitstellen • 4. lagern • 5. die Verwaltung • 6. reparieren • 7. die Analyse • 8. verhandeln • 9. die Bezahlung • 10. akquirieren • 11. die Konstruktion • 12. kontrollieren • 13. recherchieren • 14. testen • 15. der Bau • 16. entwickeln • 17. die Verpackung • 18. die Prüfung

9B Was hast du denn gemacht?

1a 2. Ihr habt geprüft. • 3. Wir haben geredet. • 4. Ich habe getestet. • 5. Sie hat gemacht. • 6. Er hat fotografiert. • 7. Sie haben verschickt. • 8. Du hast gespült.

1b *Mögliche Lösungen:* 2. … hat viel gerechnet. / … hat ab 10:00 Uhr Rechnungen erstellt. • 3. … hat drei Stunden telefoniert. / … hat mittags im Kundendienst gearbeitet. • 4. … hat abends Pizza bestellt. • 5. … hat nachts bis 2:00 Uhr Teller gespült.

1c 2. Ich habe den Marketingplan kontrolliert. • 3. Ich habe E-Mails verschickt. • 4. Ich habe eine Messe geplant. • 5. Ich habe Waren bestellt. • 6. Ich habe die Webseite gepflegt. • 7. Ich habe Rechnungen erstellt. • 8. Ich habe die Verkaufszahlen analysiert. • 9. Ich habe Daten verwaltet.

2 2. berechnet • r • 3. besprochen • u • 4. gebracht • g • 5. gefunden • u • 6. gegeben • u • 7. gelernt • r • 8. geprüft • r • 9. geschrieben • u • 10. gesprochen • u • 11. verbracht • g • 12. verstanden • u

3 **Bastian berichtet:** … Ich habe Rechnungen kontrolliert und geschrieben. Ich habe Post zum Versand gebracht. Ich habe viel gelernt. • **Frau Bertolt berichtet:** … ist vier Monate im Controlling gewesen. Er hat Finanzunterlagen geprüft. Mit Herrn Langer hat er die Finanzen analysiert. Er hat Zahlen verglichen.

9C Am Computer arbeiten

1 2. Übernachtung • 3. Verpflegung • 4. Rückfahrt • 5. Abrechnung • 6. Transport

2 2. eingerichtet • 3. verbracht • 4. eingeladen • 5. ausgegeben • 6. bezahlt • 7. abgerechnet • 8. ausgefüllt • 9. zurückbekommen

3a 3. hat produziert • regelm.: […]t • 4. hat vergessen • unregelm.: […]en • 5. ist angekommen • unreglm.: …ge-[…]en • 6. hat entwickelt • regelm.: […]t • 7. ist abgereist • regelm.: …ge-[…](e)t • 8. hat gezeichnet • regelm.: ge-[…](e)t • 9. hat entlassen • unregelm.: […]en • 10. hat gesehen • unregelm.: ge-[…]en • 11. ist verreist • regelm.: […]t • 12. hat angenommen • unregelm.: …ge-[…]en • 13. hat eingestellt • regelm.: …ge-[…](e)t • 14. hat geredet • regelm.: ge-[…](e)t • 15. ist passiert • regelm.: […]t

3b

Position 1	Position 2: Hilfsverb		Satzende: Partizip Perfekt
2. Er	ist	nach Dresden	geflogen.
3. Dort	hat	er Kunden	betreut.
4. Zuerst	hat	er eine Maschine	aufgebaut.
5. Beim Aufbau	ist	ein Fehler	passiert.
6. Dann	hat	er den Fehler	repariert.
7. Am Donnerstagabend	ist	er	zurückgereist.
8. Er	hat	am Freitag die Reisekostenabrechnung	gemacht.

4 2. Ich habe es schon im Intranet heruntergeladen. • 3. Ich habe es schon ausgefüllt. • 4. Ich habe es schon eingegeben. • 5. Ich habe sie schon eingetragen. • 6. Ich habe es schon abgespeichert. • 8. Ich habe sie schon abgeschickt. • 9. Ich habe ihn schon heruntergefahren.

5 … aktualisieren. Er hat die Aktualisierung heruntergeladen und installiert. Nun muss er den Computer nur noch hochfahren.

6 2A • 3B • 4E • 5F • 6D

7 2a. ist • 2b. gegangen • 3a. hat • 3b. geöffnet • 3c. eingegeben • 4a. hat • 4b. formuliert • 4c. geschrieben • 5a. hat • 5b. aktiviert • 5c. geprüft • 6a. hat • 6b. korrigiert • 6c. gelöscht • 7a. hat • 7b. abgeschickt

9D Beim Trainee-Stammtisch

1a 3D • 4A • 5F • 6B • 7C • 8E

1b 2. haben: hat • 3. sein: ist • 4. haben: hat • 5. haben: hat • 6. haben: haben • 7. sein: sind • 8. sein: sind • 9. sein: sind • 10. haben: hat

2a 1. der • 2. den • 3. die • Die • 4. die • 5. das • Das

2b **Akkusativ:** welchen (M) • welches (N) • welche (F) • welche (Plural M, N, F)

2c 2. … Drucker druckt in Farbe? – Dieser Drucker druckt in Farbe. • 3. Welche Preise sind aktuell? – Diese Preise sind aktuell. • 4. Welches Formular soll der Einkauf ausfüllen? – Dieses Formular soll der Einkauf ausfüllen. • 5. Welche Waren soll ich verpacken? – Du sollst diese Waren verpacken. • 6. Welchen Katalog bekommt der Kunde? – Diesen Katalog bekommt der Kunde. • 7. Welche Adresse stimmt? – Diese Adresse stimmt. • 8. Welches Smartphone ist für mich? – Dieses Smartphone ist für dich.

2d 2. Dieser • 3. Diese • 4. Dieses • 5. Diese • 6. Diesen • 7. Diese • 8. Dieses

Rechtschreibung

1 2. geschrieben • 3. sprechen • 4. gebracht • 5. vergleichen • 6. verstanden • 7. beginnen • 8. gefunden

Lektion 10

10A Eine Dienstreise

1a 2D • 3A • 4B • 5F • 6H • 7E • 8G

1b der Flughafen • die Flugreise • die Flugverbindung • die Flugzeit • die Reisedauer • die Reiseverbindung • die Reisezeit • die Zeitreise

2a 2. Frau Peters fliegt nicht mit Lufthansa, sondern mit SWISS. • 3. Sie fährt nicht mit dem ICE, sondern sie nimmt den Regionalexpress. • 4. Nicht Frau Peters bestellt die Tickets, sondern Frau Abel.

2b 2. Sie macht keine Privatreise, sondern eine Dienstreise. • 3. Sie braucht kein Hin- und Rückflugticket, sondern nur ein Hinflugticket. • 4. Frau Abel bucht keinen Flug mit Stopp, sondern einen Direktflug.

2c

1. Hauptsatz / Satzteil	Position 0	2. Hauptsatz / Satzteil
2. Sie fliegt nicht zurück,	sondern	eine Freundin nimmt sie mit.
3. Frau Peters braucht kein Ticket für den Rückflug,	sondern	(sie) bestellt nur den Hinflug.
4. Frau Peters macht keine Dienstreise nach Chur,	sondern	(sie) besucht dort eine Freundin.
5. Sie hat keine Freunde in Zürich,	sondern	(sie) kennt dort nur Kollegen.

3 2. denn • 3. aber • 4. sondern • 5. und • 6. denn • 7. oder • 8. aber • 9. und

4 2. fliegen • 3. landen • 4. abfliegen • 5. dauern • 6. ankommen

10B Wetter und Kleider

1a 2G • 3B • 4I • 5D • 6A • 7E • 8J • 9H • 10C

1b 2I • 3D • 4E • 5C • 6H • 7G • 8F • Es gibt keinen Satz zu: J

1c 2. schwach • 3. schnell • 4. heiter / klar • 5. kalt • 6. bedeckt / bewölkt / regnerisch

1d 2. Die Temperatur sinkt auf minus 1 Grad Celsius. • 3. Die Temperatur steigt auf plus 1 Grad Celsius. • 4. Die Temperatur beträgt 6 Grad Celsius.

1e 2. war • 3. wird • 4. war • 5. ist (Je nach Standpunkt passt auch: war / wird) • 6. wird

1f 2. Es gibt ein Gewitter am Vormittag. / Am Vormittag gibt es ein Gewitter. • 3. Der Wind hört mittags auf. / Mittags hört der Wind auf. • 4. Es ist sonnig am Nachmittag. • Am Nachmittag ist es sonnig. • 5. Es wird sehr kalt am Abend. / Am Abend wird es sehr kalt. • 6. Die Temperatur sinkt nachts auf −10 °C. / Nachts sinkt die Temperatur auf −10 °C.

2 2. In Chur ist es −1 °C und es schneit. • 3. In Lausanne sind es 6 °C und es ist neblig. • 4. In Lugano sind es 13 °C und es ist sonnig. • 5. In Luzern sind es 6 °C und es regnet. • 6. In Zermatt sind es 11 °C und es ist heiter.

3a 1. b. der Blazer, – • c. der Schal, -s • 2. a. der Handschuh, -e • b. die Hose, -n • c. der Pullover, – • 3. a. die Bluse, -n • b. der Rock, ⸚e • c. der Stiefel, – • 4. a. das Kleid, -er • b. der Schuh, -e • c. die Socke, -n • 5. a. die Krawatte, -n • b. das Hemd, -en • c. der Mantel, ⸚

3b 2. b • c • 3. a • b • 4. b • c • 5. a • b

3c ♀: der Blazer • die Bluse • der Hosenanzug • das Kleid • das Kostüm • der Rock • ♂: der Anzug • das Hemd • die Krawatte • das Sakko • ♂ / ♀: die Hose • die Jeans • der Mantel • die Mütze • der Pullover • die Regenjacke • der Schal • die Schuhe • die Socken • die Stiefel

10C Die Niederlassung

1a 1. Tortengrafik • 2. Balkengrafik • 3. Liniengrafik

1b 1C • 2A • 3B

1c 2. a • b • 3. b • c • 4. a • b • 5. a • b

1d 3. Die Firma hat ihren Marktanteil erhöht. • 4. Die Firma hat Marktanteile verloren. • 5. Die Firma hat Personal eingestellt. • 6. Die Firma hat acht Mitarbeiter entlassen. • 7. Die Mitarbeiterzahl ist gestiegen.

2a 2. musste • 3. sollten • 4. durften • 5. wollte • 6. Konntest • 7. Musstet

2b 1. durfte • musste • 2. sollte • konnte • musste

3 *Mögliche Lösung:* **Positive Entwicklung:** … Firma Meyer war im Jahr 2014 sehr gut. Wir konnten den Umsatz erhöhen. Der Absatz ist gestiegen. Wir haben den Marktanteil erhöht. Wir konnten 3 Mitarbeiter einstellen. • **Negative Entwicklung:** … Firma Meyer war im Jahr 2014 nicht so gut. Wir konnten den Umsatz nicht erhöhen. Der Absatz ist gesunken. Wir haben den Marktanteil verloren. Wir mussten 3 Mitarbeiter entlassen.

10D Frühstück international

1a die Banane • das Brötchen • die Butter • das Croissant • der Frühstücksspeck • der Honig • die Gurke • der / das Joghurt • der Käse • die Marmelade • die Orange • der Orangensaft • das Rührei • der Schinken • das Spiegelei • die Tomate

1b **Backwaren:** das Brötchen • das Croissant • **Obst / Gemüse:** die Banane • die Gurke • die Orange • die Tomate • **Milchprodukte:** der / das Joghurt • der Käse • **Aufschnitt:** der Frühstücksspeck • der Schinken • **Eierspeisen:** das Rührei • das Spiegelei • **Brotaufstrich:** die Butter • der Honig • die Marmelade • **Getränke:** der Orangensaft

1c Es fehlen: das Ei • die Margarine • das Müsli • der Quark • der Toast • die Wurst • das Würstchen

1d *Mögliche Lösungen:* der Bananensaft • das Butterbrot • das Frühstücksei • das Honigbrot • der / das Apfeljoghurt • der / das Bananenjoghurt • der / das Orangenjoghurt • das Käsebrot • der Orangensaft • der Schinkenspeck • das Schinkenbrot • das Schwarzbrot • das Tomatenbrot • der Tomatensaft • das Weißbrot • die Weißwurst • das Wurstbrot

2a Ja, das stimmt. • Ach, Sie sind auch Arzt? • Aber ich bin kein Arzt. • Ach, interessant. • Und wo leben Sie jetzt? • Ach, Sie haben in Bremen studiert, das ist ja nett. • Sind Sie auch beim Kongress? • Nein, ich bin geschäftlich hier.

Rechtschreibung

1a 2. Honig • 3. Würste • 4. Orange • 5. Anzug • 6. Säfte • 7. Landung • 8. Müsli • 9. Äpfel • 10. Brötchen • 11. Sonne • 12. Butter • 13. Bahn • 14. Flüge • 15. Röcke • 16. Mantel • 17. Gurke • 18. Söckchen

Lektion 11

11A Feier mit Kollegen

1 2. b • c • 3. b • c • 4. a • b • 5. a • c

2a 2E • 3G • 4F • 5A • 6B • 7C

2b 2. arbeiten • 3. zusagen • 4. teilnehmen • 5. zusammenarbeiten • 6. fahren • 7. besuchen • 8. planen

2c 2. Ihre • 3. Ich sage sehr gern zu. • 4. aber ich kann leider … • 5. … ich kann ihn nicht … • 7. Die Feier ist … • 8. Können Sie … • 9. Vielen Dank. • 10. richtig

11B Was schenken wir?

1 2. Massage • 3. Gutschein • 4. Kochkurs • 5. Fotobuch • 6. Kalender • 7. Blumenstrauß • 8. Konzertkarten • Lösungswort: Geschenk

2a 2. ihnen • 3. ihr • 4. ihm • 5. euch • 6. dir • 7. dir • 8. Ihnen • 9. uns

2b 2. Ihr ist kalt. • 3. Ihr ist langweilig. • 4. Ihm ist schlecht.

3 2. hab = ich habe • n = ein • 3. isses = ist es • 4. Hab = Ich habe • nen = einen • 5. isne = ist eine • 6. Muss = Ich muss

4a **Markierungen:** 2. einer Mitarbeiterin • 3. ihrem Trainee • 4. unseren Kunden • 5. einer Kollegin • 6. ihrem Team • 7. deinen Geschäftspartnern

4b

	M	N	F	Pl (M, N, F)
best. Artikel	mit dem Chef	mit dem Team	mit der Kollegin	mit den Mitarbeitern
unbest. Artikel / Negativartikel	mit einem / keinem Chef	mit einem / keinem Team	mit einer / keiner Kollegin	mit Ø / keinen Kollegen
Possessivartikel	mit meinem Chef	mit meinem Team	mit meiner Kollegin	mit meinen Freunden

4c 2. Herr Schubert empfiehlt den Vertriebspartnern das Computerprogramm. • 3. Der Praktikant holt unserem Vertriebsmanager einen Kaffee. • 4. Wir geben den Leuten unsere Prospekte mit. • 5. Der Vertriebsmanager zeigt seinen Partnern unsere Werbeartikel.

11C Alles gut geplant?

1 2. Fleisch • 3. Süßes • 4. Fisch • 5. Obst • 6. Milchprodukte • 7. Gemüse • 8. Getränke

2a 2. Und was machen wir danach? • 3. Denn das dauert sehr lang und ist langweilig. • 4. Die Idee gefällt mir. • 5. Denn das macht allen Spaß. • 6. Ich bin dagegen, • 7. Sie haben recht.

3a 2. empfehle • 3. gezeigt • 4. erklären • 5. ausgeliehen • 6. bringt • zurück • 7. angeboten • 8. liefert

3b **Markierungen:** 2. dir den Partyverleih Lorenz • 3. unserem Trainee den Kopierraum • 4. sie mir • 5. sie meiner Assistentin • 6. sie uns • 7. mir ihre Hilfe • 8. es uns
Regeln: 1. Nomen + Nomen: 3 • 2. Pronomen + Pronomen: 4 • 6 • 8 • 3. Pronomen + Nomen: 2 • 5 • 7

3c 2. Der Vertriebsmanager erklärt es den Kunden. • 3. Können Sie sie der Praktikantin zeigen? • 4. Die Assistentin schickt sie dem Geschäftspartner. • 5. Herr Winter will ihn dem Geschäftspartner schenken.

3d 2. Ich habe ihn ihr schon gebracht. • 3. Ich habe es ihm schon gezeigt. • 4. Ich habe sie ihr schon geschickt. • 5. Ich habe ihn ihm schon erklärt.

4a 2. helfe • 3. gefällt • 4. gehört • 5. Schmecken • 6. gratuliere • 7. passt

4b 2. Das Auto gehört mir. • 3. Wir gratulieren ihr. • 4. Wir helfen dem Gast. • 5. Der Termin passt mir. • 6. Der Kuchen schmeckt dem Team. • 7. Manuela dankt den Gästen.

4c 2. Mir gehört das Auto. • 3. Ihr gratulieren wir. • 4. Dem Gast helfen wir. • 5. Mir passt der Termin. • 6. Dem Team schmeckt der Kuchen. • 7. Den Gästen dankt Manuela.

5 1. bekommen • brauchen • einladen • mieten • mögen • planen • 2. danken • gefallen • gehören • gratulieren • helfen • passen • schmecken • 3. ausleihen • bestellen • bringen • empfehlen • erklären • geben • liefern • zeigen

11D Alles Gute für die Zukunft!

1a 2a: A • 2b: A • 3a: B • 3b: A • 4a: D • 4b: D • 5a: A • 5b: A • 6F • 7C • 8D

1b 2. Viel Erfolg in der neuen Abteilung! • Alles Gute für den neuen Job! • 3. Herzlichen Glückwunsch zu Ihrer Hochzeit! • Ich möchte Ihnen herzlich zu Ihrer Hochzeit gratulieren. • 4. Herzlichen Glückwunsch zur Beförderung! • Alles Gute für den neuen Job! • 5. Herzlichen Glückwunsch zum Nachwuchs!

Rechtschreibung

1 2. die Rechnung • 3. wenig • 4. noch • 5. die Süßigkeit • 6. richtig • 7. die Checkliste • 8. brauchen • 9. langweilig • 10. wichtig • 11. technisch • 12. das Glück

Lektion 12

12A Die neue Wohnung

1 B. das Gäste-WC, -s • C. das Bad, ⸚er • D. der Flur, -e • E. das Wohnzimmer, - • F. die Küche, -n • G. der Balkon, -e

2a 2. die Einbauküche • 3. das Erdgeschoss • 4. die Kaltmiete • 5. die Kilowattstunde pro Quadratmeter und Jahr • 6. der Quadratmeter • 7. die Nebenkosten • 8. das Obergeschoss • 9. renoviert • 10. separat • 11. watercloset = die Toilette • 12. die Wohnfläche • 13. die Wohnung • 14. die Zentralheizung • 15. das Zimmer • 16. zuzüglich

2b 3. In Freiburg-Herdern. • 4. 1974. • 5. Eine Zentralheizung. • 6. Eine Einbauküche, zwei Balkone und ein separates Gäste-WC. • 7. 1040€

3a 2. neue Einbauküche • 3. kleines Bad • 4. renovierte Wohnungen • 5. moderner Aufzug • 6. hohe Nebenkosten • 7. schöner Altbau • 8. großes Zimmer

3b 2. preiswerte • 3. möbliertes • besondere • 4. schöne • hohe • 5. großen

3c 2. modernem • 3. großen • kleiner 4. moderner • sonnigem • 5. separatem

3d 1. energieeffizienter • 2. Gedämmte • alten • 3. renoviertem • separatem • offener • großem • schönem • nette

3e Coswiger Straße, renovierter Altbau, Baujahr 1950. Renovierte 2-Zimmer-Wohnung in ruhiger Lage mit guter Verkehrsanbindung. Moderne Ausstattung: mit modernem Bad, separatem Gäste-WC und sonnigem Balkon. 515 Euro zuzüglich Nebenkosten. Noch mehr preiswerte Wohnungen bei www.stadtlandfluss.de

12B Wohin stellst du ...?

1 2. der Teppich, -e • 3. der Couchtisch, -e • 4. der Kühlschrank, ¨-e • 5. der Herd, -e • 6. der Geschirrspüler, - • 7. die Garderobe, -n • 8. das Sofa, -s • 9. der Sessel, - • 10. die Kommode, -n • 11. der Küchenschrank, ¨-e • 12. die Lampe, -n • 13. der Esstisch, -e • 14. die Spüle, -n • 15. das Regal, -e • 16. der Stuhl, ¨-e

2a hinter • vor • neben • zwischen • über • auf • unter • an

2b 2. auf • 3. über • 4. an • 5. neben • 6. unter

12C Wo steht ...?

1 2. Wo? • 3. Wohin? • 4. Wohin? • 5. Wo? • 6. Wo? • 7. Wo? • 8. Wohin? • 9. Wo? • 10. Wohin?

2 2. Ich hänge den Mantel an die Garderobe. • Der Mantel hängt an der Garderobe. • 3. Ich lege die Zeitung auf den Stuhl. • Die Zeitung liegt auf dem Stuhl. • 4. Ich stelle das Glas auf den Tisch. • Das Glas steht auf dem Tisch. • 5. Ich setze das Kind in den Sessel. • Das Kind sitzt im Sessel.

3a 2. ins Haus • 3. aufs Regal • 4. unters Bild • 5. übers Sofa • 6. vors Bett • 8. im Haus • 9. aufm Regal • 10. unterm Sessel • 11. überm Stuhl • 12. vorm Kleiderschrank

3b 2. unterm • 3. vors • 4. im • 5. Aufm • 6. übers • 7. ins • 8. am

3c **Wohin:** 3. Wohin stellt er die Bücherkisten? • 6. Wohin hängt er den Kalender? • 7. Wohin stellt Anna die Waschmaschine? • **Wo:** 4. Wo sitzt Annas Tochter? • 5. Wo liegt die Hose? • 8. Wo stehen die Blumen?

4a 2. hat gelegt • 3. hat gestellt • 4. hat gehängt • 5. hat gesteckt • 7. hat gelegen • 8. hat gestanden • 9. hat gehangen • 10. hat gesteckt

4b **Regeln:** 1a • 2b • 3a

4c 3. Nein, ich habe es in den Schrank gestellt. • 4. Ja, ich habe sie neben die Tür gehängt. • 5. Nein, ich habe sie auf den Tisch gelegt.

5a 4H • 5J • 6I • 7C • 8D • 9G • 10F • 11B • 12K

5b 2. auf der Fensterbank • 3. links in der Ecke • 4. an der Wand • 5. An die Wand • 6. Auf dem Fußboden • 7. (in der Mitte) an der Decke • 8. rechts in die Ecke • 9. an die Tür

12D So wohne ich

1a 2. das Mehrfamilienhaus • 3. das Hochhaus • 4. das Reihenhaus

1b 2D • 3E • 4B • 5A

2 1. **Einkaufen:** die Bäckerei, -en • das Einkaufszentrum, -zentren • der Supermarkt, ¨-e • 2. **Gastronomie:** die Bar, -s • das Café, -s • die Kneipe, -n • das Restaurant, -s • 3. **Verkehr:** der Bahnhof, ¨-e • die Bundesstraße, -n • der Bus, -se • die S-Bahn, -en • die Busstation, -en • 4. **Bildung:** die Ganztagsschule, -n • der Kindergarten, ¨- • 5. **Kultur:** das Kinocenter, - • das Stadtmuseum, -museen • das Theater, - • 6. **Sport:** die Badmintonhalle, -en • das Hallenbad, ¨-er • das Sportstadion, -stadien • der Sportverein, -e

Rechtschreibung

1a 1. Verkehr im November • 2. viele Wörter • 3. eine Wohnung • 4. der Service • 5. die Renovierung • 6. die Visitenkarte • 7. der Sportverein • 8. das Werk • 9. viel Werbung

1b 2. Vater • 3. Vorwahl • 4. Firma • 5. Vermieter • 6. Fachkraft

Lektion 13

13A Eine Ausbildung zu ...

1a 2. der Betrieb • 3. die Berufsschule • 4. die Blockform • 5. der Ausbildungsvertrag • 6. die Ausbildung

1b 2. Betrieb • 3. Berufsschule • 4. Betrieb • 5. Theorie • 6. Blockform • 7. Ausbildungsvertrag

2a die Ausbildungsart • die Ausbildungsdauer • die Berufsausbildung • die Ausbildungsvergütung • das Ausbildungsjahr

2b 2. Fachkraft für Lagerlogistik • 3. Industriekaufmann / -frau • 4. Produktdesigner / -in

2c Man vergleicht Angebote und verhandelt mit Lieferanten. Man führt Verkaufsverhandlungen. Man plant, steuert und kontrolliert die Warenproduktion.

2d 2. installieren • 3. kontrollieren • 4. organisieren • 5. programmieren • 6. prüfen • 7. reparieren • 8. warten

2e 1. repariert • 2. programmiert • prüft • 3. organisiert • kontrolliert • 4. beschreibt

2f *Mögliche Lösungen:* 2. production - die Produktion • 3. flexibility - die Flexibilität • 4. electric / electronical - elektrisch / elektronisch • 5. process - der Prozess • 6. to control - kontrollieren • 7. to plan – planen • 8. to organize / to organise - organisieren • 9. to react – reagieren • 10. mathematics - die Mathematik • 11. industry - die Industrie • 12. to program - programmieren

3a Die Endungen im Nominativ Plural und im Akkusativ und Dativ im Singular und Plural sind gleich. Sie haben die Endung „-en".

3b **Regel:** -oge • -ent • -ant • -ist • -and • -at

3c 1. Herrn • Kunde • 2. Lieferanten • Lieferant • 3. Herrn • Herr

13B Eine Erfolgsgeschichte

1a 3. die Straßenbaufirma • 4. die Aufträge • 5. die Heißfräse • 6. die Niederlassung • 7. der Dienstleister • 8. der Maschinenbauer • 9. der Standort • 10. der Marktführer • 11. der Tagebau • 12. umweltfreundlich

1b 2. b • c • 3. a • c • 4. a • b • 5. b • c • 6. a • b

2a **erledigen:** du erledigtest • wir erledigten • ihr erledigtet • sie erledigten • Sie (Sg. + Pl.) erledigten • **entwickeln:** ich entwickelte • er / sie / es entwickelte • wir entwickelten • ihr entwickeltet • sie entwickelten • Sie (Sg. + Pl.) entwickelten • **leiten:** ich leitete • du leitetest • er / sie / es leitete • wir leiteten • ihr leitetet • Sie (Sg. + Pl.) leiteten • **beenden:** ich beendete • du beendetest • wir beendeten • ihr beendetet • sie beendeten • Sie (Sg. + Pl.) beendeten • **zeichnen:** ich zeichnete • du zeichnetest • er / sie / es zeichnete • ihr zeichnetet • sie zeichneten • Sie (Sg. + Pl.) zeichneten • **lernen:** du lerntest • er / sie / es lernte • wir lernten • ihr lerntet • sie lernten
Markierungen: ich erledigte, entwickelte, leitete, beendete, zeichnete, lernte • er / sie / es erledigte, entwickelte, leitete, beendete, zeichnete, lernte • wir erledigten, entwickelten, leiteten, beendeten, zeichneten, lernten • sie erledigten, entwickelten, leiteten, beendeten, zeichneten, lernten • Sie (Sg. + Pl.) erledigten, entwickelten, leiteten, beendeten, zeichneten, lernten
Regel: Jeweils die 1. und 3. Pers. Sg. und die 1. und 3. Pers. Pl. und die Höflichkeitsform haben die gleichen Endungen.

2b 2. sie arbeiteten • 3. du berichtetest • 4. ich steuerte • 5. wir gründeten • 6. Sie bezeichneten • 7. wir erweiterten • 8. er verhandelte • 9. sie prüfte • 10. du installiertest • 11. ihr stelltet … vor • 12. man reagierte • 13. du montiertest • 14. ihr wartetet • 15. es zeigte • 16. wir lagerten • 17. man plante • 18. er wechselte

3 2c • 3b • 4a • 5d • 6b • 7a • 8c • 9d • 10c • 11b • 12a

13C Wie kam das?

1a 2. Oma • Opa • 3. Cousine • Cousin • 4. Schwester • 5. Bruder

1b 1. Großmutter • 2. Tante • Onkel • 3. Geschwister • 4. Cousine • Cousin • 5. Mutter • Vater • 6. Schwester • Bruder • (Ehe-)Frau • 7. Töchter • 8. (Ehe-)Mann • Sohn

2 2r • 3f • 4r • 5f • 6r

3a **können:** er / sie / es kann • ihr könnt • sie / Sie können • **wollen:** ich will • du willst • wir wollen • sie / Sie wollen • **dürfen:** du darfst • er / sie / es darf • ihr dürft • sie / Sie dürfen • **müssen:** ich muss • er / sie / es muss • wir müssen • sie / Sie müssen • **mögen:** ich mag • du magst • wir mögen • ihr mögt •
Regeln: 1a • 2b

3b 2. wusstet • 3. konnten • 4. mochte • 5. konnte • 6. mochten • 7. wusste • 8. durfte • 9. musste

3c 1. kanntest • kannte • kanntet • 2. rannte • rannten • rannten • ranntest • 3. nannte • nanntet • nannten • nannten

4a 2. bleiben • er blieb • er ist geblieben • 3. essen (er isst) • er aß • er hat gegessen • 4. sehen (er sieht) • er sah • er hat gesehen • 5. sprechen (er spricht) • er sprach • er hat gesprochen • 6. trinken (er trinkt) • er trank • er hat getrunken • 7. gehen (er geht) • er ging • er ist gegangen • 8. kommen (er kommt) • er kam • er ist gekommen • 9. werden (er wird) er wurde • er ist geworden • 10. haben (er hat) er hatte • er hat gehabt • 11. sein (er ist) • er war • er ist gewesen • 12. fahren (er fährt) • er fuhr • er ist gefahren • 13. denken (er denkt) • er dachte • er hat gedacht • 14. kennen (er kennt) • er kannte • er hat gekannt • beibringen (er bringt … bei) • 15. er brachte … bei • er hat beigebracht • 16. wissen (er weiß) • er wusste • er hat gewusst

4b 3. beginnen: ich • er / sie / es • 4. ausgehen: ihr • 5. stehen: du • 6. schließen: wir • sie / Sie • rennen: ihr

13D Eine Firmenpräsentation

1a 2D • 3A • 4F • 5C • 6E

1b 2. Seit 1953 ist der Export ständig gestiegen. • 3. Die Firma baute den Standort aus. • 4. In den letzten 10–15 Jahren konnte die Firma den Umsatz ständig erhöhen. • 5. Die Mitarbeiterzahl ist bis heute auf ca. 1.400 Personen gewachsen. • Für ihre Walze bekam sie einen internationalen Designpreis. • 2003 hat die Firma ihr 125. Jubiläum gefeiert.

Rechtschreibung

1a 2. ständig • 3. die Baumaschine • 4. der Standort • 5. die Geschichte • 6. die Straßenwalze • 7. sie wussten • 8. spannend • 9. der Stammbaum • 10. die Schwester • 11. der Dienstleister • 12. die Frühstückspause

Lektion 14

14A Home-Office, aber wie?

1a 2. das Ethernet-Kabel, - • 3. die WLAN-Antenne, -n • 4. das Netzteil, -e • 5. die Software (nur Sg.) • 6. die Anschlussdose, -n • 7. das Telefon, -e • 8. die Stereoanlage, -n • 9. der Fernseher, - • 10. das Kabelmodem, -s

1b 2a • 3a • 4b • 5b • 6a

2a 2. Die Sendung ist nicht komplett, weil das Ethernet-Kabel und die CD-ROM fehlen. • 3. Die Hotline-Mitarbeiterin kann nichts tun, weil die Produkt- und Kaufberatung zuständig ist. • 4. Sie kann die Produkt- und Kaufberatung nicht erreichen, weil alle Mitarbeiter im Gespräch sind. • 5. Sie will es nicht noch einmal versuchen, weil alle Anschlüsse besetzt sind.

2b 2. Weil er die SmartCard für den Receiver nicht freischalten kann. • 3. Weil Herr Sinn ihn beruflich braucht. • 4. Weil das zu lange dauert. • 5. Weil der das Problem schnell lösen kann.

2c 2. Stecken Sie die SmartCard in den Kartenschlitz von Ihrem Digital-Receiver. • 3. Führen Sie einen Sendersuchlauf durch. • 4. Wählen Sie den Sender „Kabel-Perfekt-aktuell". • 5. Warten Sie eine Stunde. • 6. Versuchen Sie es vielleicht noch einmal.

14B Wählen Sie bitte die ...

1a 2. das Telefonbuch • 3. der Anrufbeantworter • 4. die Lautstärke (laut – leise) • 5. das Display • 6. die Tastatur • 7. der Anschluss für das Headset • 8. der Lautsprecher

1b 1. auflegen • 2. die Nummer wählen • 3. abhören • 4. auf laut schalten • 5. leise / laut stellen • 6. den Namen vom Anrufer sehen • 7. anschließen • 8. die Nummer suchen

2 2. Eins • 3. Probleme • 4. Drei • 5. Kaufberater • 6. auflegen

3a 2. Wenn man Produktinformationen möchte, wählt man die „Eins". • 3. Wenn man technische Probleme hat, wählt man die „Zwei". • 5. Man wählt die „Vier", wenn man einen Kaufberater sprechen möchte. • 6. Man kann auflegen, wenn man nicht mehr warten möchte.

3b 2a • 3b • 4b • 5b • 6a • 7b

3c 2. Weil / Da Herr Sinn dringend Hilfe braucht, legt er nicht auf. • 3. Wenn man eine Hotline anruft, muss man oft lange warten. • 4. Wenn der Techniker Zeit hat, soll er schnell kommen. • 5. Wenn man wieder ein Problem hat, kann man ihn manchmal persönlich anrufen. • 6. Weil / Da der Fernseher nicht funktioniert, braucht Herr Sinn den Techniker schnell. • 7. Wenn Herr Sinn bis Freitag keine Antwort hat, will er den Vertrag kündigen.

3d 2. Wenn ein Kollege ein Telefongespräch mithören soll, schaltet man den Lautsprecher auf laut. • 3. Wenn man das Gespräch beendet hat, legt man den Hörer (wieder) auf. • 4. Wenn die LED vom Anrufbeantworter blinkt, hört man den Anrufbeantworter ab. • 5. Wenn man mit Headset telefonieren will, schließt man das Headset an. • 6. Wenn man eine Telefonnummer nicht weiß, sucht man die Nummer im Telefonbuch.

4a 3. der Versuch, -e • 4. die Beratung, -en • 5. der Rückruf, -e • 6. der Vergleich, -e • 7. die Verbindung, -en • 8. der Anruf, -e • 9. der Fernseher, -

4b 2. Versuch • 3. Fernseher • 4. Beratung • 5. Gespräch • 6. Verbindung • 7. Rückruf

5 2. Ich möchte gern Frau / Herrn ... sprechen. • Einen Moment, ich verbinde Sie. • 3. Es ist besetzt. Frau / Herr ... ist gerade im Gespräch. • 4. Können Sie mir die Durchwahl geben? • Die Durchwahl ist ... • 5. Können Sie Frau / Herrn ... eine Nachricht hinterlassen? • Richten Sie ihr / ihm bitte aus, ... • 6. Frau / Herr ... ist leider nicht da. Kann ich etwas ausrichten? • 7. Kann Frau / Herr ... mich zurückrufen? • Ja, natürlich, ich richte es aus. • 8. Vielen Dank. • Auf Wiederhören.

14C Installation leicht?

1a 2a • 3b • 4a • 5b • 6a

1b 2A • 3D • 4B

2 2. Anrede • 3. Grußformel • 4. Unterschrift • 5. Absender (Adresse) • 6. Betreff • 7. Datum • 8. Brieftext

3a 2. Er schreibt, dass er das Zubehör erhalten hat. • 3. Er reklamiert, dass das Zubehör zuerst nicht komplett war. • 4. Er beschreibt, dass er dann alles installiert hat. • 5. Er glaubt, dass er alles richtig gemacht hat. • 6. Und er betont, dass der Router immer noch nicht funktioniert. • 7. Er hofft stark, dass die Firma das Problem löst.

3b 2. Dass ein Techniker kommt, ist nötig. • 3. Dass Herr Sinn das Internet dringend braucht, weiß die Firma genau. • 4. Dass Herr Sinn den Vertrag kündigt, kann man verstehen.

3c 2. Der Techniker hat gesagt, dass er einen Sendersuchlauf durchführen muss. • 3. Herr Sinn hat alles gemacht und weiß nun, dass es einen Fehler geben muss. • 4. Er meint, dass es so nicht weitergehen kann.

3d **Regel:** Satzende

4 **Anrede:** Sehr geehrte / r Frau / Herr ... • **Problembeschreibung:** Am ... habe ich ... bei Ihnen gekauft. • Zuerst habe ich ..., dann ..., alles ohne Erfolg. • Ich habe ... Folgendes gemacht: ... • **Anliegen / Vorschlag:** Ich schlage vor, dass ... • Bitte ... Sie bis zum ... • Ich möchte, dass ... • **Konsequenz, wenn keine Lösung:** Wenn Sie das Problem nicht bis zum ... lösen, ... • **Grußformel:** Mit freundlichen Grüßen

14D Endlich arbeitsfähig

1a 2. Präsentation • 3. automatisiertem • 5. misst • 6. Komma nach „braucht" • 7. Kunden • 8. richtig • 9. kam • 10. das System

Rechtschreibung

1a 2. So funktioniert es: • 3. Wenn ich ein Smartphone habe, kann ich eine App herunterladen. • 4. Ich plane meine Abholzeit, weil ich keine Zeit verlieren will, und trage sie in die App ein. • 5. Wenn Sie den Barcode am Terminal eingescannt haben, bringt „Ray" Ihr Auto sofort in die erste Reihe. • 6. So wissen Sie, dass Sie nicht warten müssen, wenn Sie Ihr Auto abholen. • 7. Haben Sie noch Fragen? • 8. „Ray" – DIE Superlösung!

1b 1. Sätze: 4 • 5 • 6 • 2. Fragezeichen • Sätze: 1 • 7 • 3. Ausrufezeichen • Satz: 8 • 4. Komma • Sätze: 3 • 4 • 5 • 6 • 5. Komma • Sätze: 4 • 6

Lektion 15

15A Dienstleistungen

1 2a • 3b • 4c

2 Fassadenreiniger / -in • Betriebsgärtner / -in • Haustechniker / -in • Sicherheitskraft

3a 2r • 3r • 4n • 5n • 6r • 7n • 8r

3b **Markierungen:** 2. Ich • mich • 3. Sie • sich • 6. Ich • mich • 8. Sie • sich

3c 2. sich • 3. euch • 4. sich • 5. uns • 6. sich • 7. dir • 8. sich

3d 1. dir • 2. mir • 3. dir • 4. mich • 5. dir • 6. mich • 7. mich

4 2. Ihr fragt euch, warum ich das mache? • 3. Sie stellen sich morgen bei einer Baufirma vor. • 4. Jetzt interessiert er sich sicher für das Arbeitsangebot. • 5. Wollen Sie sich die Adresse notieren? • 6. Sie muss sich die Telefonnummer von der Firma aufschreiben.

15B Unser Auftrag für Sie!

1 2E • 3F • 4B • 5D • 6A

2a/b **Maskulinum (M): Dat.:** guten • **Neutrum (N): Nom.:** nettes • **Akk.:** nettes • **Dat.:** netten • **Femininum (F): Akk.:** große • **Dat.:** großen • **Plural (M, N, F): Nom.:** neue • neuen • neuen • **Akk.:** neue • neuen • neuen • **Dat.:** neuen • neuen • neuen

2c 1. saubere • 2. zufriedene • 3. regelmäßigen • 4. festen • 5. freundliches • 6. dringenden • 7. zuverlässiger • 8. großen

2d 2a. kein kaufmännisches Personal • 2b. qualifizierte Fachkräfte • 3a. kleine Reparaturen • 3b. keinen technischen Notdienst • 4a. keine eigenen Reinigungskräfte • 4b. eine einmalige Grundreinigung

3a 1. Können Sie diesen Auftrag übernehmen? • 2. Das machen wir natürlich gern. • 3. Alles klar. Nein, halt – eine Frage noch: … • 4. Da ist noch etwas: …

3b a.

4 *Mögliche Lösung:* … Wie telefonisch besprochen, senden wir Ihnen das Angebot mit Preisen im Anhang zu. Wir freuen uns auf Ihren Auftrag.
Mit freundlichen Grüßen, Pieper Gebäudereinigung

15C Bitte trennen Sie …

1 2. braune • 3. neuen • 4. leeren • 5. offenen • 6. gelbe • 7. richtige • 8. farbige • 9. linken • 10. besten

2 2. langen • 3. schöner • 4. alten • 5. neue • 6. umweltfreundlichen • 7. neue • 8. breite • 9. schmale • 10. leeren • 11. großen • 12. vollen • 13. vielen • 14. einfache • 15. keinen • 16. frischen

3 2. a • b • d • 3. a • b • c • 4. b • c • d • 5. a • b • c

4 *Mögliche Lösung:* …, leider bin ich am 12. Januar nicht zu Hause, weil ich auf einer Dienstreise bin. Können Sie am 18. Januar kommen? Wann kommt bitte die Heizkostenrechnung?
Mit freundlichen Grüßen, …

15D Ihr Gebäude – wir managen es!

1a 2. der Kaffeeautomat • 3. die Leuchte • 4. das Fenster • 5. die Klimaanlage

1b 2. das Fenster • 3. die Klimaanlage • 4. die Leuchte • 5. das Garagentor

2 2. geschlossen • 3. behoben • 4. ausgewechselt • 5. repariert

3a 2. gestern • 3. zum Schluss • 4. heute Abend • 5. diese Woche • 6. als Erstes

3b *Mögliche Lösung:* 2. Dann kommt das Fenster. Er muss es schließen. • 3. Danach kommt die Klimaanlage. Er muss die Störung beheben. • 4. Als Nächstes kommt die Leuchte. Er muss sie auswechseln. • 5. Schließlich kommt das Garagentor. Er muss es reparieren.

4 2. ganze • 3. halben • 4. nächsten • 5. ganze • 6. letzten

Rechtschreibung

1a 2. Häuser • 3. Gebäude • 4. Bäume

1b 2. Kaufleute • 3. Neubau • 4. Abstellräume • 5. Abläufe • 6. aufräumen • 7. Betreuung • 8. Beleuchtung • 9. Hochhäuser • 10. Kreuzung • 11. Freund • 12. Käufer

1c 2. die Woche • wöchentlich • 3. das Jahr • jährlich • 4. die Stunde • stündlich • 5. die Minute • minütlich • 6. der Punkt • pünktlich • 7. der Grund • gründlich • 8. der Ort • örtlich • 9. der Mann • männlich • 10. die Natur • natürlich

Lektion 16

16A Auf Geschäftsreise

1a 3. die Lobby • 4. der Parkplatz • 5. die Anreise • 6. die Hotelbar • 7. das Schwimmbad • 8. die Sauna • 9. die Abreise • 10. das Einzelzimmer • 11. die Ausstattung • 12. die Rezeption

1b 2. die Wellness + der Bereich = der Wellnessbereich • 3. das Frühstück + das Buffet = das Frühstücksbuffet • 4. das Hotel + das Restaurant = das Hotelrestaurant • 5. der Nichtraucher + das Zimmer = das Nichtraucherzimmer • 6. die Wäscherei + der Service = der Wäschereiservice

2 2F • 3A • 4B • 5D • 6C

3 *Mögliche Lösung:* Sehr geehrte Frau Kroll,
vielen Dank für Ihre Reservierung. Hiermit bestätigen wir Ihnen folgende Buchung:
Name: Frau Regina Kroll
Anreise: 03.12.2015 – Abreise: 06.12.2015
Zimmer: 1 Doppelzimmer (Nichtraucher)
Das Zimmer ist mit Frühstück. Alle Zimmer haben WLAN. Es gibt Parkplätze in einer Tiefgarage. Ein Parkplatz kostet 5,00 € pro Tag.
Mit freundlichen Grüßen, …

16B Auf dem Weg nach Hamburg

1a 2. Es sind 10 °C und es ist heiter. • 3. Es sind 12 °C und es ist neblig. • 4. Es sind 10 °C und es ist bedeckt. • 5. Es sind 11 °C und es ist windig und regnerisch. • 6. Es sind 9 °C und es ist windig.

1b 2. der Wind, -e • 3. der Regen (nur Sg.) • 4. der Nebel, -

2 2F • 3H • 4A • 5D • 6C • 7B • 8E • 9G

3 1. **Ort:** der Flugsteig • das Flugzeug • der Informationsschalter • der/das Terminal • 2. **Person / Organisation:** der Passagier • die Airline • 3. **Aktivität:** (ab)fliegen • der Flug • landen • die Landung

4a 2. Bestellen Sie ein Taxi über die App, wenn Sie wenig Zeit haben. • 3. Gehen Sie sofort zum Taxistand, wenn Sie aus dem Flughafengebäude kommen. • 4. Ihr Taxi steht schon da, wenn Sie zum Taxistand kommen. • 5. Grüßen Sie den Fahrer, wenn Sie zum Taxi gehen. • 6. Zeigen Sie Ihre App und nennen Sie Ihr Fahrziel, wenn Sie ins Taxi einsteigen.

4b 2. Wenn Sie wenig Zeit haben, bestellen Sie ein Taxi über die App. • 3. Wenn Sie aus dem Flughafengebäude kommen, gehen Sie sofort zum Taxistand. • 4. Wenn Sie zum Taxistand kommen, steht Ihr Taxi schon da. • 5. Wenn Sie zum Taxi gehen, grüßen Sie den Fahrer. • 6. Wenn Sie ins Taxi einsteigen, zeigen Sie Ihre App und nennen Sie das Ihr Fahrziel.

5 1. …, wenn Sie diese App öffnen. • 2. … Zugfahrplan sehen willst, musst du die Bahn-App öffnen. / Du musst die Bahn-App öffnen, wenn du den aktuellen Zugfahrplan sehen willst. • 3. Wenn Sie ein Festessen kochen müssen, (dann) bietet diese App viele gute Rezepte. / Diese App bietet viele gute Rezepte, wenn Sie ein Festessen kochen müssen. • 4. Wenn ich unterwegs Licht brauche, benutze ich die Taschenlampen-App. / Ich benutze die Taschenlampen-App, wenn ich unterwegs Licht brauche.

6a 2. heute Nachmittag • 3. Morgen Vormittag • 4. morgen Abend • 5. übermorgen • 6. nächste Woche • 7. nächsten Jahr • 8. bald

6b 2. Wenn er morgen Abend frei hat, geht er in eine Bar. • 3. Wenn er in einem Monat in Budapest ist, trifft er ungarische Kollegen. • 4. Wenn er nächste Woche die Messe besucht, übernachtet er wieder im Hotel.

7a 2i • 3d • 4d • 5i • 6d • 7i • 8i

7b 5. Kann man vom Hotel zu Fuß ins Stadtzentrum gehen? • 7. Wie viele Menschen leben in Hamburg? • 8. Gibt es heute Abend ein interessantes Konzert?

7c *Mögliche Lösungen:* 3. Können Sie mir sagen, ob das Wetter in den nächsten Tagen besser wird? • 4. Ich möchte gerne wissen, wo ich einen Stadtplan bekommen kann. • 6. Wissen Sie, ob es im Stadtzentrum schöne Cafés gibt?

16C Unterwegs in der Stadt

1a Zug • besichtigen • Flugzeug • Gast • buchen • Ferien • Flughafen • Hotel • Koffer • Meer • Natur • Urlaub • Rezeption • Rundfahrt • Sehenswürdigkeiten

1b *Mögliche Lösungen:* die Schulfreunde • freundlich • unfreundlich • die Freundlichkeit • die Unfreundlichkeit • die Freundschaft • das Freundschaftsspiel • freundschaftlich

2a 2D • 3A • 4C

2b 2. Ich gehe hinunter. / Ich gehe runter. • 3. Ich gehe hinein. / Ich gehe rein. • 4. Ich gehe hinaus. / Ich gehe raus.

3a 2. 1 • 3. 2 • 4. 3 • 5. 2 • 6. 1

3b 2. wenn • 3. als • 4. wenn • 5. Als • 6. als • 7. wenn • 8. Wenn • 9. als

3c 2. Immer wenn ich im Hotel angerufen habe, war die Leitung besetzt. • 3. Als ich in Hamburg angekommen bin, hat es stark geregnet. • 4. Jedes Mal wenn ich ein Taxi rief, musste ich lange warten.

3d 2. Ich esse immer Fischbrötchen, wenn ich die Landungsbrücken besuche. • 3. Es regnet jedes Mal, wenn ich durch die Stadt gehe.

16D An der Hotelrezeption

1 2. Der Hotelchef liest die Beschwerden. / Die Beschwerden liest der Hotelchef. • 3. Herr Reinhardt zahlt das Frühstück. / Das Frühstück zahlt Herr Reinhardt.

Rechtschreibung

2. dass • 3. seinen • 4. passt • 5. Friesennerz • 6. wasserdicht • 7. groß • 8. musste • 9. schließlich • 10. sollte • 11. Erdgeschoss • 12. Haustür • 13. Gummistiefel • 14. nasse • 15. Füße • 16. Herbst

Lektion 17

17A Werbeartikel, aber welche?

1 2. die Smartphonehülle • 3. der Kugelschreiber • 4. der Bildschirmreiniger • 5. die Haftnotizen • 6. der USB-Stick

2 2. a • c • d • 3. a • b • c • 4. b • c • d • 5. a • c • d

3 2. Wo / wann braucht man das Produkt? • 3. Wie viel kostet das Produkt? • 4. Welchen Vorteil hat das Produkt? • 5. Was kann man mit dem Produkt machen?

17B Zusammen entscheiden

1 2E • 3A • 4F • 5C • 6D

2a 3. Die Mitarbeiter von Adler sind nicht so alt wie die Mitarbeiter von Bauer. • 4. Der Umsatz von Adler ist nicht so hoch wie der (Umsatz) von Bauer. • 5. Die Firma Bauer ist genauso groß wie die Firma Adler. • 6. Die Firma Adler ist nicht so bekannt wie die Firma Bauer.

2b 2. länger • am längsten • am jüngsten • stärker • am stärksten • 3. teurer • am teuersten • dunkler • am dunkelsten • 4. am beliebtesten • runder • am rundesten • am preiswertesten • 5. am hübschesten • kürzer • am kürzesten • größer • am größten • praktischer • am praktischsten • 6. näher • am nächsten • höher • am höchsten • besser • am besten • lieber • am liebsten • mehr • am meisten

2c 2. am stärksten • 3. am höchsten • 4. höher • 5. moderner • 6. am modernsten • 7. neuer • 8. flexibler • 9. sauberer • 10. umweltfreundlicher • 11. am meisten • 12. besser • 13. motivierter • 14. zufriedener

2d 2. als • 3. als • 4. wie • 5. wie • 6. als

3 2. nicht so • wie • 3. nicht so • wie • als • 4. am • 5. genauso • wie • am • 6. als • 7. nicht so • wie • 8. am

17C Wie ist Ihr Angebot?

1a 2. die Preisangabe • 3. das Angebot • 4. die Anfrage • 5. der Anschluss • 6. die Ansprechpartnerin

1b 2. Angebot • 3. Anschluss • 4. Preisangabe • 5. Anfrage • 6. Ansprechpartnerin

2a 3. Würdest • 4. Würdet • 5. würden • 6. würde

2b

Position 1	Position 2		Satzende
5. Wir	würden	gerne 1.000 Stück	bestellen.
6. Herr Pilner	würde	uns einen Rabatt	geben.

Position 1	Position 2		Satzende
3. Würdest	du	uns ein Muster	zeigen?
4. Würdet	ihr	mir bitte ein Angebot	machen?

Regeln: 1. Position 2 • Satzende • 2. Position 1 • Satzende

2 c 2. Wären • 3. Hättet • 4. Dürfte • 5. Könntest • 6. Wäre

2 d 2. Würden / Könnten Sie mir bitte Bescheid geben? • 3. Würden / Könnten Sie mir bitte ein Angebot machen? • 4. Würden / Könnten Sie bitte die Anfrage beantworten? • 5. Dürfte ich um eine Preisliste bitten?

2e 2. Dürfte ich Sie um eine Preisliste bitten? • 3. Wäre es möglich, dass Sie in 5 Tagen liefern? • 4. Könntest du mir bitte helfen? • 5. Hätten Sie einen Lösungsvorschlag für das Problem? • 6. Ich hätte gern einen Termin.

3 2b • 3a • 4b • 5c

17D Das Angebot kommt

1 2E • 3F • 4A • 5C • 6B • 7D

2a 2. ins • 3. an • 4. in

2b 2. in das / an das • 3. an den • 4. in die • 5. an den

3a 2r • 3f • 4r

3b 2. Theaterkarte: 7% • 3. Schlüsselband: 19% • 4. Laptop: 19% • 5. Kleidung: 19% • 6. DVD: 19% • 7. Apfel: 7% • 8. Milch: 7% • 9. Süßigkeiten: 7% • 10. Hotelzimmer: 7% • 11. Essen im Restaurant: 19% • 12. Buch: 19%

Rechtschreibung

1 2. Symbol • 3. Firmenbroschüre • 4. Kostüm • 5. typisch • 6. Psychologe • 7. Büro • 8. Marktanalyse • 9. Betriebssystem • 10. Rhythmus

2 **„ü“:** jünger • dünn • **„u“:** Umzug • Muster • Kurs • Kundenservice

Lektion 18

18A Berufskleidung

1a **Medizin / Pflege:** Altenpfleger • Ärztin • medizinische Fachkraft • Krankenschwester • **Handwerk:** Elektriker • Mechanikerin • Elektronikerin • **Kochen / Gastronomie:** Kellner • Köchin • **Dienstleistungen:** Bankkaufmann • Busfahrerin • Gärtner • Makler • Journalist

1b 1. der Klettverschluss • 3. der Reißverschluss • 4. der Zollstock • 5. der Ärmel

2 außen + die Tasche = die Außentasche, -n • der Bäcker + die Hose = die Bäckerhose, -n • der Bäcker + die Jacke = die Bäckerjacke, -n • der Bäcker + die Mütze = die Bäckermütze, -n • die Brust + die Tasche = die Brusttasche, -n • drücken + der Knopf = der Druckknopf, ¨-e • das Gesäß + die Tasche = die Gesäßtasche, -n • das Handy + die Tasche = die Handytasche, -n • das Handy + das Fach = das Handyfach, ¨-er • das Knie + die Tasche = die Knietasche, -n • kochen + die Hose = die Kochhose, -n • kochen + die Jacke = die Kochjacke, -n • kochen + die Mütze = die Kochmütze, -n • kochen + die Schürze = die Kochschürze, -n • der Latz + die Hose = die Latzhose, -n • Seite + die Tasche = die Seitentasche, -n • stehen + der Kragen = der Stehkragen, - • die Stifte + das Fach = das Stiftefach, ¨-er • die Stifte + die Tasche = die Stiftetasche, -n

18B Eine Reklamation

1a 2. enthält • 3. korrekt • 4. nicht erfolgt • 5. umgehend • 6. zugesagt

1b 1E • 2D • 3C • 4B

2 2a • 3b • 4a • 5b

3a 1. **Regel:** • 2 • 2. **Regel:** 3 • 4

3b 2N • 3N • 4A • 5A • 6D • 7D • 8D

3c 2. die • 3. die • 4. den • 5. das • 6. der • 7. denen • 8. dem

3d 2. Die Ware, auf die wir gewartet haben, ist endlich angekommen. • 3. Die Umstände, für die wir uns entschuldigen möchten, bedauern wir. • 4. Die Firma Mertens, für die Herr Renz schon lange arbeitet, ist eine Großhandelsfirma. • 5. Frau Mahler, an die die Reklamation geht, ist erst seit zwei Jahren bei Mertens.

18C Richtig angezogen im Beruf

1 2a • 3c • 4b • 5b • 6a • 7c

2a 1. sollte • 2. Sollte • solltest • 3. Sollten • solltet • 4. sollten • sollte

2b 2E • 3B • 4B • 5E • 6B

2c 2. Ich sollte die Jacke lieber in Grün nehmen. • 3. Könnte ich die Ware auf Bestellschein kaufen? • 4. Sie sollten die Clogs in Weiß nehmen. • 5. Könnten Sie die Rechnung an die Praxis schicken?

3 2. passt • 3. weit • 4. Größe • 5. kurz • 6. in • 7a. läuft • 7b. ein • 8. in • 9. nehme

4a 2. Sie braucht keine Kleidung zu bestellen. 3. Die Verkäuferin braucht nicht im Lager nachzuschauen. • 4. Sie braucht keine Einzelbestellung einzugeben. • 5. Die Kundin braucht nicht zu bezahlen.

4b 2. Der Kunde braucht die Kleidung nur zu bestellen, denn die Rechnung bezahlt die Firma. • 3. Der Kunde braucht die Jacke nur anzuprobieren, denn die Firma nimmt immer das gleiche Modell. • 4. Die Verkäuferin braucht die Hose nur zu holen, das Geschäft hat die Hose in Extralang im Lager. • 5. Die Verkäuferin muss den Mantel nur bestellen, der Großhandel hat den Mantel auch in Grün. • 6. Der Kunde braucht nur noch einmal wiederzukommen.

5a B. Ka • C. Ku • D. Ku • E. Ka • F. Ka • Ku

5b 2B • 3E • 4C • 5F • 6A

5c 2r • 3f • 4f • 5r • 6r

6 2D • 3A • 4E • 5F • 6B

18D Die Ware ist mangelhaft!

1 2b • 3c • 4a • 5b

2a 2. zu + D • 3. auf + A • 4. auf + A • 5. auf + A • 6. für + A • 7. auf + A • 8. zu + D • 9. an + A • 10. in + D

2b *Mögliche Lösungen:* 2. Ein weißer Arztmantel und eine weiße Hose gehören zur Berufskleidung von einem Arzt. • 3. Ich freue mich auf unsere neuen T-Shirts mit dem Firmenlogo. • 4. Bitte überweisen Sie den Betrag umgehend auf mein Konto. • 5. Er hofft auf einen Rabatt. • 6. Eine Jeans ist nicht für den Büroalltag geeignet. • 7. Sie konzentriert sich auf das Wichtige. • 8. Sie ist zum Firmenjubiläum eingeladen. • 9. Sie haben die Ware an die falsche Adresse geliefert. • 10. Ich bestelle die Arbeitshose in Größe 38 in Blau.

Rechtschreibung

1a/b 2. kennen • 3. kommen • 4. Hose • 5. Herren • 6. hören • 7. groß • 8. Größe • 9. lesen • 10. lösen • 11. Loch • 12. Löcher

1c a

Lektion 19

19A Interne Fortbildung EDV

1a 2. der Touchscreen, -s • 3. die Maus, ¨-e • 4. der USB-Stick, -s • 5. das Headset, -s • 6. der Monitor, -e • 7. die Festplatte, -n • 8. die Tastatur, -en • 9. der Drucker, - • 10. die Speicherkarte, -n

1b 2. Speicherkarte • 3. Tastatur • 4. USB-Stick • 5. Festplatte • 6. Touchscreen

2a 2. sperren • 3. einrichten • 4. sichern • 5. durchführen • 6. öffnen • 7. anordnen • 8. einrichten • 9. ziehen • 10. anlegen

2b 2. b • c • d • 3. a • b • d • 4. a • b • c • 5. a • c • d • 6. a • b • c

3a 2C • 3E • 4H • 5F • 6B • 7A • 8G

3b Anzeige 2 passt.

4a 1. Der Anschluss der Kamera-, des Monitors, und des Tablets. • 2. Der Anschluss der Tastatur-, des Headsets, und des Sticks. • 3. Die Anschlüsse der Telefone, der Drucker und der Lampen.

4b 2. der Vortrag eines Fachreferenten • 3. die Unterlagen einer EDV-Dozentin • 4. das Büro eines Projektteams • 5. die Frage eines Kollegen • 6. die Kosten eines Computerkurses • 7. die Sicherheit eines WLAN-Netzes • 8. die Probleme von Teilnehmern

4c 2. einer Sperrung- • 3. des Arbeitsplatzes • 4. der Firmendaten • 5. eines Backups • 6. des Virenscanners • 7. eines öffentlichen Netzes • 8. der Firmendaten • 9. eines Kollegen • 10. eines Virenschutzprogramm(e)s • 11. eines Computerkurses

4d 2. Herr Mairs Computer • 3. Lars' Notizen • 4. Frau Sanz' Schulung • 5. Katja Ruges Chefin • 6. Max' Dienstreise

19B Die EDV-Schulung

1 2. b • c • 3. a • c • 4. a • b • 5. a • c • 6. b • c

2a 2. cmd + F • 3. cmd + enter • 4. cmd + backspace • 5. cmd + C • 6. cmd + X • 7. cmd + V • 8. cmd + ⇧ + ?

2b 2A • 3D • 4G • 5B • 6E • 7C

3a/b 2. dieser • dieser 3. dieses • Dieses 4. diesem • diesem 5. dieser • Dieser • 6. diesem • diesem
Regel: a

3c 1. diesem • 2. dieses • diesem • 3. diesen • diesen • 4. Dieser • diesen • 5. dieser • 6. Dieses • 7. Dieses

3d 2. Diese • die • 3. Diesen • den • 4. Diese • die • 5. Dieses • das • 6. diesen • denen

19C Die Evaluierung

1 2. welcher • 3. Welche • 4. welchen • 5. welchem • 6. welchem • 7. welcher

2a 2. Was für einen • 3. Was für ein • 4. Was für • 5. Was für ein • 6. was für einem

2b 2. Was für einen Virenscanner benutzen Sie? • 3. Was für ein Passwort gibt man ein? • 4. Was für eine Dozentin leitet den Kurs? • 5. Was für Kollegen besuchen die Schulung?

19D Mobile Arbeit

1a Verben: arbeiten • **(zusammengesetzte) Nomen:** der Arbeitnehmer, - • der Arbeitsplatz, ¨-e • das Arbeiten (nur Sg.) • der Mitarbeiter, - • der Arbeitsort, -e • die Arbeitsfläche, -n • **Adjektive:** -

1b Verben: bearbeiten • mitarbeiten • nacharbeiten • verarbeiten • vorarbeiten • zusammenarbeiten • **(zusammengesetzte) Nomen:** die Arbeitsanweisung, -en • der Bauarbeiter, - • der Arbeitsbereich, -e • die Computerarbeit, -en • das Arbeitsergebnis, -se • die Gruppenarbeit, -en • das Arbeitsklima (nur Sg.) • der Mitarbeiter, - • der Arbeitsplatz, ¨-e • die Zeitarbeit (nur Sg.) die Arbeitszeit, -en • der Vorarbeiter • die Zusammenarbeit, - • **Adjektiv:** arbeitsreich

Rechtschreibung

1a 2. anhängen – der Dateianhang • 3. der EDV-Anfänger – anfangen • 4. ein Programm wählen – die Programmwahl • 5. die Verträge – der Vertrag • 6. ein Programm erklären – klar • 7. die Sätze – der Satz • 8. eine eintägige Schulung – ein Tag

1b 2. senden • 3. beschäftigen • 4. rückgängig • 5. die Sperrung • 6. die Kenntnisse • 7. das Gerät • 8. das WLAN-Netz • 9. die Technik • 10. die Qualität • 11. der Stress • 12. ergänzen

Lektion 20

20A Zeit für ein Meeting?

1a 2. Meeting • 3. Besprechung • 4. Treffen • 5. Sitzung • 6. Tagung

1b 2. besprochen • 3. gesprochen • 4. sprechen • 5. besprechen • 6. Sprich • **Regeln:** 1b • 2a

2 2. vorstellen • 3. abgenommen • 4. integrieren • 5. halten

3a 2C • 3E • 4B • 5A

3b 2. Wechseln Sie immer wieder die Sitzposition, damit sie keine Rückenprobleme bekommen. • 3. Arbeiten Sie bei heller Beleuchtung, damit Sie besser sehen. • 4. Stellen Sie den Monitor auf die richtige Höhe ein, damit der Hals entspannt bleibt. • 5. Wählen Sie die richtige Tischhöhe, damit die Beine genug Platz haben.

3c 2. Er hat einen Termin mit der Personalchefin, damit sie ihn über das Programm informiert. • 3. Die Personalchefin zeigt ihm die Sporträume, damit er aktive Mitarbeiter kennenlernt. • 4. Die Teamleiter sollen mit den Mitarbeitern sprechen, damit sie von ihren Erfahrungen berichten. • 5. Er schreibt ein Protokoll, damit er keine wichtigen Informationen vergisst.

3d 2. Damit sie ihn über das Programm informiert, hat er einen Termin mit der Personalchefin. • 3. Damit er aktive Mitarbeiter kennenlernt, zeigt die Personalchefin ihm die Sporträume. • 4. Damit sie von ihren Erfahrungen berichten, sollen die Teamleiter mit den Mitarbeitern sprechen. • 5. Damit er keine wichtigen Informationen vergisst, schreibt er ein Protokoll.

4 2. …, damit er nicht umsteigen muss. • 3. …, damit er unterwegs noch etwas arbeiten kann. • 4. …, damit er im Zug wichtige E-Mails beantworten kann. • 5. …, damit er keine Zeit mit Suchen verlieren muss.

20B Organisation ist alles

1 *Mögliche Lösung:* Liebe Frau Wenzel, wir planen eine Mitarbeiterschulung zum Thema „Zeitmanagement". Ich würde mich freuen, wenn Sie in unserem Projektteam mitarbeiten würden. Aus diesem Grund möchte ich Sie herzlich zu einer Besprechung einladen. Das Treffen findet am 20.04. statt, Beginn: 9:30 Uhr. Ende spätestens 15:00 Uhr. Ort: Raum 307, Gebäude A, 3. Etage. Die Tagesordnung finden Sie im Anhang.
Mit freundlichen Grüßen, …

2a 2. eine • 3. einer • 4. einen • 5. eins • 6. einen

2b 2D: Papier • welches • 3F: Zucker • keinen • 4A: Einladung • keine • 5H: Kleingeld • keins • 6E: Servietten • welche • 7C: ein Stück Pizza • Eins • 8G: Notizblock • einen

3 2b • 3b • 4a • 5b

20C Die Besprechung

1a 2. der Beschluss • 3. die Bildung • 4. die Diskussion • 5. die Präsentation • 6. die Begrüßung

1b Präsentation • Diskussion • Beschluss • Erstellung • Bildung

1c 2D • 3F • 4E • 5B • 6C • 7H • 8A

2a 2a • 3b • 4a • 5b • 6a • 7b

2b 2. Die Teilnehmer klären die organisatorischen Fragen. • 3. Die Leitung wählt einen Protokollanten. • 4. Man bespricht die einzelnen Punkte. • 5. Die Sitzungsleitung fasst die Ergebnisse zusammen. • 6. Sie verteilt die Aufgaben. • 7. Und sie verabschiedet die Teilnehmer.

3 2S • 3T • 4T • 5T • 6S • 7T • 8S

20D Das halten wir fest

1a 2. annehmen • 3. durchführen • 4. setzen • 5. einholen • 6. erstellen

1b 2. Die Teilnehmer haben die Änderung der Tagesordnung angenommen. • 3. Unsere Abteilung hat zum Bedarf an Sportangeboten eine Umfrage durchgeführt. • 4. Frau Kliem hat sich mit der Geschäftsführung in Verbindung gesetzt. • 5. Herr Wolf hat verschiedene Angebote für Fitnessgeräte eingeholt. • 6. Die Projektleitung hat für das nächste halbe Jahr einen Zeitplan erstellt.

2 2. …, man zeigen muss, wie fit man ist. • 3. … die Firma mit den Sportangeboten attraktiver ist. • 4. … Ich mache bestimmt mit. • 5. … das Projekt für unsere Firma sehr wichtig ist. • 6. … das Projekt gut für das Betriebsklima ist.

3a 2a • 3b • 4a • 5b • 6a • 7a • 8b

3b 2. Sie hat ein neues Fitnessstudio eingerichtet, damit das Training den Mitarbeitern Spaß macht. / Damit das Training den Mitarbeitern Spaß macht, hat sie ein neues Fitnessstudio eingerichtet. • 3. Das Betriebsklima wird besser, wenn die Kollegen gemeinsam Sportkurse besuchen. / Wenn die Kollegen gemeinsam Sportkurse besuchen, wird das Betriebsklima besser. • 4. Einige Kollegen denken, dass man nach dem Training nicht pünktlich am Arbeitsplatz ist. / Dass man nach dem Training nicht pünktlich am Arbeitsplatz ist, denken einige Kollegen. • 5. Sport in der Mittagspause ist sinnvoll, da man mehr Energie als nach einem Kantinenessen hat. / Da man mehr Energie als nach einem Kantinenessen hat, ist Sport nach der Mittagspause sinnvoll.

Rechtschreibung

1a/b 1. gleich: keine - keine • 2. nicht gleich: eine - einer • 3. nicht gleich: welcher - welche • 4. gleich: bewerbe - bewerbe • 5. gleich: Stifte - Stifte • 6. nicht gleich: Länge - länger • 7. gleich: Schilder - Schilder • 8. nicht gleich: Angestellter - Angestellte • 9. gleich: arbeite - arbeite • 10. nicht gleich: Pflege - Pfleger

1c **„Schwa" [ə]:** keine • welche • **vokalisches „r" [ɐ]:** einer • Schilder

Transkriptionen zum Übungsbuch A1

Im Folgenden finden Sie die Transkriptionen der Hörtexte im Übungsbuch, die weder dort noch in den Lösungen abgedruckt sind.

Lektion 2

▶ **2 | 39** *Sprecher:* 1. Meine Nummer ist 6 2 4 2 1 8.
▶ **2 | 40** *Sprecher:* 2. Die Nummer von Erler & Co ist 0 7 1 1 / 5 9 2 8 3.
▶ **2 | 41** *Sprecherin:* 3. Hallo Sarah, ich bin in Köln. Hier meine Mobilfunknummer: 0 1 6 5 – 72 44 12.
▶ **2 | 42** *Sprecher:* 4. Guten Tag. Das ist die Nummer 0 8 9 / 45 54 0 86. Bitte sprechen Sie nach dem Piep-Ton.
▶ **2 | 43** *Sprecherin:* 5. Hallo, Tim. Wie ist die Nummer von Tina?
Sprecher: Die Nummer ist: 0 170 – 21 23 78.
▶ **2 | 44** *Sprecherin 1:* 6. Ach, Frau Wolf, wie ist die Telefonnummer von Herrn Büren, bitte?
Sprecherin 2: Die Nummer von Herrn Büren? Ähm, die Vorwahl ist: 0 2 2 1 und dann: 14 39 13.

▶ **2 | 45** *Sprecherin:* Gespräch 1
Fr. Hinze: Guten Tag, Herr Winkler.
Hr. Winkler: Grüß Gott, Frau Hinze.
Fr. Hinze: Wie geht es Ihnen?
Hr. Winkler: Danke, gut. Ich komme gerad' aus Linz.
Kollegin: Frau Hinze, Telefon!
Fr. Hinze: Na, dann auf Wiedersehen, Herr Winkler.
Hr. Winkler: Ja, auf Wiederschau'n, Frau Hinze.

▶ **2 | 46** *Sprecherin:* Gespräch 2
Franka: Hallo, Melanie. Wie geht's?
Melanie: Ah, hallo Franka. Gut, und dir?
Franka: Auch gut.
Melanie: Äh, das ist Urs. Er kommt aus Bern.
Franka: Hallo, Urs.
Urs: Hoi.
Melanie: Du, bis später dann! Tschüss.
Franka: Tschüss.
Urs: Tschau.

▶ **2 | 47** Sprecherin: Gespräch 3
Markus: Hallo, Klaus. Das ist Stefan. Er kommt aus Wien.
Klaus: Hallo, Stefan.
Stefan: Servus.
Klaus: Seid ihr in einem Team?
Markus: Ja.
Klaus: Na, dann viel Spaß!
Markus: Tschüss, Klaus.
Stefan: Servus.
Klaus: Tschüss.

▶ **2 | 48** *Sprecherin:* Gespräch 4
Hr. Braun: Ah, der Herr aus der Schweiz von der Firma Lanz-Design kommt!
Guten Tag, Herr Lanz. Willkommen bei Techno-Design.
Hr. Lanz: Grüezi, Herr Braun.
Fr. Widmer: Grüezi, Herr Lanz.
Hr. Lanz: Grüezi. Ah, Sie kommen auch aus der Schweiz?
Fr. Widmer: Ja, ich komme aus Winterthur.
Hr. Lanz: Freut mich. Ich komme aus Basel.
Fr. Widmer: Monika Widmer. Mhm, o.k. Ich komme.
Hr. Braun: Gehen Sie nur, Frau Widmer.
Fr. Widmer: Danke, Herr Braun.
Hr. Lanz: Uf Wiederluege, Frau Widmer.
Fr. Widmer: Uf Wiederluege, Herr Lanz. Und auf Wiedersehen, Herr Braun.
Hr. Braun: Wiedersehen! Kommen Sie, Herr Lanz. Das hier ist unser …

Lektion 4

▶ **2 | 52** *Sprecher:* 1. Guten Tag, Messeplan München, Färber am Apparat. Ihre Anfrage: Die Messe für Bademode „Bademode International" ist im April, Kalenderwoche 19 vom 15. bis 20. 04. Auf Wiederhören.
▶ **2 | 53** *Sprecherin:* 2. Hier Petra, hallo Angelika. Dein Flug nach London geht am 02.07., das ist ein Dienstag, um 07.30 Uhr. Du hast die Flugnummer 372. Tschüss.
▶ **2 | 54** *Sprecherin:* 3. Messebau Müller, Saxinger am Apparat. Guten Tag Herr Lüder, das Hotel Karoliner hat ein Zimmer für Sie, und zwar vom zweiten bis vierten Zweiten. Anreise bitte bis 22:00 Uhr. Das Frühstück ist von 7:00 bis 10:30 Uhr.

Lektion 12

4 | 43 *Herr Winter:* Also, zuerst hält unser Chef seine Rede.
Frau Mähren: Natürlich. Wie lange dauert das denn?
Herr Winter: Wahrscheinlich eine halbe Stunde. Und was machen wir danach?
Frau Mähren: Wir können eine PowerPoint-Präsentation von der Firmengeschichte zeigen.
Herr Winter: Nein, keine Präsentation. Denn das dauert sehr lang und ist langweilig.
Frau Mähren: Wir können auch Fotos aus der Firmengeschichte auf Postern präsentieren. Das kann jeder allein lesen.
Herr Winter: Die Idee gefällt mir. Wollen wir am Ende ein Quiz über die Firmengeschichte machen?
Frau Mähren: Ja, der Vorschlag ist gut. Denn das macht allen Spaß. Soll ich die Fragen notieren?
Herr Winter: Ja, gut. Dann bereite ich die Poster mit den Fotos vor.
Frau Mähren: Und was ist mit Musik? Ich kann Jazzmusiker organisieren.
Herr Winter: Jazzmusik? Ich bin dagegen, denn die Mitarbeiter wollen doch tanzen.
Frau Mähren: Sie haben recht. Dann suchen wir einen DJ.
Herr Winter: Gute Idee.

Lektion 14

4 | 47 *Hotline-Ansage:* Hier ist die Hotline von „Computer Rhein" – Ihrer Computerfirma! Beratung, Verkauf, Lieferung und Wartung – alles aus einer Hand!
Wenn Sie Informationen über unsere Produkte wollen, wählen Sie die „Eins". Wenn Sie technische Probleme haben, wählen Sie die „Zwei". Wenn Sie sich über eine Lieferung informieren möchten, wählen Sie die „Drei". Wenn Sie einen Kaufberater sprechen möchten, wählen Sie die „Vier".
Sie haben die „Vier" gewählt. Im Moment sind alle Berater im Gespräch, legen Sie bitte nicht auf! Der nächste freie Mitarbeiter ist gleich für Sie da.
Bitte legen Sie nicht auf. Der nächste freie Mitarbeiter ist gleich für Sie da.
Im Moment sind alle Mitarbeiter im Gespräch. Wenn Sie nicht mehr warten möchten, legen Sie bitte auf!

4 | 48 *Emma:* Hallo! Hier Emma Klein.
David: Hallo, hier ist David. Du, Emma, ich kann leider heute Abend nicht kommen. Ich habe meinen Artikel noch nicht fertig. Tut mir leid!
Emma: Oh, schade! Können wir die Installation vielleicht kurz am Telefon besprechen? Ich denke, ich hab' vielleicht einen Fehler gemacht. Ich notier' kurz die Punkte. Geht das?
David: Ja, ja, das geht. Ähm. Also erstens – ganz wichtig! – den Netzstecker aus der Steckdose ziehen.
Emma: O.K. Netzstecker aus Steckdose ziehen. Und dann?
David: Zweitens: die Ethernet-Kabel: Grau kommt in das Modem und in den Internet-Anschluss vom Router.
Emma: Ja. Ethernet Kabel grau in das Modem und den Internet-Anschluss vom Router. Gut.
David: Drittens: das zweite Ethernet-Kabel, blau: Das kommt in den Ethernet-Anschluss vom Computer und in den LAN-4-Anschluss vom WLAN-Router.
Emma: Genau. Blau: Ethernet-Anschluss vom Computer und LAN-4-Anschluss vom Router. Hab' ich. Ähm, also. Und dann natürlich Netzstecker wieder in die Steckdose stecken. Fertig! Die Software hab' ich ja schon installiert.
David: Nee, nicht fertig! Du hast die Software installiert, aber hast du auch ein Update gemacht?
Emma: Nein, wieso? Die CD ist doch neu.
David: Ja schon, aber es gibt fast immer ein Update. Mach das mal. Vielleicht war das der Fehler.
Emma: Ja, das kann sein. Ich versuch' es. Tausend Dank!
David: Nichts zu danken, viel Glück. – Tschüss dann.
Emma: Ja, tschüss. Und viel Erfolg beim Schreiben!

Lektion 18

4 | 52 *Sprecherin:* 1. können
Sprecher: 2. kennen
Sprecherin: 3. kommen
Sprecher: 4. Hose
Sprecherin: 5. Herren
Sprecher: 6. hören
Sprecherin: 7. groß
Sprecher: 8. Größe
Sprecherin: 9. lesen
Sprecher: 10. lösen
Sprecherin: 11. Loch
Sprecher: 12. Löcher

Lektion 20

4 | 54 *Sprecher:* 1. keine – keine
Sprecherin: 2. eine – einer
Sprecher: 3. welcher – welche
Sprecherin: 4. bewerbe – bewerbe
Sprecher: 5. Stifte – Stifte
Sprecherin: 6. Länge – länger
Sprecher: 7. Schilder – Schilder
Sprecherin: 8. Angestellter – Angestellte
Sprecher: 9. arbeite – arbeite
Sprecherin: 10. Pflege – Pfleger

4 | 56 *Sprecher:* keine
Sprecherin: einer
Sprecher: welche
Sprecherin: Schilder

Bildquellen

Cover.1 Corbis (68/Ocean), Berlin; **Cover.2** Corbis (Hero Images), Berlin; **12.1** Shutterstock (Monkey Business Images), New York; **12.2** Dreamstime.com (Candybox Images), Brentwood, TN; **12.3** Thinkstock (kjekol), München; **12.4** Shutterstock (Alexander Raths), New York; **12.5** Thinkstock (diego_cervo), München; **12.6** Thinkstock (kzenon), München; **12.7** Fotolia.com (dalaprod), New York; **12.8** Thinkstock (monkeybusinessimages), München; **14.1 – 14.4** Klett-Archiv, Stuttgart; **21.1** getty images (Roy Mehta), München; **21.2** Thinkstock (Wavebreakmedia Ltd), München; **21.3** Thinkstock (monkeybusinessimages), München; **21.4** getty images (Olaf Tiedje), München; **24** Thinkstock (Hemera Technologies), München; **25** Thinkstock (MF_vxw), München; **26.1** Thinkstock (AND-ONE), München; **26.2** Thinkstock (Wavebreakmedia Ltd), München; **29.1 – 29.2** Thinkstock (sidmay), München; **40** Fotolia.com (Friday), New York; **41.1** Thinkstock (Aliaksei Lakamkin), München; **41.2** 123RF.com (Udo Schotten), Nidderau; **41.3** Thinkstock (flik47), München; **41.4** Shutterstock (okili77), New York; **42.1** Thinkstock (Natalya Aleksakhina), München; **42.2** Thinkstock (Baz777), München; **42.3** Fotolia.com (amiganer), New York; **43** Thinkstock (Baloncici), München; **44** Thinkstock (Zoonar RF), München; **48** Thinkstock (poplasen), München; **51.1** Thinkstock (Wavebreakmedia Ltd), München; **51.2** Thinkstock (lculig), München; **51.3** Thinkstock (AndreyPopov), München; **51.4** Thinkstock (gor Terekhov), München; **53** Thinkstock (Tomo Jesenicnik), München; **59** Qualitätsumzüge Gerhards (www.umzuege-gerhards.de), Hennef ; **60** Thinkstock (Steve Mason), München; **64** Schade Maschinenbau (www.schade-maschinenbau.de), Wildeshausen; **65.1 – 65.2** Schade Maschinenbau (www.schade-maschinenbau.de), Wildeshausen; **69.1** Thinkstock (Pierre-Yves Babelon), München; **69.2** Thinkstock (Iakov Kalinin), München; **69.3** Thinkstock (dulezidar), München; **69.4** Thinkstock, München; **69.5** Thinkstock (fotokostic), München; **69.6** Thinkstock (Jupiterimages), München; **69.7** Thinkstock (Smileus), München; **69.8** Thinkstock (Stockbyte), München; **69.9** Shutterstock (RT Design Studio), New York; **69.10** Dreamstime.com (Phaitoon), Brentwood, TN; **73.1** Thinkstock (webphotography), München; **73.2** Thinkstock (Zoonar RF), München; **73.3** Thinkstock (Goodshoot), München; **73.4** Thinkstock (Wavebreakmedia Ltd), München; **73.5** Thinkstock (Pixland), München; **75** Thinkstock (monkeybusinessimages), München; **77** Fotolia.com (AntonioDiaz), New York; **83.1** Thinkstock (Levent Konuk), München; **83.2** Fotolia.com (Alexandra Karamyshev), New York; **83.3** Thinkstock (adisa), München; **83.4** Thinkstock (sunstock), München; **83.5** Thinkstock (karammiri), München; **83.6** Thinkstock (Ivan Gulei), München; **83.7** Thinkstock (demidoffaleks), München; **83.8** Fotolia.com (demidoffaleks), New York; **83.9** Thinkstock (nikitabuida), München; **83.10** Dreamstime.com (Viovita), New York; **83.11** Thinkstock (Vicheslav), München; **83.12** Thinkstock (Dimedrol68), München; **83.13** Thinkstock (PhotoBlink), München; **83.14** Thinkstock (lucato), München; **83.15** Thinkstock (Suljo), München; **88** Thinkstock (monkeybusinessimages), München; **89** Shutterstock (bikeriderlondon), New York; **91** Thinkstock (tpzijl), München; **94.1** Fotolia.com (W. Heiber Fotostudio), New York; **94.2** Shutterstock (Sergey Peterman), New York; **94.3** Thinkstock (staycool_de), München; **94.4** Thinkstock (Jupiterimages), München; **94.5** Thinkstock (Monkey Business Images), München; **94.6** Thinkstock (DavidCPhotography), München; **98.1** Shutterstock (Room27), New York; **98.2** Thinkstock (Matteo De Stefano), München; **98.3** Shutterstock (loukia), New York; **98.4** Thinkstock (Goxi), München; **98.5** Thinkstock (ppart), München; **98.6** Shutterstock (ppart), New York; **98.7** Shutterstock (kzww), New York; **98.8** Thinkstock (BLUEXHAND), München; **98.9** Thinkstock (Michaela Stejskalová), München; **98.10** Thinkstock (Zoonar RF), München; **98.11** Thinkstock (Stephanie Corbel), München; **98.12** Shutterstock (ryby), New York; **98.13** Shutterstock (Mayovskyy Andrew), New York; **98.14** Thinkstock (Maksym Bondarchuk), München; **98.15** Thinkstock (de santis paolo), München; **98.16** Shutterstock (satit_srihin), New York; **102.1** Thinkstock (PeJo29), München; **102.2** Thinkstock (Robert Herhold), München; **102.3** Thinkstock (hanohiki), München; **102.4** Thinkstock (Robert Herhold), München; **107** Wirtgen Group (www.wirtgen-group.com), Windhagen; **109** Thinkstock (Eldad Carin), München; **110.1 – 110.2** Hamm AG (www.hamm.eu), Tirschenreuth; **113** Thinkstock (VladZymovin), München; **118** serva transport systems GmbH (www.serva-ts.com), Grabenstätt; **120** Shutterstock (Lucky Business), New York; **124.1 – 124.2** Thinkstock (angelha), München; **124.3** Thinkstock (dutch iconaA), München; **124.4** Thinkstock (Oleg_Grafkov), München; **124.5** Thinkstock (tkacchuk), München; **125.1** Shutterstock (Volkova Vera), New York; **125.2** Thinkstock (MileA), München; **125.3** Thinkstock (Tyler Olson), München; **125.4** Thinkstock (Iurii Lupol), München; **125.5** Thinkstock (zstoimenov), München; **126** Thinkstock (AndreyPopov), München; **129** Thinkstock (Adrian Sawvel), München; **131.1** Lieferando.de; **131.2** Deutsche Bahn AG; **131.3** © Chefkoch.de; **131.4** Thinkstock (dutch iconaA), München; **134** Thinkstock (Jupiterimages), München; **136** Klett-Archiv (Andreas Kunz), Stuttgart; **142.1** Thinkstock (slav), München; **142.2** Thinkstock (rmichaelballard), München; **142.3** Fotolia.com (jehafo), New York; **142.4** Thinkstock (Fuse), München; **142.5** Thinkstock (zakazpc), München; **142.6** Thinkstock (rahulpathak), München; **142.7** Thinkstock (MariuszBlach), München; **142.8** Thinkstock (albkdb), München; **142.9** Thinkstock (fotodima), München; **142.10** Thinkstock (piovesempre), München; **142.11** Fotolia.com (Marzia Giacobbe), New York; **142.12** Thinkstock (koya79), München; **144.1** Thinkstock (Thomas Northcut), München; **144.2** Thinkstock (Elena Rachkovskaya), München; **144.3** Thinkstock (Antonio Balaguer soler), München; **144.4** Thinkstock (serggn), München; **144.5** Thinkstock (gopfaster), München; **146.1** © Bierbaum-Proenen; **146.2** engelbert strauss GmbH & Co. KG; **146.3** MASCOT; **149.1** Shutterstock (hsagencia), New York; **149.2** Thinkstock (kgfoto), München; **152.1** Thinkstock (gor Terekhov), München; **152.2** Thinkstock (shironosov), München; **152.3** Thinkstock (singkamc), München; **152.4** Thinkstock (kurga), München; **152.5** Thinkstock (Trovor), München; **152.6** Thinkstock (Zoonar RF), Müchen; **152.7** Thinkstock (Jupiterimages), München; **152.8** Thinkstock (clark_fang), München; **152.9** Thinkstock (GeniusKp), München; **152.10** Thinkstock (komkrich007), München; **154** Thinkstock (winterling), München; **157** Thinkstock (Hongqi Zhang), München; **158** Thinkstock (monkeybusinessimages), München; **164** Thinkstock (monkeybusinessimages)